本书是"河南省软科学研究计划项目:尺度重组视域下河南省人口与经济空间耦合发展模式研究(192400410150)"的重要成果

尺度重组视域下

唐朝生◎著

河南省

人口与经济空间耦合

发展模式研究

中国财经出版传媒集团

经济科学出版社

Economic Science Press

·北 京·

图书在版编目（CIP）数据

尺度重组视域下河南省人口与经济空间耦合发展模式
研究/唐朝生著. －－北京：经济科学出版社，2023.11
ISBN 978 - 7 - 5218 - 3988 - 3

Ⅰ.①尺… Ⅱ.①唐… Ⅲ.①人口－关系－区域经济
发展－研究－河南 Ⅳ.①C924.2②F127.61

中国版本图书馆 CIP 数据核字（2022）第 163322 号

责任编辑：李 雪 袁 溦
责任校对：王苗苗
责任印制：邱 天

尺度重组视域下河南省人口与经济空间耦合发展模式研究
CHIDU CHONGZU SHIYUXIA HENAN SHENG RENKOU YU
JINGJI KONGJIAN OUHE FAZHAN MOSHI YANJIU

唐朝生 著
经济科学出版社出版、发行 新华书店经销
社址：北京市海淀区阜成路甲 28 号 邮编：100142
总编部电话：010 - 88191217 发行部电话：010 - 88191522
网址：www. esp. com. cn
电子邮箱：esp@ esp. com. cn
天猫网店：经济科学出版社旗舰店
网址：http://jjkxcbs. tmall. com
北京时捷印刷有限公司印装
787×1092 16 开 15.75 印张 270000 字
2023 年 11 月第 1 版 2023 年 11 月第 1 次印刷
ISBN 978 - 7 - 5218 - 3988 - 3 定价：80.00 元
（图书出现印装问题，本社负责调换。电话：010 - 88191545）
（版权所有 侵权必究 打击盗版 举报热线：010 - 88191661
QQ：2242791300 营销中心电话：010 - 88191537
电子邮箱：dbts@ esp. com. cn）

前 言
PREFACE

  河南省人口与经济协同发展，是推动国土空间均衡开发、引领区域经济发展的重要增长极，是实现我国区域发展蓝图的重要战略。本书的研究旨在强化河南省经济社会一体化协同发展的顶层设计，创新区域良性互动发展路径，优化城市群的空间布局，推进以郑州为核心的多城市区位、资源和土地等战略资源向竞争优势转化，全面打造区域资源、生态等战略性协调平台，加速河南省人口与经济社会的耦合协调发展，实现跨行政区域的宏观资源战略整合以及微观地方发展空间优化。

  河南省社会经济的发展具有区别于其他区域经济主体的特殊性，如核心城市引领作用不突出、整体发展层次不高、产业转型升级难度大等。一方面，必须通过"尺度下移"，从时间断面和空间拓展演化入手，仔细甄别河南省各个县市人口与经济发展的空间分异状态；另一方面，还需要"尺度上移"，借助统计分析以及探索性空间分析方法和地理信息系统（GIS）技术，从整体上掌握河南省人口与经济发展的演化趋势。这需要进行系统的多学科分析和交叉性研究，客观上增加了研究难度。

  本书是"河南省软科学研究计划项目：尺度重组视域下河南省人口与经济空间耦合发展模式研究（192400410150）"的重要成果。书中涉及区域经济与管理、经济地理学等多学科理论和技术框架，数据资料丰富，步骤详细，为区域人口与经济协同发展的相关研究提供了借鉴的思路、方法和成果。囿于自身的研究能力，书中难免有疏漏之处，敬请各位读者批评指正。

唐朝生

2023 年 11 月

目　录

CONTENTS

第 1 章　区域人口与经济发展 // 1

1.1　研究背景与意义 // 1

1.2　主要研究观点 // 4

1.3　相关理论概述 // 8

1.4　本书的组织结构 // 12

上篇：河南省经济发展的区域宏观尺度分析

第 2 章　河南省区域经济分异态势研究 // 15

2.1　研究对象与数据来源 // 15

2.2　模型与方法 // 16

2.3　全局空间相关性分析 // 19

2.4　局部空间相关性分析 // 20

2.5　分异影响因素分析 // 23

2.6　结论与建议 // 29

第 3 章　基于引力模型的河南省经济网络关联分析 // 31

3.1　研究对象与数据来源 // 31

3.2　模型与方法 // 34

3.3　经济联系密度 // 34

3.4　区域城市中心性 // 36

3.5　结论与建议 // 40

第4章　基于社会网络分析的河南省经济网络结构 // 43

4.1　模型与方法 // 43

4.2　区域经济结构的凝聚子群分析 // 44

4.3　区域子群关联分析 // 47

4.4　城市群城市核心性分析 // 50

4.5　结论与建议 // 51

第5章　嵌入中原城市群的河南省区域经济密度研究 // 53

5.1　研究区概况 // 53

5.2　区域经济发展现状 // 54

5.3　区域经济发展特征 // 59

5.4　模型与方法 // 60

5.5　指标体系 // 61

5.6　TOPSIS 法综合测度指数及时间演变 // 64

5.7　区域经济密度的空间差异演变 // 71

5.8　经济密度的空间探索性分析 // 74

5.9　结论与建议 // 79

第6章　面向中原城市群的河南省经济发展时空演化 // 81

6.1　研究对象与数据来源 // 81

6.2　指标体系 // 82

6.3　模型与方法 // 83

6.4　中原城市群经济发展水平评价 // 84

6.5　区域空间结构演化分析 // 89

6.6　结论与建议 // 94

第7章　中原城市群视角下的河南省韧性与经济协调性 // 95

7.1　指标体系 // 95

7.2　模型与方法 // 98

7.3 区域韧性实证分析 // 99

7.4 区域韧性与经济的耦合协调性 // 105

7.5 结论与建议 // 114

中篇：河南省区域经济发展的微观尺度分析

第8章 基于POI的郑州市经济空间分布研究 // 117

8.1 研究区概况 // 117

8.2 郑州市经济空间模型的构建 // 119

8.3 郑州市经济空间POI密度 // 123

8.4 郑州市POI聚集分析 // 127

8.5 结论与建议 // 132

第9章 河南省自贸区POI多尺度聚类分析 // 134

9.1 河南省自贸区 // 134

9.2 河南省自贸区POI分析 // 137

9.3 河南省自贸区核密度分析 // 141

9.4 河南省自贸区POI空间分布 // 143

9.5 河南省自贸区POI空间聚类 // 147

9.6 结论与建议 // 150

第10章 郑州市与北京市的消费空间比较研究 // 152

10.1 研究区概况 // 152

10.2 数据来源与处理 // 153

10.3 潜在消费人群分布情况 // 153

10.4 郑州市与北京市消费空间分布 // 160

10.5 郑州市与北京市消费空间聚集分析 // 162

10.6 郑州市与北京市消费空间聚集因素分析 // 165

10.7 结论与建议 // 170

第11章　郑州市与上海市的区域消费活力比较 // 172

  11.1　上海市概况 // 172

  11.2　数据来源与处理 // 173

  11.3　上海市和郑州市服务设施分布 // 175

  11.4　上海市和郑州市服务设施的辛普森指数 // 178

  11.5　上海市和郑州市消费活力的驱动因素分析 // 179

  11.6　结论与建议 // 185

下篇：河南省区域经济的空间尺度与人口关系分析

第12章　河南省人口经济压力及其空间关联 // 189

  12.1　研究设计 // 189

  12.2　指标体系 // 190

  12.3　研究方法与数据来源 // 191

  12.4　人口经济压力分析 // 199

  12.5　人口经济压力的空间分析 // 207

  12.6　结论与建议 // 214

第13章　河南省人口与经济的协同发展 // 216

  13.1　河南省人口分布特征 // 216

  13.2　河南省经济差异分析 // 218

  13.3　研究方法与数据来源 // 221

  13.4　人口与经济的空间分布 // 223

  13.5　人口与经济的耦合指数 // 226

  13.6　河南省人口与经济发展耦合分析 // 229

  13.7　结论与建议 // 234

参考文献 // 236

后记 // 245

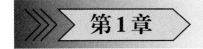

第1章

区域人口与经济发展

1.1 研究背景与意义

1.1.1 研究背景

人口与经济的关系是人类社会演化过程中面临的基础性议题，也是国家经济社会发展的重要驱动力量。人口的动态变化能够对经济社会的发展产生重大影响[1,2]。亚当·斯密认为，人口的不断增长是一个国家和区域经济繁荣的象征，它既是经济发展的结果又是经济发展的原因[3]。区域人口与经济发展之间存在着互利共生、互为因果的复杂辩证关系，社会生产力的提高可以促进人口的集聚，人口的集聚同时又带动区域经济的发展[4]。但是，人口与经济发展在空间上往往呈现出非均衡分布特性，这种显著的不平衡已成为世界性问题[5]。

人口与经济是推动区域经济社会发展的基础性条件。然而，统计结果显示，

2021 年我国人口自然增长率仅为 0.34‰[6]。我国的老龄化问题持续加深，人口的总量、结构、分布及素质等方面均发生了较大的变化。特别是随着城市化进程的不断加速，人口在区域间的流动性不断增强，由此所产生的人口与区域经济发展失衡现象也越来越严重，如劳动力供给减少、财政保障支出增加等。人口与经济发展的失调已经对区域发展造成了巨大压力[7]。在这种情况下，中共中央、国务院印发了《国家积极应对人口老龄化中长期规划》，强调经济的高质量发展要始终坚持与人口发展状况相适应。实现人口与经济发展，已成为新时期我国经济社会发展面临的重大战略问题。

人口与经济发展的时空一致性与分离程度已经成为区域协调发展的重要"指示器"。由于人口与经济系统相互关系的复杂性，以及社会经济发展的时空异质性，如何以人口—经济系统为切入点研究解决区域发展极端失衡现象，仍是亟待破解的难题。特别是在劳动力资源丰富的中部地区，人地关系较为紧张，传统农业难以成为区域协调发展的支撑力量，长期以来工业部门粗放型增长方式所引发的产能过剩和需求不足的矛盾依然尖锐，各地市之间的经济发展水平差异很大。因此，推进研究人口与经济系统的协调性已成为该地区经济社会健康发展的当务之急。

河南省是中国的经济大省，同时也是中国区域经济发展水平差异较大的省份之一。改革开放以来，河南省社会经济飞速发展。但是，由于资源环境、位置条件、经济基础、政策条件等因素，河南省区域经济发展不平衡。如何缩小各地市经济发展差距，实现区域协同发展，已成为河南省经济发展面临的重要任务。然而，当前的研究主要集中在西部地区如甘肃、宁夏、新疆等地人口与经济系统的关系[8~12]，中部地区的相关研究相对匮乏；同时，从研究的技术路线来看，主要进行的是空间关联分析，缺少时间维度的分析，也没有进行时空分布的综合剖析，难以有效挖掘区域人口与经济的协同规律。

本书的研究系统梳理了国内外相关研究成果，基于空间结构、区域协调发展、社会网络分析理论以及空间计量经济学等理论，综合运用多元统计分析、探索性空间分析等多种方法，在宏观尺度上深入剖析河南省经济空间分异现状、格局及其演化趋势，在微观尺度上探索河南省重点地市的兴趣点（point of interest，POI）分布特征，对比分析郑州市与京沪的 POI 空间聚集差异，最后综合分析河南省人口经济压力指数、等级与空间分布，并从耦合协调角度研究河南省人口与经济协同发展问题，为区域发展和部门决策提供科学依据。

1.1.2 研究意义

本研究有利于推进河南省各地区梯次开发与错位发展，深度激发河南省强大的国际辐射能力和协同效应，有效解决河南省区域发展对外开放不足、核心竞争力偏低、环境压力较大等问题，全面释放河南省区位优势和辐射效应，在更大范围、更大空间尺度上谋划河南省在中部崛起的战略作用，迅速提升河南省经济发展水平和人民群众生活水平，构建适应世界级经济圈发展的区域协作新体制，推动形成区域多核心协同嵌入、多中心一体化发展的空间优化发展新格局。

（1）深刻揭示河南省经济社会发展的分异格局及其演化规律。本研究采用统计学、空间数据探索分析等技术，对区域空间分异及其趋势进行定量化研究，系统分析河南省经济空间组织形式、资源要素禀赋差异、产业专业化水平等经济社会发展的显著分异格局，全面掌握河南省经济结构、产业集聚、物质资源禀赋等方面的综合异质性及其动态趋势。

（2）精准提炼河南省经济关联的时空偏向与尺度特征。本研究基于探索性空间分析方法研究河南省发展的空间关联及其演化，通过面板数据有效分析河南省复杂的经济和社会联系流，探明人口与经济之间的空间分布及其关联，挖掘城市群在不同区域尺度上的空间关联和溢出效应，为区域资源整合、生产力布局等提供战略路径。

（3）构建适应世界级经济圈发展的区域协作新体制，打造区域经济发展的"国家名片"。本研究涵盖跨行政区域的宏观资源战略整合以及微观的地方发展空间优化，能够创新区域政府共赢合作的科学发展新机制，全方位深化跨区域战略合作，在河南省内、外部形成产业链上下游一体化、重大基础设施同城化、区域生态一体化和社会事业同步化的区域发展新路径。

1.2　主要研究观点

1.2.1　实现区域经济协同发展是实现共同富裕的时代要求

经济差异是区域发展过程中不可避免的客观现象。通常认为，适度的经济差异有利于推动资源优化配置，促进区域经济发展。然而，过大的经济差异则会造成区域恶性竞争，危害社会经济稳定。因此，深入分析区域经济发展格局的差异时空演化特征十分重要。例如，有研究发现美日及欧盟的经济差异基本上稳定在2%左右[13]。还有其他学者分析波兰与英国的经济分化，欧盟内部的经济分异及其格局的形成，美国州际尺度的经济分化现象及其趋势等[14~17]。我国经济的快速发展也引起了国外学者的重视。有学者研究认为中国经济差异主要表现为省际的显示不平衡性[18]。也有学者提出，中国沿海地区经济差异的扩大趋势主要原因是各地区城镇化和农业产业化发展水平的不同[19]；各省内部经济结构、发展水平等是造成省际差异的重要原因[20]。我国学者从不同尺度对经济发展的区域差异进行探索。例如，江孝君等人[21]分析了中国经济发展的协调性，结论认为，中国经济社会发展水平总体上东部沿海高于西北、西南地区，呈现出"阶梯化"格局。张震等人[22]研究发现，在经济发展条件与开放程度的双重影响下，黄河上、中、下游区域经济质量差异明显分化为高、中、低三种类型。潘桔等人[23]分析了我国省际经济高质量发展差异，结论认为省际差异主要源于各省内部发展水平。

探索经济空间分异结构及其特征对促进区域经济协同发展具有重要意义。不少学者采用空间统计分析方法研究区域经济发展格局。例如，胡舜的研究发现，环长株潭城市群县域经济属于"中心—外围"结构，具有显著的空间正相关性，域内"高高"和"低低"聚集明显[24]。洪杨杨的研究认为，区域内差异是成渝地区双城经济圈整体差异的重要原因，该地区出现了边缘化和俱乐部趋同，区域经济重心的东南向趋势明显[25]。李晶晶等深入分析了河南省经济空间聚集特征，结论认为，河南省县域经济主要以"高高"聚集为主，空间聚集趋势不断增强。薛明月等的研究发现，黄河流域旅游经济空间依赖性强，主要呈现出"高高"和"低低"分布，流域内"东—西"向分异明显[26]。

经济联系及其空间结构和拓扑性质为全面揭示区域经济分异规律提供了新的视角。例如，尹娟等综合采用引力模型和城市流模型等分析了滇中城市群的经济联系强度，结果表明，该区域整体联系强度较低，以昆明市为中心沿交通干线进行空间辐射[27]。秦雪旖等通过改进后的引力模型和断裂点模型分析了陇南市区的经济联系，研究建议区域发展方向应当向南开拓，向东开发，积极与周边地市进行经济融合[11]。刘龙飞的研究发现，川渝和贵州省的经济联系更强，川渝黔一体化能够有力支撑成渝经济圈的发展[28]。王凯等人不仅测算了旅游业的碳减排潜力，而且进一步通过修正后的引力模型和社会网络分析方法，深入分析了旅游业减排潜力的网络性质和聚类特征[29]。范玉凤等人分析了京津冀城市群的经济联系及其空间网络结构，最终提出多中心、均衡化的发展建议[30]。

1.2.2　POI 是大数据时代微观尺度上挖掘区域经济特征的重要途径

随着以手机为代表的移动终端广泛应用以及数据采集和存储技术的快速发展，POI 成为分析城市经济发展空间特征的重要途径。POI 涉及经纬度、设施名称等多种关键的地理与设施信息，能够为基于位置的服务提供强有力的支撑[31]。大数据时代，越来越多的行业把诸如商业名称、服务简介、联系方式等纵深信息融入 POI 之中，从而使 POI 从单一的地理要素信息逐渐演变为跨领域多属性的合成信息单元，为大数据智能服务提供了有力的支撑。例如，通过 POI 数据能够对区域地理空间进行重新梳理，挖掘地理要素与经济社会活动的内在关联[32]，揭示潜在要素间的相互影响、互相促进的关系[33]，甚至对城市功能区定位等进行重新评估[34]。

通过 POI 能够有效挖掘区域公共设施分布，从而为城市发展提供有力的决策依据。张波把北京公共服务设施的 POI 数据归纳为教育、健身、交通、医疗等 8 大类指标，通过 DBSCAN（density – based spatial ciustering of applications with noise）聚类算法分析了"15 分钟社区生活圈"，结果发现高得分区域呈现连片分布现象，整体上北高南低，东高西低[35]。韩非等分析了 2018 年南京市中心区的 POI 数据，结果发现，从日常生活便利度来看，南京中心区表现为"两头大，中间小"的分布态势，"多心开敞、轴向组团"的发展趋势与南京市空间分布基本一致[36]。黎欣怡的研究发现，以"15 分钟社区生活圈"为标准，武昌区公共服务设施的整体覆盖率较高，但是养老设施、公园与广场相对较低，仍有提升空间[37]。王爱等人的研究发现，合肥市办公用地出现了"大分散，小聚集"的特征，办公空间与城市其他发展功能要素存在耦合性，办公密度自中心向四周递减[38]。苟爱萍等人的研究发现，上海市郊区生活休闲类设施增长趋势明显，功能区发展以"东北—西南"方向为主，"西北—东南"方向为辅[39]。

POI 所蕴含的丰富商业信息已成为城市经济研究的热点之一。黄丽等人分析了上海市咖啡馆的空间分布特征，结果发现，连锁咖啡馆聚集度高、中心依赖性强，而独立咖啡馆的环境创新性高，整体上呈现"一主多次"的分布格局[40]。李阳等人的研究发现，哈尔滨商业设施在高密度区呈"面域＋极核"的放射型面状扩散，在空间布局上具有明显的"圈层＋组团"特征[41]。梁静的研究认为，地铁可达性、人口密度以及生活基础设施的完善等因素显著影响了天津地铁5 号线周边商业分布[42]。魏玺等人分析了南京都市圈的人口流动与商业体系之间的关系，结果发现，短期驻留人口显著提升了商业空间的区域职能[43]。王光生等人的研究结论认为，济南市已形成了以历下区等五区连片聚集区和莱芜区为主的两大超市聚集中心，人口密度与交通便利性显著影响了济南市的超市分布格局[44]。黄钦等人综合运用空间统计分析和随机森林模型对长沙市茶颜色门店布局进行研究，结果发现，茶颜悦色在长沙市已形成"一超多核"的分布特征，运费、人力资本等对其门店选址具有显著影响[45]。

POI 能够高效地反映要素的空间结构与形态，直观地表现城市经济活力。郑敏睿等人基于 POI 大数据分析京津冀城市群的互动格局，研究发现，北京市的工业、商业功能正在向京外城市转移，而科教、居住等功能在不断强化聚集；以150 公里为阈值，京外城市表现为吸纳疏解和接力疏解的现象[46]。陈翠芳等人研究了武汉市产业空间格局，结果显示，武汉产业以"东北—西南"为主要发展方向，农林业"两核多点"聚集，第三产业则主要围绕新城市发展[47]。严朝霞等人的研究发现，上海经济活力自内而外递减，但同时也存在着具有较高活力的"新城"，城市路网和路网中的十字路口对提升上海消费活力有正面影响[48]。李强等人研究发现，靖港古镇消费空间集聚度高，消费主体由原住民转向了游客[49]。王伟志研究了西北五省省会的 POI 数据，结果发现，这些城市消费服务设施具有强烈的聚集性，在空间形态中主要表现为"块状""单核心"或连片分布[50]。

1.2.3　人口与经济系统的耦合是区域经济社会发展的重大战略问题

人口与经济的协调发展是世界各国普遍关注的重大战略问题之一。相关的研究发现[51]，发展中国家如果不能协调人口增长与经济社会发展之间的关系，就容易陷入贫困陷阱。有学者探讨了新加坡、马来西亚人口与经济发展之间的相互作用[52]，结论认为，人口增长给有限的自然资源带来了沉重压力，不利于经济社会的长期发展。也有人认为[53]，快速的人口增长和过度聚集会严重阻碍发展中国家的经济增长。当人口增速超过国内生产总值（GDP）增速时，极易造成人口分布的区域间失衡不均、较低的人均收入水平以及较高的失业率，甚至会扭曲产业结构，最终导致人民生活水平的降低[54]。相关预测结果显示[55]，巴基斯坦经济增长率与人口增长速度成反比。也有学者认为，人口的动态变化对经济发展是有利的，人口增长是经济增长的一个重要因素，国家或区域的"人口红利"能够在诸如规模经济和专业化等方面推动经济发展。有研究分析了加里宁格勒地区经济主体的额外支出变化[56]，结论认为，人口的增加能够有效降低区域交易成本，有利于推动地方经济社会发展。人口和人均产出的增长虽然可能看起来很小，但却能够持续推动全球经济显著增长[57]。

推动国家或地区长期稳定发展必须实现人口与经济系统协同，这已逐渐成为学界研究共识。有观点认为[58]，就业机会与区域人口必须相互匹配，否则人口集聚不但不会推动区域经济增长，反而会因增加了城市的负担而对地区发展产生阻碍作用。也有人提出[59]，人口增速降低以及区域间聚集水平的差异是美国经济增长放缓的重要原因。总的来看，人口与经济系统的协同对于国家或地区发展极为重要。有学者通过格兰杰因果关系检验分析肯尼亚人口与经济发展之间的关系[60]，结论认为，人口与经济增长之间存在双向因果关系，人口增长与经济增长存在着显著的正相关性。相关研究探索了世界主要国家和地区人口增长、人均产出增长和总体经济增长之间的关系[61]，结果发现，高收入国家的低人口增长可能造成社会和经济问题，而低收入国家的高人口增长可能减缓其发展。也有学者构建动态模型分析发达国家与发展中国家 GDP 与人口之间的依赖关系[62]，结论认为，人口的聚集与增长是欠发达国家面临的巨大挑战，同样地，人口下降会摧毁发达国家的经济和社会秩序。

人口经济压力常用来判断一个地区人口数量和经济发展的协调性，是可持续发展的一个测定标准。沈辰等人[63]采用多元统计方法分析了安徽省人口经济压力，研究发现提高人口素质已成为当务之急。吕雁琴等人[12]发现新疆天山北坡经济带人口经济压力形势严峻，必须大力发展生态农业和服务业，严格限制重型加工产业。随着研究的不断深入，人口经济压力的空间差异问题逐渐引起学界关注。张红等人[64]的研究发现，2003 年以来我国人口经济压力差异不断扩大，必须努力提高经济发展水平并控制欠发达地区人口增长。王婷等人[65]认为，改善我国东中西部人口经济压力，应当把工作重点放在提升城市的人口承载力而非分流城市人口。赵军等人[10]的研究结果表明，甘肃省人口经济压力量化值呈正态分布，人口经济压力与社会经济发展水平密切相关，必须根据区域差异进行合理调控。王辉等人[7]的研究发现，成渝地区人口中老龄化经济压力的增长表现为"西快东慢、北快南慢"，整体呈现"一带两圈"的格局。尚永正等人[4]的研究揭示了江苏人口与经济增长出现"北低南高"带头分布格局，区域人口与经济的聚焦效应不断弱化。孙晓芳等人[66]的研究认为，太原都市圈核心与外围区的产业与人口集聚并不一致，必须加速人口流动，强化以第三产业为主的高质量就业，实现人口空间布局与产业协同聚集，必须推进太原市区域内人口与经济的时空耦合发展[67]。

1.3　相关理论概述

1.3.1　空间结构理论

（1）增长极理论。

增长极理论有力地解释了区域发展不平衡的内在原因。法国经济学家佩鲁

（Francois Perroux）认为，经济增长会以不同形式或强度从若干增长点或增长极上开始，然后再通过多种方式向其他地区扩散；经济增长也难以同时出现在所有的行业部门，而是先在某些具有较强创新能力的部门中孕育和发展。在市场的影响下，这些行业或部门往往聚集于特定的区域空间，从而形成增长极[68]。增长极具有显著的辐射效应，能够在自身不断增长的同时带动其他部门或地区的发展。增长极的发展会加剧区域发展的不平衡性，从而扩大经济差异。在这一过程中，不同增长极会经历不同阶段，即形成、发展、衰落和消失，空间经济结构会进一步复杂化，区域经济结构也因此会不断地变化。在现代社会，城市作为资源的聚集地，往往成为区域发展的增长极。城市规模越大，城市作为增长极的作用就越突出，不同增长极的相互影响下，以城市群、经济圈等为城市体系越复杂，这也成为增长极研究的新方向。因此，空间的含义被引入到区域规划中，增长极也成为蕴含空间含义的新概念[69]。

（2）核心—边缘理论。

核心—边缘理论也称为中心—外围理论，能够有力地解释区域经济空间结构的演变模式。核心—边缘理论最早可以追溯到对国家之间不平等的发展体系的探讨。弗里德曼（Friedman）在区域经济学的研究中进一步完善了该理论。该理论提出，国家或城市都是由中心和边缘这种二元结构组成的，核心区一般是以城市群为代表的聚集区，资源富集程度高、工业技术先进、经济发展速度快。边缘区发展相对滞后，往往处于被支配地位。在经济发展过程中，边缘区的各种资源，如人力资源、资金等，会不断地向核心区聚集，使核心区能够源源不断地获取边缘区的价值，从而使核心区与边缘区之间的不平衡发展趋势日益加剧[70]。同时，核心区和边缘区之间相互影响，随着区域经济水平的整体提升，区域的单核心结构开始慢慢地演化为多核心，核心区与边缘区之间的边界会逐渐消失，从而进入一体化发展的新阶段。

1.3.2　区域协调发展理论

（1）区域分异理论。

区域分异也被称为地域分异，是源于地理学的一个概念，指的是空间分异规律影响下，不同地区相互影响造成的差异；空间分异规律是地理环境要素在特定方向上相对一致，且在其他方向明显不同的差异性特征[71]。空间分异规律不仅能够有效地描述地理环境发展变化，而且有助于解释经济社会演化趋势。例如，通过社会和物质空间的差异分析城市空间分异过程，涉及人口与社会学、经济学等诸多理论，侧重分析城市空间分异特征、分异类型及其机制；利用社会群体的感知差异分析城乡和村镇空间分异；综合了地域和经济发展水平的空间分异；甚至是地理空间与产业发展形成的区域差异及其特征。总之，区域分异已经由纯粹的地理学概念和理论，逐渐演变为与多个学科相融合的新研究框架。对于区域分异的研究，从传统的地理学研究来看，有利于自然资源的高效合理地用；从经济社会发展来看，有利于深入挖掘区域发展潜力，掌握不同地区资源、产业与经济发展之间的内在联系，从而为制定更加合理的区域发展政策提供理论依据。

（2）空间相互作用理论。

空间相互作用是地理学的重要理论，广泛应用于空间分析与建模、空间推理等研究。该理论认为，区域发展不能独立于其他系统，而是要通过资金、人力、技术等多种形式与其他区域进行交互，这种交互关系能够实现不同区域之间协同发展，也会加剧区域间的竞争[72]。区域间的相互作用以及相互依赖关系空间自相关往往会随着距离的增加而减少，这就意味着区域之间必须是可达的，即资金、人力、技术能够相互进行传输。但这种传输的投入成本会因为距离的增加而增加，反之亦然。同时，区域间在商品、技术和信息等方面通常也具有互补性，这是相互作用的重要前提。此外，区域相互作用意味着区域外部性和空间溢出效用的存在。因此，区域发展政策的制定，不仅要考虑本地区经济发展的实际，还需要考虑区域之间政策的影响，要把区域之间的协调作为重要的影响因素加以综合考量。

1.3.3 社会网络分析

社会网络分析方法又被称为结构分析法，是不同社会单位（个体、群体或社会）所构成的社会关系进行分析进而探讨该网络的结构及其属性。它起源于社会学，在人类学、心理学、数学、通信科学等领域也逐渐发展起来，主要适用于对社会结构以及社会关系属性等的研究，是一套用来分析多个个体通过相互作用构成的网络的结构、性质、特点以其他用于描述网络属性的分析方法的集合。社会网络分析方法强调从关系或者结构的角度去分析研究对象，注重分析网络整体及网络中个体之间的相互关系。简单地说，社会网络分析就是对网络中的网络个体之间的关系进行量化研究，它不仅给出了一个新的研究个体互动联系的结构性研究视角，而且还发展成了一整套用来描述网络结构特征的具体测量方法和指标体系[73]。

由各个不同的行动者及其相互之间建立的关系联合在一起的集合，就是社会网络分析方法主要的研究内容。社会网络分析方法一般包括三个基本单位：第一，对社会中群体关系层次分析；第二，对社会网络中的行动者的一元分析层次，即行动者之间只有一层层级关系；第三，对社会中群体的网络层次分析。首先，从行动者之间的"关系的性质"的角度对社会网络分析的内容来进行分类，有以下三类：第一，研究社会网络的关系作为一个"系统"展开探究。第二，把社会网络视为一个"社会情境的关系"从而进行研究；第三，主要关注"网络环境"是如何对行动者产生影响的。其次，按照社会网络中的"网络类型"进行分类，还可以将社会网络分为如下三种类型：个体网、局域网以及整体网，这里不再详述。最后，以社会网络中的"信息、资源"等传播的渠道来进行研究。

1.3.4　空间计量经济学理论

事物之间存在的客观联系与距离关系密切，距离越近，相关性越强，相似度也越大[74]。空间计量经济学主要针对的是经济增长的差异与收敛、创新与产业聚集等问题。相对于传统经济学对样本个体间的独立性假设，空间计量经济学把空间作为重要的影响因素，着重分析地理空间数据对目标的影响，从而分析空间效应。这种空间效应主要涉及空间异质性和空间相关性[75]。所谓空间异质性，主要是分析不同地理位置中研究对象存在的客观差异，以及这种差异所产生的独特结构或特征。空间相关性也称为空间依赖性，是通过计算地理位置不同的对象在同一指标中的相关性，以此分析其所具有的依赖性大小。空间相关性可以分为全局空间自相关性和局部空间自相关性。其中，全局空间自相关性表明目标区域与周边区域在空间差异上的平均程度；局部空间自相关性则用来分析空间存在的变异性[76]。

空间自相关性需要构建空间权重矩阵以便确定区域之间的近邻关系。通常情况下，如果区域之间相连，则标记为 1，否则标记为 0。随着研究的不断深入，权重矩阵的建造方法逐渐增多，如基于距离的空间权重矩阵、基于经济距离的权重矩阵以及综合地理与经济距离的嵌套矩阵等。

1.4 本书的组织结构

本书的研究遵循以中原城市群为载体，从空间尺度重组视角下分析河南省区域经济发展框架，通过区域面板数据的搜集与实证，研究并提出"人口—经济"两个系统耦合协同的发展新模式。全书共分三部分，上篇从区域宏观视角分析河南省在整个中原城市群经济发展的状况，挖掘其分异演化规律；中篇以郑州等典型城市为样本，从 POI 分布的微观角度分析河南省经济空间差异态势；下篇从系统耦合角度，分析河南省人口与经济的空间关系，并挖掘其内在的时空演化规律。

上篇：河南省经济发展的
区域宏观尺度分析

区域经济协调发展是实现财富共享、和谐社会的重要模式，也是衡量国家发展水平、服务能力与社会公平度的重要因素。然而，由于资源禀赋差异、交通区位、基础设施等诸多复杂因素的影响，经济非平衡发展往往是区域发展的常态[77]。

本篇在中原城市群的宏观尺度上对河南省经济发展的空间分布特征进行深入挖掘。首先，对河南省区域经济空间分异及其趋势的定量化研究，主要是以人均GDP为基础进行全局和局部的空间探索性分析，使用主成分分析法对相关影响因素进行挖掘。其次，在全面掌握中原城市群区域经济空间分异的基础上，构建城市间经济引力模型，分析河南省重点地市之间的经济网络拓扑和关联特征，进而采用社会网络分析技术，深入分析河南省区域经济的凝聚子群及其所具有"双核心—边缘"结构。再次，从中原城市群的视角分析河南省区域经济发展水平及其演化规律，综合采用熵值法和马尔可夫链模型，分析河南省经济综合指数及其时序和空间演变。最后，通过主成分分析和TOPSIS法对河南省经济密度、整体制度及其差异演变规律等进行深入挖掘，有力地揭示区域经济结构、产业集聚、物质资源禀赋等方面的综合异质性及其动态过程和发展趋势，为河南省资源整合、生产力布局等提供依据。

第2章

河南省区域经济分异态势研究

本章主要以人均GDP作为基础数据，通过探索性空间分析法对河南省区域经济的发展进行时空格局分析，采用主成分分析法对影响河南省经济发展的相关影响因素进行深入挖掘。

2.1 研究对象与数据来源

河南省经济社会发展的区域特色突出。早在2003年，河南省政府在《河南省全面建设小康社会规划纲要》中，将全省划分为中原城市群、豫北地区、豫西豫西南地区和黄淮地区四个经济区。中原城市群位于河南省中部，是以郑州市为核心的城市密集地区，包括郑州市、洛阳市、开封市、新乡市、焦作市、许昌市、平顶山市、漯河市、济源市。该区域城市交通便利，自然资源丰富。豫西和豫西南经济区主要由三门峡市和南阳市组成。该地区煤炭、有色金属资源比较丰富，有一定的工业基础。豫北经济区包括安阳市、鹤壁市、濮阳市。该地区油气资源特色突出。黄淮经济区主要包括驻马店市、商丘市、周口市和信阳市。该地区属于平原地带，农业基础较好，但是经济发展水平相对滞后。

本研究以河南省的行政区为基准，以市域为基本分析单元，对河南省主要城市经济发展的空间差异进行分析。这里的重点城市主要包括郑州、开封、洛阳、焦作、济源、新乡、许昌、漯河以及平顶山这九个城市,同时也是中原城市群最早的雏形。在分析过程中,以各地人均 GDP 作为空间分析的基本数据和指标。人均 GDP 是衡量地区经济发展状况的一个重要指标,是地区每年社会产品和服务的产出总额与当年该地区常住总人口的比重。数据来源于河南省统计局的《统计年鉴》。

2.2 模型与方法

本研究主要通过主成分分析法和莫兰指数对河南省重点地市进行经济发展水平以及空间关联测算。

2.2.1 全局相关性

1950 年,澳大利亚统计学家帕克·莫兰提出了莫兰指数(Moran's I)。一般说来,莫兰指数分为全局莫兰指数(Global Moran's I)和局部莫兰指数(Local Moran's I)。Moran's I 通过相邻区域某一属性值,能够测算出相邻区域的空间关联程度,反映相邻区域间的空间特征。其中,全局空间自相关是对属性值在整个区域空间特征的描述,可以用来衡量区域之间整体上的空间关联和差异程度。

首先构建河南省各地市的空间权重矩阵 W,W_{ij} 按照 0、1 二进制原则进行构造:

$$W_{ij} = \begin{cases} 1, & \text{当 } i \text{ 地区和 } j \text{ 地区相邻} \\ 0, & \text{当 } i \text{ 地区和 } j \text{ 地区不相邻} \end{cases} \qquad (2-1)$$

$$Y = \sum_{i=1}^{n} Y_i a_i k \leqslant p \qquad (2-2)$$

全局 Moran's I 计算公式如下:

$$I = \frac{n \sum_{i=1}^{n} \sum_{j=1}^{n} W_{ij}(x_i - \bar{x})(x_j - \bar{x})}{\sum_{i=1}^{n} \sum_{j=1}^{n} W_{ij} \sum_{i=1}^{n}(x_i - \bar{x})^2} = \frac{n \sum_{i=1}^{n} \sum_{j=1}^{n} W_{ij}(x_i - \bar{x})(x_j - \bar{x})}{S^2 \sum_{i=1}^{n} \sum_{j=1}^{n} W_{ij}} \qquad (2-3)$$

式中，x_i 是观测值。其中：

$$S^2 = \frac{1}{2} \sum_j (x_j - \bar{x})^2, \quad \bar{x} = \frac{1}{n} \sum_{i=1}^{n} x_i \qquad (2-4)$$

$$全局 \text{Moran's I} \in [-1, 1] \begin{cases} > 0, & 空间正相关 \\ = 0, & 不存在空间相关性 \\ < 0, & 空间负相关 \end{cases} \qquad (2-5)$$

全局 Moran's I 的显著性用标准化统计量 Z 来检验。其计算公式如下：

$$Z = \frac{I - E(I)}{\sqrt{\text{Var}(I)}} \qquad (2-6)$$

其中，$\text{Var}(I)$ 是全局 Moran's I 的理论方差，$E(I)$ 是全局 Moran's I 的理论期望。全局 Moran's I 的理论期望和理论方差根据正态近似规则计算得出。

$$E(I) = \frac{-1}{n-1} \qquad (2-7)$$

$$\text{Var}(I) = \frac{n^2 w_1 + n w_2 + 3 w_0^2}{w_0^2 (n^2 - 1)} - E^2(I) \qquad (2-8)$$

其中，$w_0 = \sum_{i=1}^{n} \sum_{j=1}^{n} W_{ij}$，$w_1 = \sum_{i=1}^{n} \sum_{j=1}^{n} (W_{ij} + W_{ji})^2$，$w_2 = \sum_{i=1}^{n} (W_i + W_j)^2$，$W_i$ 和 W_j 分别代表空间权重矩阵中第 i 行和第 j 列的和。

通过计算能够得到统计量 Z 的 P 值。如果计算的 P 值小于给定的显著性水平，则拒绝原假设，说明观测值之间存在空间相关性；否则不拒绝原假设。也就是说，当 Z 的值为正且显著时，表示存在正的空间相关，相似的观测值趋于空间集聚；当 Z 的值为负且显著时，表示存在负的空间相关，相似的观测值趋于分散分布；当 Z 的值取零时呈随机分布。

2.2.2　局部相关性

通过全局自相关检验可以得到总体的空间关联模式，但是难以得出不同地理位置的空间关联模式。因此，需要通过局部关联指标来分析区域的空间关联情况，故采用局部 Moran's I 与 Moran's I 散点图来进行研究。

局部 Moran's I 计算公式为：

$$I_i = \frac{x_i - \bar{x}}{S^2} \sum_j W_{ij}(x_j - \bar{x}) \qquad (2-9)$$

$$S^2 = \frac{1}{2} \sum_j (x_j - \bar{x})^2, \quad \bar{x} = \frac{1}{n} \sum_{i=1}^{n} x_i \qquad (2-10)$$

其中，x_i 是观测值，I_i 是局部空间自相关性指标；x_i 为空间单元 i 的属性值；W_{ij} 代表空间单元和空间之间的影响度。

局部 Moran's I 指数的取值描述如下：

$$\text{局部 Moran's I} \in [-1, 1] \begin{cases} >0, & \text{空间正相关} \\ =0, & \text{不存在空间相关性} \\ <0, & \text{空间负相关} \end{cases} \qquad (2-11)$$

局部 Moran's I 为正值时，数值越大，局部空间相关性越明显；局部 Moran's I 为负值时，数值越大，局部空间差异性越明显；全局 Moran's I 为零时，空间呈随机性。

通过对区域经济活动的研究来分析局部的空间相关性。如图 2－1 所示，散点图分为四个象限，第一象限、第三象限分别表示高水平经济地区周边是高水平地区，低水平经济地区周边是低水平地区；第二象限、第四象限分别表示低水平经济地区周边是高水平地区，高水平经济地区周边是低水平地区。散点图如果均匀地分布在四个象限，则说明区域之间没有空间相关性。

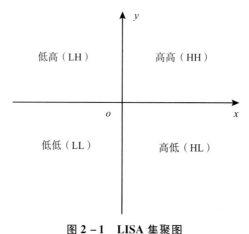

图 2－1　LISA 集聚图

2.2.3 主成分分析

主成分分析（principal component analysis，PCA）是一种多元分析方法，能够把多个变量转变为少数几个主分量，在不改变原始变量与新成分之间关系的同时，实现数据的有效降维。PCA 不仅能够有效减少数据维度，更重要的是，可以最大限度地弱化原始数据的信息损失，在各主成分之间，实现相关性最小，而在各成分之内，实现相关性最大。

主成分分析的数学模型见式（2 – 12）。

$$F_p = a_{1i} \times Z_{x_1} + a_{2i} \times Z_{x_2} + \cdots + a_{pi} \times Z_{x_p} \qquad (2-12)$$

式中，F_p 是第 p 个主成分，a_{1i}，a_{2i}，$\cdots$，a_{pi}（$i = 1$，$\cdots$，m）特征向量对应于协方差矩阵 Σ 的特征值，Z_{x_1}，Z_{x_2}，$\cdots$，Z_{x_p} 是原始变量经过数据处理中的标准化处理得到的值。式中的 X_1，X_2，$\cdots$，X_m 为指标的观测值，a_{ij} 为因子荷载，F_i（$i = 1$，2，$\cdots$，m）为公共因子，ε_i（$= 1$，2，$\cdots$，m）为特殊因子。

PCA 的计算步骤：对于具有 n 个观测值，m 个变量的矩阵 $X(n, m)$ 进行数据标准化，计算并确定主成分的个数。在这一过程中，通常取累计方差贡献率接近 1 的因子为主成分。具体操作中，该阈值一般设为 85%。但是，这只是经验取值，具体还需要视所要解决的问题而定。各主因子 F_i 的值经过计算后进行综合排序即可。

2.3 全局空间相关性分析

对 2007 ~ 2015 年各地经济发展的自相关性进行计算，结果如表 2 – 1 所示。当 $|Z| > 2.58$，P 值 < 0.01。可以看出，2007 ~ 2015 年的 Moran's I 值均大于 0.39，Z 值均大于 1.96，全部通过显著性检验，表明河南省各重点城市经济发展综合水平有很强的空间依赖性，且表现出正的空间相关性。Moran's I 值增大，说明区域之间的经济差异减小，空间上的集聚性有所增加，反之亦然。

表 2－1   不同年份各城市经济发展综合水平全局 Moran's I

年份	Moran'I	Z 值	P 值	方差
2007	0.451893	5.988288	0.000000	0.006162
2008	0.425715	5.647891	0.000000	0.006177
2009	0.395107	5.266898	0.000000	0.006157
2010	0.431899	5.741735	0.000000	0.006145
2011	0.402402	5.362199	0.000000	0.006152
2012	0.402752	5.366562	0.000000	0.006152
2013	0.44988	5.974503	0.000000	0.006138
2014	0.47857	6.340809	0.000000	0.006137
2015	0.483107	6.401073	0.000000	0.006133

2007～2009 年，Moran's I 呈现出递减的变化趋势，表明这些城市之间的空间正相关在减弱，空间集聚有所减小，经济差异变大。一些地市由于经济发展缓慢，和周边城市经济的差距逐渐拉大，整个区域经济的关联性在弱化。2009 年表现最为明显，达到这些年来的最低值 0.39，相关城市经济发展趋势也印证了这一结果。例如，2009 年漯河市的人均 GDP 增长率相比 2008 年下降，而相邻的许昌市人均 GDP 增长率却是增加的。平顶山市和洛阳市也表现相同，洛阳市的人均 GDP 增长率 2009 年高于 2008 年，而平顶山市 2009 年人均 GDP 增长率小于 2008 年，表明城市的经济差异有所增大。

其余年份的计算结果出现了波动。2009～2010 年，河南省经济发展的空间关联性又有所增强，2010～2011 年正的空间相关性又有所减弱。2011～2015 年，Moran's I 值呈现逐渐增大的趋势，2015 年达到最高值 0.48，说明各地空间正相关水平在增加，区域经济有着较强的关联性，Moran's I 值保持在 0.40～0.48 之间，逐年递增，空间呈现集中发展的态势，表明区域经济发展水平相似地区的空间分布存在较强的集聚，这种集聚具有稳定性增强的趋势。

2.4 局部空间相关性分析

河南省重点城市经济发展的局部空间相关性分析主要以县域为基本测算单元。

2.4.1　局部 Moran's I 指数

各地市 Moran's I 分布情况如表 2 - 2 所示。2009 年的局部空间自相关最低，2011 年以前 2007 年的数值最高，2011 年之后 2014 年的数值最高，2011 ~ 2015 年整体呈上升趋势。2007 ~ 2015 年，中原城市群县域经济空间演变大体上的走向和全局自相关分析一致，2007 ~ 2009 年和 2011 ~ 2014 年的数值的变化相同，2015 的数值有轻微的减小。

表 2 - 2　　　　　　　　　　河南省各地市局部 Moran's I 分布

年份	Moran's I
2007	0.482643
2008	0.468264
2009	0.443283
2010	0.47219
2011	0.451183
2012	0.451308
2013	0.493601
2014	0.520513
2015	0.510051

2.4.2　局部聚集分析

为了更直观地表现河南省各地与周边城市的关系，根据各县市所在象限进行统计，得到"高高"（HH）、"低低"（LL）、"高低"（HL）和"低高"（LH）县市的数量，如图 2 - 2 所示。

可以看出，大部分县市落在第一象限、第三象限，即"高高"和"低低"区域，均表现出正的空间自相关关系。这说明经济发展综合水平相似的地区在空间上呈聚集分布的态势，有显著的空间相关性，即"高高""低低"集聚十分明显。2007～2015年，"高高"类型和"低低"类型县市的数量基本相同。经济实力较强的郑州地区周边的济源地区也表现出高的人均GDP，而开封市下辖的封丘、长垣县人均GDP水平较低，与其相邻的新乡市的延津县也表现出较低的人均GDP。

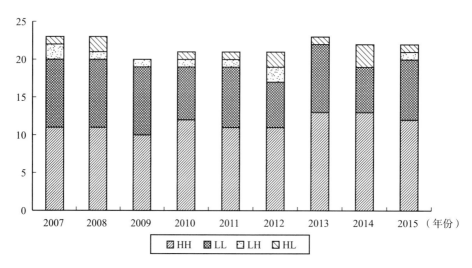

图 2 - 2　河南省重点城市局部聚集统计

以三年为时间段对变化趋势进行阶段性分析。2007年、2011年以及2015年LL区域内城市数量高于HH区域，说明经济不发达的集聚比经济发达的集聚严重，发达地区和不发达地区之间的差异在扩大，区域经济极化明显。例如，2015年巩义市人均GDP值是城市群东部兰考县的2.2倍，是城市群南部叶县的3倍。而济源市2015年的人均GDP值是城市群东部延津县的2.7倍，是城市群南部叶县的2.6倍。

2014年以后，LH区域的区县数量下降，HH类型增多，LL类型减少。HL类型增加，说明这一时间段的集聚又开始有上升趋势，并带动了周围的经济发展。

进一步结合各地市地理位置分析，结果发现：

（1）河南省各地市综合水平始终以郑州市最强，"高高"集聚区域是以郑州市为中心的一个小辐射圈，北至济源市和焦作市，南至许昌的禹州市，西至洛阳市；焦作市和洛阳市两个区域缺乏稳定性；郑州市作为河南的省会城市，有着显著的资源优势，发展相对其他地区要快很多。

（2）"低低"集聚区域主要分布在河南省的东部和南部部分地区，即东部的开封市和新乡市以及南部的平顶山市，开封地区"低低"集聚也减少，南部西移至洛阳市的嵩县和汝阳县。

（3）"低高"和"高低"集聚区域和其他两种类型相对而言比较稳定，数量也比较少。2007 年，洛阳市的孟津县和焦作市的武陟县为"低高"集聚；2008 ~ 2012 年，孟津县一直处于"低高"集聚；2012 年之后孟津县就成了"高高"集聚，只剩下许昌的禹州市为"低高"集聚。"高低"集聚主要集中在平顶山市，2008 年以前是平顶山市的舞钢市，2011 年以前是新乡市的新乡县，2011 年以后就是平顶山的宝丰县。

（4）大部分地市没有表现出显著的特征，说明河南省区域经济发展的过程中城市与城市之间的联系不够，地区间缺乏互动。

2.5　分异影响因素分析

区域经济的空间差异是多种要素相互影响和作用所形成的结果，如自然禀赋和经济禀赋，表现为区域内的人口、资源、环境和发展之间的相互关系。通过对这些因素的分析，能够找出区域经济空间分异的具体原因。

2.5.1　影响因子选取

（1）劳动力。劳动力是影响经济发展的特殊因素，劳动力自身不仅可以产生价值，还可以通过带动劳动市场对周边区域产生价值，促进经济增长。本研究通过从业人数来表示劳动力。

（2）财政支出。财政支出是在市场经济条件下，政府为提供公共产品和服务，满足社会共同需要而进行的财政资金的支付。财政支出可以拉动内需，带动经济的增长。对财政支出进行合理的优化结构调整，可以对经济的增长起到较大的促进作用。本研究通过公共财政预算支出来表示财政支出。

（3）人口规模。人口的增长一定程度上提高了经济的发展，人多的地方形成市场的可能性就大，间接上就会带动经济的增长。本研究通过常住人口数来表示人口规模。

（4）城镇化率。城镇化率是一个国家或地区发展的重要标志，是农村传统的自然经济转化为城市社会化大生产的过程。城镇化率高，城市的集中程度就高，强度越大，经济密度也就越高。

（5）资本。资本是用于生产、扩大再生产或提高生产效率的物质，可以带来很大的经济效益。资本的形成制约着经济的发展，它的规模和结构对经济发展有着直接的影响。本研究通过社会固定资产投资总额来表示资本。

（6）工业化。在经济发展过程中必然会经历工业化这一阶段，工业化能够有效地带动地区经济的增长，并且促进城市化的进一步发展。本研究通过市域的第二产业值与总生产值的比值来表示工业化。

（7）第三产业值。第三产业指不生产物质产品的产业，即服务业。加快发展第三产业可以加快扩大就业，缓解就业压力，从而加快经济发展，提高国民经济素质和综合实力。故第三产业产值的增高可以成为推动城市群持续发展的后续力量。本研究通过各市第三产业值来直接表示。

（8）交通通达性。交通运输是现代社会赖以运行和发展的基础，是评价交通运输状况优劣的重要指标之一。较好的交通通达性有利于对外开放的扩展、人民生活水平的提高、有利于区域经济的发展。此外，良好的交通通达性还可以通过推动产业结构的调整，促进产业结构的进步，加快城市化和城乡一体化的进程，对区域经济结构的合理运作起着润滑和枢纽作用。本研究通过公路线路里程数来表示交通通达性。

（9）卫生机构数。健康作为人力资本中的投入要素在经济的增长中发挥着重要的作用。考虑到卫生部门的发展可以直接带动相关产业的发展从而快速提升经济，本研究通过各市医疗卫生机构床位中的基层医疗卫生机构数来表示。

（10）科研机构数。"科学技术是第一生产力"，科技的发展在经济发展中有着巨大的推动作用，改变着人们的生活和生产方式。本研究通过各市研究与试验发展机构情况中的机构数来表示。

（11）制度政策。区域政策对经济的发展起到了一定的促进作用，尤其是对外贸易方面的政策，增强了城市作为营销、融资、面对面交流场所的重要性，因此，可以用对外贸易进出口总额作为制度政策的影响表征因素。

2.5.2　主成分分析

以 2015 年各市数据为例进行主成分分析。如表 2 - 3 所示，其中成分表示因子序号；合计表示各主成分的特征值；方差的 % 表示特征值占方差的百分比；累积 % 表示因子特征值占总方差的累积百分比；提取平方和载入表示在特征值大于1（默认值）的原则提取的 2 个因子的特征值、占方差百分比以及累积百分比。前 2 个因子已经对大多数数据给出了充分的概括，它们所解释的方差占总方差的92.788%，第三个以后的因子特征值比较小，对解释原有变量的贡献不够，因此最后结果是确定提取 2 个因子。

表 2 - 3　　　　　　　　　　　　　积累方差贡献率

成分	初始特征值			提取平方和载入			旋转平方和载入		
	合计	方差的 %	累积%	合计	方差的 %	累积%	合计	方差的 %	累积%
1	7.876	71.6	71.6	7.876	71.6	71.6	5.775	52.499	52.499
2	2.33	21.178	92.778	2.33	21.178	92.778	4.431	40.278	92.778
3	0.457	4.152	96.93						
4	0.169	1.54	98.47						
5	0.142	1.291	99.76						
6	0.017	0.159	99.919						
7	0.007	0.067	99.986						
8	0.002	0.014	100						
9	$1.66E-16$	$1.51E-15$	100						
10	$-4.60E-17$	$-4.18E-16$	100						
11	$-7.14E-17$	$-6.49E-16$	100						

注：提取方法：主成分分析。

因子载荷矩阵如表 2-4 所示。其中列出了各变量对应于 2 个主成分的载荷值。根据该表可以写出 2 个主成分表达式。

成分 1 = 劳动力（0.937）+ 财政支出（0.977）+ 人口密度（0.973）+ 城镇化率（0.624）+ 资本（0.979）- 工业化（0.579）+ 第三产业值（0.967）+ 交通通达性（0.694）+ 卫生机构数（0.668）+ 科研机构数（0.904）+ 投资贸易（0.855）

成分 2 = 劳动力（-0.318）+ 财政支出（0.191）- 人口密度（0.211）+ 城镇化率（0.72）+ 资本（0.144）+ 工业化（0.631）+ 第三产业值（0.234）- 交通通达性（0.625）- 卫生机构数（0.64）+ 科研机构数（0.343）+ 投资贸易（0.487）

用这两个因子代替 11 个原始变量，可以概括全部信息的 92.778%。但是，各因子的载荷值相近，不容易对因子进行命名，故可以通过具有 Kaiser 标准化的正交旋转法对数据进行旋转处理，使因子中各个变量的系数向最大和最小两极分化。

表 2-4　　　　　　　　　　　　　因子载荷矩阵

变量	成分 1	成分 2
劳动力	0.937	-0.318
财政支出	0.977	0.191
人口密度	0.973	-0.211
城镇化率	0.624	0.72
资本	0.979	0.144
工业化	-0.579	0.631
第三产业值	0.967	0.234
交通通达性	0.694	-0.625
卫生机构数	0.668	-0.64
科研机构数	0.904	0.343
投资贸易	0.855	0.487

注：提取方法：主成分；已提取了 2 个成分。

旋转后的因子载荷矩阵如表 2 - 5 所示。其主成分计算如下：

成分 1 = 劳动力（0.543）+ 财政支出（0.888）+ 人口密度（0.637）+ 城镇化率（0.935）+ 资本（0.860）- 工业化（0.068）+ 第三产业值（0.906）+ 交通通达性（0.162）+ 卫生机构数（0.132）+ 科研机构数（0.924）+ 投资贸易（0.974）

成分 2 = 劳动力（0.827）+ 财政支出（0.451）+ 人口密度（0.765）- 城镇化率（0.183）+ 资本（0.489）- 工业化（0.853）+ 第三产业值（0.411）+ 交通通达性（0.920）+ 卫生机构数（0.916）+ 科研机构数（0.286）+ 投资贸易（0.142）

旋转之后第一个因子与财政支出、城镇化率、资本、第三产业值、科研机构数、投资贸易等变量有较大的相关性，可以解释为"投入—产出因子"，第二个因子与劳动力、人口密度、工业化、交通通达性、卫生机构数等变量有较大的相关性，解释为"基础发展因子"。

表 2 - 5　　　　　　　　　旋转后的因子载荷矩阵

变量	成分 1	成分 2
劳动力	0.543	0.827
财政支出	0.888	0.451
人口密度	0.637	0.765
城镇化率	0.935	- 0.183
资本	0.86	0.489
工业化	- 0.068	- 0.853
第三产业值	0.906	0.411
交通通达性	0.162	0.92
卫生机构数	0.132	0.916
科研机构数	0.924	0.286
投资贸易	0.974	0.142

注：提取方法：主成分分析；旋转在 3 次迭代后收敛。

旋转后的成分转换矩阵如表 2 - 6 所示。用 C_{10}、C_{20} 表示旋转前的 2 个因子，用 C_1、C_2 表示旋转后的 2 个因子，则有：

$$C_1 = 0.788C_{10} + 0.615C_{20}$$
$$C_2 = 0.615C_{10} - 0.788C_{20}$$

表 2 - 6　　　　　　　　　　　成分转换矩阵

成分	1	2
1	0.788	0.615
2	0.615	- 0.788

注：提取方法：主成分分析。

由此可得成分得分系数矩阵，如表 2 - 7 所示，可得：

Fac1_1 = 劳动力(0.01) + 财政支出(0.148) + 人口密度(0.042) + 城镇化率(0.253) + 资本(0.136) + 工业化(0.109) + 第三产业值(0.159) - 交通通达性(0.096) - 卫生机构数(0.102) + 科研机构数(0.181) + 投资贸易(0.214)

Fac2_1 = 劳动力(0.181) + 财政支出(0.012) + 人口密度(0.147) - 城镇化率(0.195) + 资本(0.028) - 工业化(0.259) + 第三产业值(0.004) + 交通通达性(0.266) + 卫生机构数(0.269) - 科研机构数(0.045) - 投资贸易(0.098)

表 2 - 7　　　　　　　　　　　成分得分系数矩阵

变量	成分 1	成分 2
劳动力	0.01	0.181
财政支出	0.148	0.012
人口密度	0.042	0.147
城镇化率	0.253	- 0.195
资本	0.136	0.028
工业化	0.109	- 0.259
第三产业值	0.159	- 0.004
交通通达性	- 0.096	0.266
卫生机构数	- 0.102	0.269
科研机构数	0.181	- 0.045
投资贸易	0.214	- 0.098

注：提取方法：主成分分析；构成得分。

采取和 2015 年相同的处理方法，由于每两年之间数据结果差异不大，故以两年为一个间隔，对 2011 年和 2013 年的市域数据进行处理，得出其他年份也都是提取出来两个因子，即影响中原城市群经济发展的主要有两大类因子，分别命名为投入—产出因子和基础发展因子。

2.5.3　分异因素分析

为了研究影响经济发展的因子的空间分布情况，对两大类因子中载荷值为 0.9 以上的因子进行空间分析，主要涉及城镇化率、科研机构数、投资贸易额、卫生机构数、工业化以及交通通达性。结果表明，中原城市群经济发展受投入—产出和基础发展两大因子的影响较为显著。2011 ~ 2015 年，城镇化率和引进外商的投资贸易占的载荷都较大，说明在这一时间段内，造成经济空间分异是由于城镇化率的变化和引进的投资贸易额的增加和减少。其次表现为卫生机构数和交通通达性的载荷较大，交通通达性的载荷值呈普遍增加趋势，说明交通的便利在经济发展中也占有不少的份额。卫生机构数和交通通达性表现出基础设施建设在经济发展中所发挥的作用，由此可见，基础设施在城市发展中扮演着重要的角色。

2.6　结论与建议

通过 GIS 和探索性空间分析技术相结合的方法，从空间角度出发对各城市区域差异变化进行研究，分析空间集聚现象，揭示城市经济空间分异态势。

研究发现，中原城市群在经济发展过程中存在着明显的空间分异现象。从全局自相关性来看，中原城市群市域经济发展水平相似地区的空间分布存在较强的稳定性和集聚性，经济发展水平的"高高""低低"十分明显。因此，中原城市群的发展要继续发挥"高高"聚集区的优势，打造河南省经济发展"富集区"。同时，要防止区域内发达地区与不发达地区差异的扩大，尽量减少"低低"集聚区城市数量。

要释放"高高"经济空间集聚区的辐射和扩散效应。"高高"经济空间集聚，是指目标城市与周边经济发展水平较高的城市聚集在一起，形成经济发展的高水平区域；"低低"聚集区则正好相反。在中原城市群中，"高高"聚集区主要集中在以郑州市为中心的一个辐射圈，北至济源市和焦作市，南至许昌的禹州市，西至洛阳市。因此，要积极推动郑洛、郑汴、郑新、郑焦、郑许区域一体化发展。以河南省自由贸易试验区为抓手，依托陇海铁路打造郑汴洛地区交通物流大通道，降低连接成本，快速打造自由贸易走廊。同时，利用国家关于自贸区的制度和政策，实现郑汴洛地区局部先行先试，积极引导省内外甚至是国内外的资源，探索域内、外产业、金融、贸易和物流以及出入境监管一体化。

要加大"低低"聚集区的政策倾斜。研究发现，"低低"集聚区域主要分布在开封市、新乡市、平顶山市部分地区，以及洛阳市的嵩县和汝阳县。对于这些地区的发展，要重点通过政策扶持发挥其自身优势，特别是发挥劳动力资源和农业资源的自然禀赋，大力发展涉农产品深加工等能够大幅度提高农产品附加值的产业，提高处于"低低"聚集状态城市的工业化水平。同时，处理好本地和异地转移就业之间的关系，鼓励劳动力的合理、有序地转移和输出，通过素质提升计划实现高质量就业，缩小城乡差距、推动区域内的城镇化和工业化。

要逐步发挥"高低"聚集区高水平城市的带动作用，积极培育区域次核心快速成长。"高低"集聚区和"低高"集聚区的出现，表明中原城市群区域次中心开始形成。研究发现，"低高"和"高低"集聚区域与其他两种类型相对而言比较稳定，主要包括平顶山市、洛阳市和许昌市个别地区，要加强这些地区基础设施建设，发挥其区位优势，促进金融、人力资源、物资和信息等的流动，形成周边产业配套，从而推动地区经济发展。

第3章

基于引力模型的河南省
经济网络关联分析

经济空间关联又称区域经济联系量,是用来测度区域间经济联系大小的指标。它不仅可以衡量经济中心城市对周围地区辐射能力的大小,还可以描述周围地区对经济中心辐射能力的承接程度。河南省区域发展差异悬殊等问题[78],多中心发展已势在必行[79]。本章通过构建经济引力模型,采用定量方法计算各地市的中心性,结合经济发展的时间趋势分析,衡量河南省城市之间的内在关联。

3.1 研究对象与数据来源

对于河南省经济网络结构的分析,理论上应包括区域内所有的县市。然而,考虑到时间序列数据搜集的完整性,以及社会网络分析过程中过多对象可能造成的结果可读性差等原因,本章的研究从河南省这个待研究的总体中抽取合适数量的样本,通过对样本的处理来研究整体。但是,若只考虑河南省所包含的 17 个地级市,则分析维度较少,结果过于单调,特征也不明显。因此,以郑州市、洛阳市、开封市、新乡市、焦作市、许昌市、平顶山市、漯河市、济源市 9 个核心城市为主，依据各地市下辖各县市人均 GDP 总量指标进行排名，分别取最具代表性的前三个县市来研究区域经济联系，共涉及 32 个市（县）。一方面，人均 GDP 前三的县市代表着该城市所辖县市中发展最好，在经济发展中所占比重最大的成员，如表 3 – 1 所示，位于前三的县市人均 GDP 之和占总的县市之和比重均在 50% ~ 65%，非常具有代表性。另一方面，每个地市所辖县市均在 5 ~ 9 个不等，选取的 3 个县市占到总县市数量的一半，甚至更少，如洛阳市中仅占 1/3 的县市 GDP 总量就占到了 50%，足以展现其县市经济发展的综合水平。

表 3 – 1　　　　　　　　河南省主要市县人均 GDP　　　　　　　　单位：元

地级市	县级市（市区）	人均 GDP
郑州市	中牟县	77 899
	巩义市	74 261
	荥阳市	92 693
	新密市	75 076
	新郑市	81 812
	登封市	70 447
开封市	杞县	26 428
	通许县	36 557
	尉氏县	33 337
	祥符区	29 196
	兰考县	33 129
洛阳市	孟津县	52 732
	新安县	73 372
	栾川县	40 584
	嵩县	26 093
	汝阳县	30 064
	宜阳县	34 180
	洛宁县	33 848
	伊川县	36 457
	偃师市	67 431

续表

城市	县级市（市区）	人均 GDP
平顶山市	宝丰县	50 114
	叶县	25 436
	鲁山县	16 603
	郏县	24 757
	舞钢市	33 650
	汝州市	37 278
新乡市	新乡县	59 072
	获嘉县	22 592
	原阳县	16 539
	延津县	24 280
	封丘县	15 069
	长垣县	33 346
	卫辉市	22 913
	辉县市	41 087
焦作市	修武县	42 320
	博爱县	58 487
	武陟县	41 232
	温县	55 441
	沁阳市	76 691
	孟州市	70 640
许昌市	许昌县	45 353
	鄢陵县	44 611
	襄城县	43 521
	禹州市	43 098
	长葛市	68 888
漯河市	舞阳县	26 986
	临颍县	32 118

3.2　模型与方法

引力模型主要用来量化城市间的经济空间关联程度。引力/空间相互作用模型的思路源自物理学定律中著名的万有引力定律（即两个物体之间的引力与它们各自的质量成正比，与它们之间的距离成反比），经过参数的修改和优化得到。通常认为，经济联系强度同区域人口成正比，同区域之间距离的平方成反比。本研究对引力模型中的距离采用时间距离进行修正，进而求出中原城市群各城市间的经济联系强度。所采用的引力模型如下所示[80]：

$$R_{ij} = k_{ij} \frac{\sqrt{P_i G_i} \sqrt{P_j G_j}}{D_{ij}^2} \qquad (3-1)$$

$$k_{ij} = \frac{G_i}{G_i + G_j} \qquad (3-2)$$

其中，R_{ij} 为城市 i 对城市 j 的经济联系，P_i，P_j 为两城市市区非农业人口数，G_i，G_j 为两城市市区的 GDP，D_{ij} 为两城市之间的时间距离，K_{ij} 表示城市 i 对 R_{ij} 的贡献率。

研究中所涉及的 GDP 和人口数、时间距离等数据均来源于《中国统计年鉴》。其中，时间距离数据取自百度地图中两市之间的采用驾车方式、按照推荐的方案路线行驶所需要的最短时间。

3.3　经济联系密度

网络密度是空间经济网络中各个城市之间实际拥有的连接关系数与理论上可能拥有的最大关系数的比值。它可以直观地表示出整个网络的内聚性，即网络中各个节点间联系的紧密程度。如果研究的对象是城市经济联系网络等有向关系网，该网络中包含的实际关系数目为 M，并且网络中的行动者即包含的城市数目为 N，则在理论上该网络可能包含的关系总数的最大值为 $N(N-1)$，从而根据定义该网络的整体密度值就等于 $M/(N(N-1))$。

市县经济网络结构的疏密特征，可以对城市群的开放程度和获取资源的能力进行描述。网络密度越大，整体网络及其节点所能进行的集聚、传递、扩散和处理的能力就越强，网络中城市间的经济联系越密切，经济形态越聚集，区域整体能够为节点提供的各种社会资源也越多。同时为维持节点间的联系所耗费的资源便也越多，各节点受到来自区域整体网络结构的束缚便也越大，节点越不会进行单独发展。如表3-2所示，将搜集到的数据使用引力模型计算之后得到的关系矩阵进行二值化处理，进而计算区域中心性、群体密度等重要的网络结构指标，便得到河南省经济空间关联矩阵。

表 3 - 2　　　　　　　　　　河南省经济空间关联矩阵

市（县）	郑州市	中牟县	荥阳市	新郑市	开封市	通许县	尉氏县	…	许昌市	许昌县	鄢陵县	长葛市	漯河市	舞阳县	临颍县	济源市
郑州市	0	1	1	1	1	1	1	…	1	1	1	1	1	1	1	1
中牟县	1	0	1	1	1	1	1	…	1	1	1	1	1	0	1	1
荥阳市	1	1	0	1	1	1	1	…	1	1	1	1	1	0	1	1
新郑市	1	1	1	0	1	1	1	…	1	1	1	1	1	1	1	0
开封市	1	1	1	1	0	1	1	…	1	1	1	1	1	0	1	0
通许县	1	1	0	1	1	0	1	…	1	1	1	1	0	0	1	0
尉氏县	1	1	1	1	1	1	0	…	1	1	1	1	1	0	1	0
…	…	…	…	…	…	…	…	…	…	…	…	…	…	…	…	…
许昌市	1	1	1	1	1	1	1	…	0	1	1	1	1	1	1	0
许昌县	1	1	1	1	1	1	1	…	1	0	1	1	1	1	1	0
鄢陵县	1	0	0	1	1	1	1	…	1	1	0	1	1	1	1	0
长葛市	1	1	1	1	1	1	1	…	1	1	1	0	1	1	1	0
漯河市	1	1	1	1	1	1	1	…	1	1	1	1	0	1	1	0
舞阳县	0	0	0	0	0	0	0	…	0	0	0	0	1	0	0	0
临颍县	1	0	0	1	0	1	1	…	1	1	1	1	1	1	0	0
济源市	1	0	1	0	1	0	0	…	0	0	0	0	0	0	0	0

本研究对中原城市群的经济网络结构进行分析，主要是中心性分析（包括

点度中心度、中间中心度和接近中心度）和群体密度分析等。

计算结果显示，河南省各市（县）节点组成的整体网的网络密度为 0.5575，标准差为 0.4967，与同期的珠三角及北部湾城市群网络密度高达 0.8000[81] 相比，网络结构的紧密程度还很低，节点城市之间的社会资源流动的水平、层次仍然有待提升。

3.4 区域城市中心性

中心度是衡量各个城市在经济联系网络中的影响力大小的重要指标，又可以细分为度数中心度、中间中心度和接近中心度三项。中心性是社会网络分析中的重要内容，研究各个城市在经济网络中的权力，即中心地位，并从关系的角度定量地界定城市的权利。城市中心性越高，越处于网络的中心位置，获得各种资源就越多，其影响力也就越大。

3.4.1 点度中心度

点度中心度，测量的是城市经济关联网络中某个城市与其他城市的经济交往能力。该数值越高，表示其在城市群中地位越高、权力越大。由于城市间交通等方面的影响使城市间的经济联系产生差异，这种差异性在城市间经济联系网络中表现为有向性，所以，每个城市的点度中心度都包含了点入度和点出度。点入度是指其他节点城市向该城市达成的连接的总数量，表现为该城市受到其他城市的影响的大小，点入度越高表明该城市的经济吸收能力越强；点出度是指某一城市对其他城市连接的关系的总数量，表现为该城市影响其他城市的能力，点出度越高表明该城市的经济辐射能力越强。

各地市的点度中心性如图 3 - 1 所示。可以看出，郑州市及其三个县以及洛阳市、平顶山市、新乡市的点出度高居榜首，显示出这些城市在经济发展过程中对外辐射作用较为突出。开封市、焦作市、许昌市以及长葛市的点出度次之，几乎所有的县级市点出度都不到郑州市、洛阳市等地级市的一半，说明中原城市群整体的经济带动作用还是来自各个地级市，而其所辖的县市普遍经济输出较弱。但许昌市的结果却相反，许昌县、长葛市的点出度高出市区很多，与其积极"北上"、融入郑州都市圈的政策密不可分。

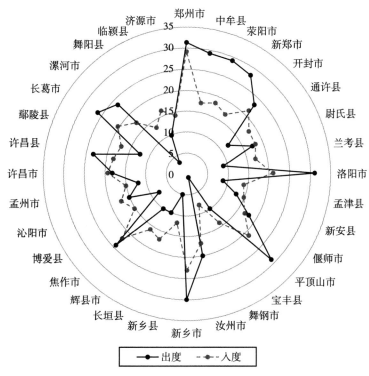

图 3-1 河南省区域经济联系的中心度

整体来看，32 个市（县）的点入度分布除了郑州市一枝独秀之外，其他地市较为均衡，几乎都在 15~20 的区间之内。其中，洛阳市、新乡市、焦作市等点入度较高。对比点出度可以发现，点出度越高的城市一般相应的点入度也会比较高，与周边其他市县的经济联系也更加紧密，此外，除了郑州市的三个县以及许昌县、长葛市之外，其他县级市的点出度均小于或等于点入度，这表明中原城市群大部分城市在经济发展中的辐射影响能力都不如受其他城市经济的影响的作用强。9 个核心城市中只有济源市点入度、点出度均低于平均值，表明它与其他城市联系最小，这与其地理位置因素有关：只与洛阳市、焦作市相邻，而且处于边缘地位，因此与其他中心城市相比结果较为反常。

3.4.2 中间中心度

中间中心度，测量的是城市经济关联网络图中某个城市节点在多大程度上处于其他城市交往"连线"的中间，反映了在城市空间经济联系中某一城市对其他城市经济的控制能力或中介能力。其值越大，影响的城市越多，越处于网络的核心；而中间中心度越小，则该城市在与其他城市的经济交往中的控制能力就越弱，越处于网络的边缘。

河南省区域经济联系的中间中心度如图3-2所示。郑州市的中间中心度依然是最高的，表明郑州市是居于核心地位以及发展中枢的存在，影响着河南省重

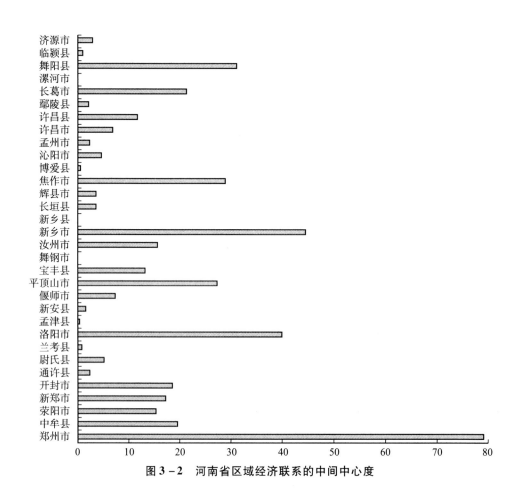

图3-2 河南省区域经济联系的中间中心度

要资源的调配。其次是漯河市、新乡市、洛阳市三市，新乡市、洛阳市是传统的经济强市，而漯河市作为国家二类交通枢纽城市，石武高铁、京广等铁路以及京港澳高速、宁洛高速、107 国道及 5 条省道贯穿全境，不仅水陆交通畅通，距郑州市新郑国际机场也不足一小时车程，因此中间中心性也很高。舞阳县的中间中心度值在县级市中最高，其地处平顶山市、许昌市及漯河市的交界，肩负着三市之间的经济交流，很好地发挥了经济发展中的"中介"作用。与此相对的是济源市和其他大部分的县级市，中间中心度极低，大都受限于地理位置及自身城市发展水平而无法有效地促进地域间的资源流动。

3.4.3　接近中心度

接近中心度，测量的是某节点城市与其他节点接近的程度，反映了该城市不受控于其他城市的能力，衡量了要素在城市之间的流动性能力，计算方法是该城市节点与图中所有其他节点的捷径距离之和。如果某个节点与网络中所有其他点的距离都很短，则该节点城市具有较高的接近中心度，与其他城市之间的联系程度就越紧密；数值越小则该城市与其他城市节点之间的空间经济联系就越稀疏。与点度中心度类似，每个城市节点的接近中心性又可以分为"外接近性"和"内接近性"两个参数。

河南省区域经济联系接近中心度如图 3 - 3 所示。可以看出，郑州市以及洛阳市、平顶山市、新乡市的"外接近性"明显高于其他市（县），表明这些城市在城市群经济联系中"抗干扰"能力明显强于其他城市，具有较高的经济独立性；与之形成鲜明对比的是舞钢市、舞阳县，它们在区域经济联系中非常被动，受到周围城市经济发展的影响很大，自身很难独立发展。在"内接近性"这个指标上，除郑州市、新乡市外，其余 30 个市（县）的值分布十分接近，都在 70 左右，表明河南省各市（县）在争取外部资源要素方面的能力比较强，发展潜力巨大，有充足的容纳空间来接受外来资源溢出。此外，大部分的城市内、外接近度都十分相近，发展较为均衡，相互之间的经济联系频繁。

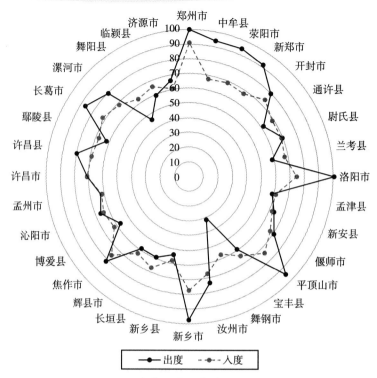

图 3 - 3　河南省区域经济联系的接近中心度

3.5　结论与建议

本研究从区域经济联系入手，采用社会网络分析法分析中原城市群经济空间关联的网络性质。结果发现，中原城市群之间的经济关联程度有待加强。河南省经济联系的网络密度较低，城市之间的联系较弱。中心性的结果显示，郑州、洛阳、新乡及平顶山等市的中心度特别高，表明这些城市占据着经济联系的核心位置，掌控着其他市县的经济发展，辐射带动作用较强。但是，以济源等为代表的部分城市中心度较低，表明这种带动作用还不够强，中原城市群还有很大的发展空间以及发展潜力。因此，提升河南省区域经济联系强度，还需要从以下几个方面着手。

郑州市作为河南省的政治、经济、文化以及交通中心，必须进一步增强其经济发展的辐射能力，在今后的发展中应该努力扩大郑州都市圈的影响以及注重周边城市之间的交流互补。研究结果表明，郑州市及其所辖县市发展水平较好。从中心性指标来看，郑州市辐射能力非常强，并且处在众多县市经济联系连线的中间，具有很强的控制能力以及抗干扰能力，同时，进一步发挥郑汴一体化在交通、金融以及电信等产业一体化方面的优势，尽快把郑州市打造为我国中部经济新的战略增长极。

要想实现中原城市群的迅速崛起，必须加大对洛阳市的资源投入，形成"双引擎"动力发展。虽然现在郑汴一体化的程度不断加深，但洛阳市自身具有深厚的历史文化底蕴以及高水平的机械制造工业实力，具有成为核心增长极的重要潜力。因此，在中原城市群发展的顶层设计中，要加大对洛阳的政策、资源支持，使其成长为郑州市这样的核心增长极，真正发挥出副中心的作用，与郑州市一起构成双核牵引，辐射带动周围城市经济发展。

开封市经济总量小、实力不强，这是建设新兴副中心城市的最大短板。因此，要想跟上中原城市群的崛起步伐，就必须依托"一带一路"、航空港区等国家战略，积极锁定及扩大优势产业，如汽车及零部件、新材料、装备、化工、食品、生物医药、电子信息等产业，助力郑州市，打造具有更高首位度的"大郑州"。

许昌市作为中原城市群经济联系的重要节点城市，具有重要的中介作用，在今后的发展中必须注重承接郑州的产业转移以及引领平顶山市、漯河市经济稳定、健康发展。虽然许昌市经济增长速度不如郑州和洛阳这些中心城市，但是与郑州、洛阳等核心城市相差较小，发展潜力非常大。许昌市要在"北上"与郑州市的产业互补对接的同时，积极与洛阳市实现错位发展，在避免同质化竞争中积极与两个核心城市交流互动，就能够构建中原城市群的"核心三角区"。许昌下辖县市也不应满足只作为郑州市的卫星城，应当凭借着可持续发展带来的发展空间以及深厚的历史底蕴带来的庞大的发展潜力，大力建设轻纺、食品、电力装备制造业基地以及农业科技示范基地和生态观光区。只有许昌市成为"中原之中"的强大网络中心城市，在对平顶山市和漯河市的带动力量才会更加强劲，真正成为河南省中部地区发展的新动力。

新乡、焦作以及济源三市是中原城市群不可忽视的一个重要城市群体，必须继续加强优势产业发展，加快产业转型升级。这三个市地理相连，虽然中心度指标普遍都很低，但凭借着能源化工、交通以及自然景观方面的优势，新乡市能够逐步向化工产业、加工制造、职业培训基地及中原北部区域物流中心的目标发展；焦作市能够在涉煤产业进行高精尖科技深挖，逐渐实现产业升级，同时依托云台山等资源打造国际山水旅游城市；济源市也在能源与原材料为主的加工制造方面取得令人瞩目的成就。整体上来看，这三个城市能够有力地支撑郑州市和洛阳市两个增长极的发展，进而带动中原城市群经济总量的增长。

第4章

基于社会网络分析的河南省
经济网络结构

城市间的经济空间结构是其经济发展程度在地理空间上的反映，通过研究某个地区城市之间的相互关系以及相互作用，能够揭示区域经济发展的网络特征，并从中发现不同地市在区域经济发展中所起到的作用。因此，为进一步挖掘河南省的经济关联，本研究基于社会网络分析，通过凝聚子群方法来区分城市群网络结构，找出每个子群中各个成员联系的紧密程度，以及由于核心性差异带来的地位及其在区域发展中的功能差异。

4.1 模型与方法

凝聚子群分析是社会网络分析法中常用的一种对关系网络子结构进行分析的方法[82]。简单来说，凝聚子群就是一个区域内的所有个体因为存在不同性质、不同程度的关系，最终会聚集成一个一个的小团体，这些团体内部成员之间的关系相对本团体之外的其他个体的关系来说更为紧密。在分析复杂的社会网络结构时，如果使用凝聚子群进行分析，会比一般的方法更加简明地呈现其网络特征，便于对这个区域内的成员关系进行分析。

本研究利用迭代相关收敛法（convergent correlations，CONCOR）对河南省主要市县进行凝聚子群分析。CONCOR 是一种比较常用的块模型分析方法。块模型，是将关系网络中的各个成员分块，然后按照一定的标准决定每一个小块是 1－块还是 0－块的凝聚子群方法。CONCOR 的具体运算方式是，对县市的关系矩阵中的各行（或者列）之间的相关系数进行迭代计算之后，得出一个值中只包含 1 或 －1 的相关系数矩阵。决定每小块类型的标准有很多，本研究采用比较典型的、符合实际研究需要的 α－密度指标，α 即为关系数值中的临界值，高于该阈值的就是 1－块，反之则是 0－块。

通过凝聚子群方法可以得到河南省经济联系网络中的小群体个数以及每个子群内部包含的城市，从群体间的各种关系及连接方式的层面来挖掘河南省经济网络结构。

4.2 区域经济结构的凝聚子群分析

使用 UCINET 软件将计算得到的经济空间关系矩阵导入，然后对其进行 CONCOR 分析，通过计算得到树状图。如图 4－1 所示，在 2 级层面，中原城市群的 32 个县市存在 4 个凝聚子群；在 3 级层面，中原城市群的 32 个市（县）存在 8 个凝聚子群。

但是，树状图结果反映出，在 3 级层面上，第一个子群只包含一个郑州市，第六至第八子群成员均在三个以内，这说明按照三个等级分群不够合理，无法更准确地进行凝聚子群分析。因此，针对 2 级层面的 4 个子群进行进一步分析得到更合理的凝聚子群结果，如表 4－1 所示。

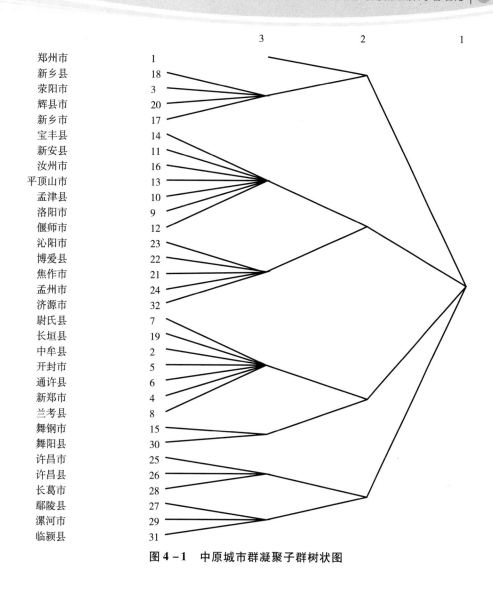

图 4 - 1　中原城市群凝聚子群树状图

表 4 - 1　　　　　　　中原城市群凝聚子群结果

1	郑州市、荥阳市、新乡市、新乡县、辉县市
2	洛阳市、孟津县、新安县、偃师市、平顶山市、宝丰县、汝州市、焦作市、博爱县、沁阳市、孟州市、济源市
3	中牟县、新郑市、开封市、通许县、尉氏县、兰考县、舞钢市、长垣县、舞阳县
4	许昌市、许昌县、鄢陵县、长葛市、漯河市、临颍县

4.2.1 郑（州）新（乡）子群

第一个子群以中原城市群北部的郑州、新乡为主体，同样也是河南省经济实力最为雄厚的一个子群。郑州市的经济总量一直比较稳定，占全省比重的1/5，发展迅猛。郑州市作为全国重要的交通枢纽，公路港、铁路港、航空港"三位一体"的物流体系逐步形成，正在朝着国家中心城市的目标前进。新乡市是中原地区重要的工业城市。从目前的发展态势来看，郑州除了向东扩展继续与开封融城之外，还向北发展，与新乡融合，加大双方经济技术开发区的产业协作、市场开拓以及人才交流，这有利于郑州地位的巩固，继而迅速向河北和北京辐射，奠定全国中心城市地位。

4.2.2 洛平焦济子群

第二个子群主要由洛阳、平顶山、焦作和济源四个中原城市群西部的城市及其直辖的县市组成。洛阳市作为中原城市群的副核心，有着国际化水平的机械工业及装备制造业，在旅游、文化资源方面也有身为十三朝古都的优势，综合实力极其强劲，发展程度仅次于郑州市，但由于中原城市群政策、资源等倾斜的原因，经济发展较为独立，仅在地缘关系上与平顶山市、济源市及焦作市联系紧密。这四个城市都是转型中的工业城市：洛阳市努力建设具有世界先进水平的现代装备制造产业基地、全国重要的新材料产业基地、全国重要的能源电力产业基地、全国重要的硅光电产业基地和中西部最大的石油化工基地；平顶山市和焦作市积极脱掉煤炭资源枯竭城市的帽子，立足重工业，朝着国际山水旅游城市发展；济源则注重建设能源及原材料加工制造业基地以及历史文化和自然景观为主的旅游城市，四个城市凭借洛阳市发达的交通网络联系在一起。

4.2.3 新（郑）开（封）子群

第三个子群由郑州的东部和南部的中牟县、新郑市以及开封各县市和长垣县、舞钢市、舞阳县构成，它们均位于城市群的东部。其中以郑州的两个县市以及开封为主体，长垣县、舞钢市和舞阳县主要受到郑汴一体化区域的牵引作用。由此可以看出，郑州都市圈建设对周围发展较落后的县市辐射影响成效显著，带动了开封各县市以及周围的市县的经济发展。除去地缘上的原因，这种现象也表现出郑州与开封的文化互补、产业转移形成的郑州都市圈的建设逐渐显示出对经济联系较弱的市县联动发展带来的效果显著提升。其作为郑州市的卫星城市，借助航空港经济区带来的发展机会，共同为构建成为支撑郑州市作为河南省乃至中部地区产业空间组织中心的功能区而努力。

4.2.4　许（昌）漯（河）子群

最后一个子群由从城市群南部的许昌市和漯河市组成。由于地处河南腹部，且与中原城市群其他成员之间相距较远，因此自成一群，再加上历史上行政划分的渊源，因此两市交流较为频繁，产业结构发展均衡，各种优势产业互补发展。许昌市作为历史文化名城，在电力装备制造及轻纺、农业科技示范基地的发展较为突出，漯河致力于"中国食品城"，以轻工业基地建设为主。两市均位于郑州市和开封市的南部，积极承接郑州都市圈的产业转移，轻、重工业方面交流密切，虽然经济发展总体不如北方的城市群成员，却凭着紧密的经济联系在河南中部作为郑州都市圈的大后方稳步发展。

4.3　区域子群关联分析

进一步分析中原城市群 4 个子群的密度矩阵。如表 4 - 2 （a）所示，由于采用的关系矩阵是赋值矩阵，因此其中出现了大于 1 的密度。为便于分析，将该密度矩阵进行标准化处理，得到表 4 - 2 （b）所示的标准化后的矩阵。在密度矩阵中，密度取值越大，子群之间或子群内部的经济关联程度越强；密度取值越小，则说明这种经济联系相对越弱。

观察表 4 - 2 （b）所示矩阵，从对角线即子群内部的关联强度来看，四组子群内部联系密度都比较大，说明凝聚子群的结果具有很强的可读性。其中以郑州市、荥阳市以及新乡市、新乡县、辉县市构成的子群 1 密度值最大，内部联系明显强于其他子群，充分体现了郑州在河南经济中的强势地位。关联强度仅次于子群 1 的便是以许昌市、漯河市为代表的子群 4，密度值远远高出子群 2 和子群 3，说明南、北两个子群内部经济联系比中原城市群东、西方向的子群更强。

对角线之外的数值便表示各个城市子群之间的经济关联强度。从第一排数据可以看出，包含郑州市、新乡市的子群 1 与其他三个子群的经济联系程度都很高，郑州市在中原城市群中的核心地位不容置疑。其中，子群 1 与子群 3 的经济关联密度最大，得益于郑州市的发展重心向郑东新区、航空港区转移，在全面推进郑汴一体化的进程中，努力构建郑州都市圈，朝着国家中心城市以及国际商都的目标前进。而作为副中心的洛阳市所代表的子群 2 则相对来说与子群 1 的联系就比较弱，明显不如郑州市与新兴副中心开封市之间的联系密切，这与政府的优先发展策略及政策扶持力度不同有很大关系。接下来经济联系密度最大的便是子群 3 与子群 4，包括了中原城市群整个西部和南部的所有城市，地处河南腹部，与周围县市经济联系很紧密，且与中原城市群其他成员之间相距较远，因此自成一群。其他子群之间的密度值都比较小，几乎接近于 0，子群之间的经济联系也非常弱。

表 4 - 2　　　　　　　　　　　　凝聚子群密度矩阵分析

子群	(a) 凝聚子群密度矩阵				子群	(b) 标准化后的密度矩阵			
	子群 1	子群 2	子群 3	子群 4		子群 1	子群 2	子群 3	子群 4
子群 1	9.301	3.229	3.887	3.473	子群 1	1	0.317	0.391	0.345
子群 2	1.134	1.908	0.492	0.639	子群 2	0.082	0.169	0.010	0.026
子群 3	1.154	0.405	1.215	1.388	子群 3	0.084	0	0.091	0.110
子群 4	0.857	0.538	1.224	4.765	子群 4	0.051	0.015	0.092	0.490

本研究采用 α - 密度指标来区分 1 - 块和 0 - 块。若以上文所计算的城市群整体密度为 α 值，将各个子群的标准化后的关联密度值大于断点值的记为 1，小于或等于断点值的记为 0，进行二值化处理，得到凝聚子群的影像矩阵如表 4 - 3 (a)

所示。在对现实关系的密度矩阵进行研究时，为了尽量保留像矩阵各成员之间的联系以及照顾到联系强度的因素，本研究根据具体情况将断点值改为 0.09，得出新的、更贴合实际的影像矩阵，如表 4 - 3（b）所示。可以看出，在影像矩阵中子群 2 与子群 3、子群 4 的关系系数都是 0，即以洛阳市为代表的东部城市群与许昌市、开封市、漯河市为代表的河南省中部的城市群联系强度最小。

表 4 - 3　　　　　　　　　　　　　　影像矩阵

（a）初始影像矩阵				（b）处理后的影像矩阵			
子群	子群 1	子群 2	子群 3	子群 4	子群	子群 1	子群 2	子群 3	子群 4
子群 1	1	1	1	1	子群 1	1	1	1	1
子群 2	1	1	0	1	子群 2	1	1	0	0
子群 3	1	0	1	1	子群 3	1	0	1	1
子群 4	1	0	1	1	子群 4	0	0	1	1

为了更形象、直观地描述四个子群之间的联系，本研究画出了河南省经济关联像矩阵的分块网络图。如图 4 - 2 所示，该网络图作为像矩阵的简化图，对中原城市群空间经济结构的分析十分有帮助。可以看出，所有子群都具有很明显的自反性关系，即关系从自身出发又返回自身，这是典型的凝聚子群模式，表明中原城市群各城市之间的经济联系主要发生在 4 个小群体内部，而城市小群体之间的联系由直线的单项箭头和双向箭头表示。单向箭头表示城市小群体之间的关系主要是从源子群指向目标子群，同理，双向箭头所代表的互惠性的关系表示小群体之间关系的双向流动。

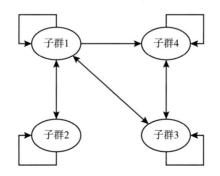

图 4 - 2　河南省经济关联像矩阵的分块网络

4.4 城市群城市核心性分析

4.4.1 城市群的双核心—边缘结构

中原城市群的空间经济结构可以看成是两个核心—边缘融合的结果，即双核心边缘—结构。首先，子群1与其他三个子群，尤其是子群2和子群3，构成明显的核心—边缘结构；其次，只观察第三个和第四个子群的关系就会发现都是一个小的核心—边缘结构。其中，子群1和子群3是中原城市群的两个核心，即郑州自身的大核心以及开封市、中牟县、新郑市组成的小核心。此外，从子群的密度矩阵可以看出子群1具有明显的中心化趋势，表明以郑州市、新乡市为主导的子群1作为整个中原城市群经济空间结构的大核心直接影响着处于边缘地位的其他城市，经济辐射能力很强，而子群2、子群3同样与子群1联系较为紧密，子群4由于更靠近子群3，与之构成完备的子群关系，因此反而与子群1的经济联系较少。以开封市和郑州市所辖县市为代表的子群3身为小核心在接受子群1的关系"流动"时又与子群1力所不及的子群4联系紧密，子群4作为子群3的边缘处在中原城市群的经济网络之中，表明子群1、子群3大小核心共同对边缘城市经济发展产生的巨大影响。

4.4.2 各主要城市的核心性分析

通过对河南省经济空间结构进行分析，可以发现，郑州市仍然处于主导地位。由于郑汴一体化的深度发展，郑州市掌握着大量的经济权力与资源，处于边缘地位的城市如洛阳市、许昌市、平顶山市、漯河市等的资金、技术和劳动力等资源要素仍不断流入，郑州市核心地位优势更加突出的同时，其引领和辐射带动作用仍然有待提升，与周边其他城市发展的协同性欠佳，不少地市逐渐成为中原城市群经济发展的"次核心"或"小核心"。

洛阳市的发展与郑州市同步性较差，存在一定的孤立状态。计算结果表明，以洛阳市、焦作市、济源市、平顶山市为主体的子群2在中原城市群的网络结构图中表现出独立性。考虑到郑州市在开通与开封市的城际客运铁路后，又开通了通往焦作市的城际铁路，这必然会对削弱洛阳市对焦作市经济发展的辐射能力。此外，郑州市主要在向东部开封市、南部许昌市发展，因此以洛阳市、平顶山市、济源市为主的子群4与郑汴大核心之间经济联系就越发微弱，在对郑州的资源要素溢出的吸收方面明显不如开封。因此，洛阳市在发展过程中，要着力发挥传统老牌重工业基地的优势，加强与中原城市群其他地市的联系，进一步夯实发展基础。

以许昌市和漯河市为代表的子群4同时承接郑汴区域的资源溢出以及原材料加工基地等功能区的建设。许昌市积极实施"北上策略"，主动开辟许昌新区，与郑州市航空港组团向南延伸和新郑卫星城的建设相呼应，积极与郑州市新一步的发展策略进行对接。漯河市也积极促进新—郑—漯产业发展带的建设，凭借双汇、南街村等国内外知名企业，依靠繁华的水陆交通要道和商埠重镇，努力打造成中原城市群轻工业基地以及南部区域物流中心。两市积极带动中原城市群南部的成员城市崛起，补全中原城市群的短板，也将振兴河南省的中部区域，提升中原城市群的整体质量。

4.5 结论与建议

加快实现区域经济社会的联通能力是实现河南省区域协同发展的重要环节。研究表明：

（1）河南省经济发展呈现出双核心—边缘的四子群特征，即郑（州）新（乡）子群、洛平焦济子群、新（郑）开（封）子群和许（昌）漯（河）子群。四个子群间的内部城市联系较为密切，但是子群间的联系密度整体上较弱。因此，必须着力推进不同城市子群之间交流的紧密程度，针对性地解决中原城市群经济发展分异的复杂因素。

（2）郑汴区域增长极辐射带动能力亟待提升。从凝聚子群的结果可以看出，郑州市和开封市组成的郑汴一体化、双核心—边缘结构区域的影响范围仍有限，与许昌市、漯河市联系太少，"大郑州"的建设过程未能很好地发挥核心的辐射作用，河南省东部和南部的经济发展较为落后，开封市、漯河市等城市及其所辖的县市在承接郑州都市圈的产业转移方面的短板仍十分明显。

（3）郑洛未能很好地引领中原城市群整体经济的发展。作为"领头羊"的郑州市与洛阳市的经济交流相对较少。受国家政策偏向的影响，郑州市与开封市的联系越来越密切，实力最强的洛阳地区却显得较为孤立。因此，河南省的发展长期处于郑州市的弱核牵引之中，无法有效地引领区域整体经济发展。郑州市必须加强与洛阳市的经济联系，在推动洛阳市经济迅速复兴的同时强强联手，从而增强郑州都市圈的区域带动作用，实现中部地区稳定、高速的崛起态势。总的来看，河南省经济联系网络仍然需要综合考虑，多方优化。

要围绕建设分工合理、功能互补的现代城市体系，加强中原城市群的空间整合。研究表明，影响中原城市群经济发展的主要因素涉及城镇化率、科研机构数、投资贸易额、卫生机构数、工业化以及交通通达性等复杂因素。因此，要优化中原城市群空间布局，一方面在推进城镇化过程中进行区域协同体制创新，克服各地区在发展规划方面的视野局限，从资源优化配置、生产力布局、基础设施共享等方面进行区域衔接，特别是以重大基础设施建设为抓手，推进交通、能源、信息资源等方面投资的统一规划与全面共享。另一方面，在发挥比较优势的基础上，在不同子群城市内部打造特色产业集群，在不同子群之间形成产业互补与协同格局。例如，可以依托产业优势和京广交通运输线，打造新（乡）郑（州）许（昌）漯（河）集现代装备制造业产业带；依托陇海交通网打造郑（州）汴新（乡）焦（作）洛（阳）有色金属和煤化工产业带等，从而实现以产业分工与交通基础设施协同，快速整合不同城市子群的优势资源，提高中原城市群的整体交通。

第5章

嵌入中原城市群的河南省
区域经济密度研究

　　河南省的经济发展离不开国家战略的支持，特别是国务院正式批复《中原城市群发展规划》，为河南省经济发展注入了强大的活力。为了从更大尺度上深入探寻区域经济发展规律，本研究以中原城市群为对象研究河南省经济密度及其空间差异。经济密度是单位面积上经济活动的效率和土地利用的密集程度，能够有效地反映单位面积土地的经济效益水平。本研究综合运用主成分分析和优劣解距离（TOPSIS）法对2000～2018年中原城市群经济密度进行综合测度，进而分析河南省经济发展格局及其空间分布特征。

5.1　研究区概况

　　中原城市群以郑州市为核心，覆盖河南省全省以及周边省的经济腹地，是我国主体功能区规划的发展重点。中原城市群占据着重要的地理区位，有发达的交通、庞大的市场、源远流长的文化，在我国经济发展的版图上占据重要的战略地位。全国工业化、城市化、信息化、农业现代化协调发展示范区，全国区域协调发展的战略支点和现代综合交通重要枢纽，华夏文明传承创新区，也是河南省经济社会发展的重要战略支撑环境。

中原城市群囊括 30 座城市，其中特大城市 1 座：郑州市；大城市 12 座：商丘市、洛阳市、焦作市、开封市、安阳市、许昌市、南阳市、平顶山市、新乡市、蚌埠市、邯郸市、阜阳市；中等城市 17 座：驻马店市、漯河市、济源市、鹤壁市、周口市、信阳市、濮阳市、三门峡市、运城市、长治市、晋城市、淮北市、邢台市、聊城市、菏泽市、宿州市、亳州市。该区域群涉及河南省、河北省、山西省、山东省和安徽省 5 个省级行政单位，是京津冀、长三角、珠三角城市群中人口密度最大、集中程度最高、覆盖面最广的城市群。此外，中原城市群位于我国腹部地区，对国外资源进出口、国内中西部产业交流起着衔接的作用，因此，针对中原城市群经济空间结构演化的研究，对于我国整体制定可持续协调发展战略起着重要的作用。

社会的发展离不开人民的生活环境、各种物质的生产形式、社会文化以及人口等各类因素。中原城市群人口基数大、密度高，土地总面积约为 28.9 万平方千米，但总人口数却超过 1.7 亿人，人口密度平均约为 570 人/平方千米。其中，安徽省的淮北市、宿州市、亳州市、蚌埠市、阜阳市和山东省的聊城市、菏泽市等地的人口密度一直低于平均水平；与此同时，山西省的长治市、晋城市，河南省的大部分城市的人口密度都远远高于平均水平。

中原城市群区域教育水平较高。截至 2018 年，专任教师数高达 60 万人。其中，郑州市的教师数量明显高于周边城市，这在一定程度上也反映出区域教育资源分布不均匀。此外，居民接受大学教育的人数比例逐年增高，在校接受高等教育的学生有 214.08 万人，是 2000 年的 81.59 倍，年增长率为 12.4%，居民文化素质逐步提高。

5.2 区域经济发展现状

本研究分别从中原城市群的 GDP、三类产业、财政收入、固定资产投资和从业人数对其发展现状进行分析。

5.2.1　GDP 分析

2018 年中原城市群 GDP 约为 7.33 万亿元，约占全国 GDP 的 6.6%。各市整体 GDP 呈曲线增长，其中郑州市 GDP 最高，增长速率最快。从人均 GDP 和地均 GDP 来看，郑州市遥遥领先于其他城市。

就人均 GDP 而言，郑州市增长最快；其次分别是济源市、洛阳市、三门峡市和焦作市，上述城市 2018 年人均 GDP 都超过了 6 万元；最后分别是阜阳市、亳州市和宿州市。

济源市在郑州市后面紧紧追赶，从 2008 年起人均 GDP 差越来越大。洛阳市和三门峡市的增长速率近乎相等，这与两个城市的地理区位有着很大的关系。洛阳市西邻三门峡市，这使得两市有很多机会和条件可以协同商议、互帮共赢。虽然中原城市群整体上 GDP 呈增长的趋势，但是中后期，长治市、淮北市人均 GDP 表现出下滑的趋势，而后又逐年增长。河南省整体在整个时间段人均 GDP 增长趋势都较为明显，但河北省、山西省和山东省都表现出前期增长快，中期增长变缓，后期稳步发展的态势。

地均 GDP 的增长趋势和人均 GDP 相差不大，但由于在 2006 年后郑州市发展加快，城市化效率高，从中原城市群中脱颖而出，导致大量人才资源流入郑州市，整体 GDP 大幅增长，这时地均 GDP 的增长趋势尤为明显。地均 GDP 较高的 3 座城市分别是郑州市、焦作市和许昌市。

5.2.2　第一产业生产总值分析

第一产业生产总值是指农民利用生物的自然生长和自我繁殖特性，人为地控制其生长和繁殖过程中所制造的价值，即人民直接利用大自然资源所创造的价值。河南省是农业大省，人均和地均第一产业生产总值能够很好地反映中原城市群的农业在推动城市经济发展的过程中所做的贡献。

总的来看，区域人均第一产业生产总值和地均第一产业生产总值前期快速增长，中后期增长速率减缓。其主要原因在于，中原城市群的部分城市开始大力发展第三产业，将第一产业的资源转向第三产业。其中开封市、信阳市、驻马店市、周口市、三门峡市、南阳市、商丘市、聊城市等主要发展第一产业，信阳市人均第一产业生产总值高达 6 893 元；但在这批城市中，只有开封市、商丘市、周口市、聊城市的地均第一产业生产总值超过了 300 万元/平方千米，且开封市高达 423 万元/平方千米，这 4 个城市也是中原城市群第一产业生产总值发展较好的一批城市。信阳市、南阳市和驻马店市人均第一产业生产总值高的原因在于有着广阔的农业生产土地面积，同等人力下农业产值更高。

5.2.3 第二产业生产总值分析

第二产业生产总值主要指工业，通过对第一产业提供的原材料进行加工，包括农产品、矿产资源等。第二产业能够直观地反映一个城市工业是否发达，而一个城市的发达程度主要依赖于工业。

2000～2018 年，中原城市群的各个城市都在大力发展第二产业，第二产业生产总值持续增长，第二产业所产经济体量不断变大。例如，郑州市在第二产业有着绝对的领先优势，2018 年的第二产业生产总值高达约 4 450 亿元，是其他城市的两倍有余。郑州市在第二产业生产总值和地均第二产业生产总值上都远远高于其他城市，但在人均第二产业生产总值上却比不上济源市。在人均第二产业生产总值方面，其中济源市、郑州市、漯河市、焦作市、三门峡市、许昌市、鹤壁市、晋城市和洛阳市都超过了 30 000 元/人；在地均第二产业生产总值方面，郑州市、焦作市、许昌市、漯河市和鹤壁市均超过了 2 000 万元/平方千米。这五个城市是中原城市群第二产业发展最好的城市。宿州市、亳州市和阜阳市在中原城市群中，第二产业发展垫底。

5.2.4 第三产业生产总值分析

第三产业主要包括各类服务业和商品业，能够直观地反映出一个地区人民生活水平的高低。中原城市群整体第三产业总值持续增长，郑州市的第三产业生产总值在中原城市群中遥遥领先，在2018年高达5 545亿元。

从人均第三产业生产总值来看，郑州市高达54 711元/人，洛阳市、济源市、晋城市、三门峡市、焦作市、许昌市、聊城市和安阳市均超过20 000元/人，其中洛阳市在这群城市中相对突出，其值为33 913万元。

从地均第三产业生产总值来看，郑州市高达7 448万元/平方千米，焦作市、许昌市、安阳市和洛阳市均超过了1 500万元/平方千米。由于郑州市从2000年来一直大力发展城市第三产业，在第一产业、第二产业的发展力度较弱，使得第三产业具有绝对优势。其次，焦作市、洛阳市、许昌市和安阳市也在不断加大力度发展第三产业，居民消费较为活跃。

5.2.5　财政收入分析

财政收入在一般意义上能够反映一个地区人民的纳税情况。一个地区缴纳税款的多少，能够从侧面反映该地区人民的收入水平。2000～2018年，整体财政收入持续增长，郑州市飞速发展，各项指标远超其他城市，2018年财政收入为1 152亿元，是排名第二的洛阳市的3.4倍。至2018年，郑州市、济源市、晋城市、三门峡市、洛阳市、长治市和焦作市的人均财政收入都超过4 000元/人；郑州市和焦作市的地均财政收入均超过300万元/平方千米，分别为1 547万元/平方千米和357万元/平方千米。

5.2.6　固定资产投资分析

固定资产投资能够反映一个城市的企业等组织所拥有的以货币形式的资产投资。通过对固定资产投资的控制能够对市场金融等机构起着护航的作用。一个城市的固定资产投资发展情况能够反映该城市的经济状况是否稳定。

从整体上来看，中原城市群固定资产投资表现出良好的发展形势。大部分城市都表现出了前期增长速度缓慢，中期持续加快，后期慢慢减缓的趋势。郑州市的市场庞大，固定资产投资总额在中原城市群最高。2018 年郑州市人均固定资产投资 83 541 元/人，地均固定资产投资高达 11 372 元/平方千米。总体来看，郑州市、洛阳市、许昌市、三门峡市、济源市、蚌埠市发展趋势呈前期缓慢中后期加速增长的态势。可以看出，这六个城市的金融市场发展状况良好，且市场投资金额逐年增加，使得市场活力增强，资金流动性加大，从而给固定资产投资创造了更好的环境。菏泽市的人均固定资产投资和地均固定资产投资虽然呈现增长的趋势，但增长较缓慢，都位于中原城市群的末尾，这与菏泽市的金融市场较小有关。

5.2.7　从业人数分析

一个城市的从业人数能够反映一个城市的就业情况。人是创造生产力的第一要素，一切经济活动都是由人主导并围绕人展开进行的。而就业人数能够反映出一个城市三类产业生产力的大小，一个城市的就业人数越多意味着将创造更多的价值。中原城市群从整体上看各市的从业人数在研究时间区域内都呈一定速率增长，但受计划生育等政策的影响，首先人口增长在一定程度上受到抑制，加上部分发展落后城市的人才资源向大城市流动明显，使得中原城市群的大部分城市的从业人数增长速率缓慢。其中，增长速率快的代表城市有郑州市、南阳市、邯郸市和阜阳市，淮北市、聊城市、菏泽市、长治市、蚌埠市、鹤壁市、三门峡市和济源市的从业人数的增长速率缓慢。

中原城市群的区域经济持续快速发展的趋势稳定，且对经济结构向更优的方向调整和转型的速度也不断加快，但在整个过程中仍然存在经济结构的构建不合理、人均和地均的发展水平较低等问题，这些问题对其经济发展将产生不利的影响。尽管中原城市群开放、网络经济和科技创新发展势头强劲，但进出口总额在全国所占比重偏低，与区域经济规模不匹配。中原城市群的经济总量虽然大、但是人均和地均水平低、经济结构还未得到更好的优化；新动能虽然发展快，但比重不高。

5.3　区域经济发展特征

总的来看，2010～2018 年，中原城市群经济发展具有如下特征：

第一，区域经济总体向好，稳步发展。统计显示，2018 年中原城市群生产总值达到约 7.33 万亿元，占中国 GDP 的 6.6% 左右，比 2012 年增长 30.3% 左右。2016 年，中原城市群城镇居民的人均可支配收入约为农村居民人均纯收入的 2.3 倍，农村居民人均收入较少。2016 年，中原城市群固定资产投资约 6.0124 万亿元，比上年增长 9.9%；中原城市群社会消费品零售总额 27 373 亿元，比上年增长 8.2%；中原城市群粮食总产量 10 784 万吨，比上年增长 17.5%，占全国粮食总产量的比重有所提高。可见，中原城市群人口、经济总量在全国大局中占有重要地位，粮食产量占全国 1/6。保持中原城市群快速发展，对支撑中国经济的平稳运行具有重要作用。

第二，经济结构调整加快。2016 年，中原城市群第一产业生产总值约 7 028 亿元，第二产业生产总值约 28 847 亿元，第三产业生产总值约 25 270 亿元，第三产业生产总值约占总 GDP 41%；而在 2011 年，第三产业生产总值仅占地区生产总值的 29.5%。对农业不断进行现代化、科技化的改造，新型工业更全面的发展，对服务业的不断重视，在这个过程中产业结构也随之发生了调整。就城市化率而言，2016 年中原城市群城市化率约为 48%，比上年提高 1.4 个百分点，比 2011 年提高 7.4 个百分点，城乡结构发生了重大变化。农村人口向城镇转移不仅提高了农民的收支水平，还促进了第二产业和第三产业的发展，让整体经济结构得到了好的调整。

第三，经济改革措施初见成效。中原城市群展开先行先试的改革措施，通过对体制机制的不断改革，释放出了更多政策红利，对经济发展打开了新的大门。中原城市群财税体制改革稳步推进，预算管理体制改革深化，营改增试点全面推开，资源税由从价计征向资源税延伸，矿产资源税收征管体制改革整体顺利实施。坚持以供给侧结构性改革为主线，推进农村改革，深化医药卫生体制改革。机构养老、综合行政执法、不动产统一登记、出租车行业等方面的改革也在稳步推进。

第四，创新驱动战略有力地支撑了经济的快速发展。2016 年，中原城市群开创了创新发展的新局面。郑洛新国家自主创新示范区、合芜蚌国家自主创新示范区相继获国家批准，国家大数据综合试验区相继建成，河南省成为知识产权强省试点省份。这为中原城市群实施创新发展战略提供了一个高水平的创新平台，有利于中原城市群创造优良的创新环境，吸引优良的创新资源，提高区域创新能力。其次，对外开放水平不断提高。中原城市群主动融入"一带一路"建设，建立中原城市群"一带一路"发展基金，中吉亚洲之星产业园成为国家级境外经贸合作区，中欧班列（郑州市）的主要运营指标在全国保持领先地位。

5.4　模型与方法

构建合适准确的指标对区域经济密度的研究起着决定性作用。本研究从中原城市群视角下分析河南省区域发展经济密度，用主成分分析法计算各地经济水平，进而采用 TOPSIS 方法计算各地密度指数，深入分析河南省经济社会发展的演化规律。其主要步骤如下：

将所有对象指标构建成一个矩阵（n 个评价对象，m 个评价指标），矩阵计算方法见式（5-1）。

$$X = \begin{bmatrix} X_{11} & \cdots & X_{1m} \\ \vdots & \ddots & \vdots \\ X_{n1} & \cdots & X_{nm} \end{bmatrix} \tag{5-1}$$

计算标准化矩阵，记为 Z，见式（5-2）。

$$Z_{ij} = \frac{X_{ij}}{\sqrt{\sum_{i=1}^{n} X_{ij}^2}} \tag{5-2}$$

定义最优解和最劣解，最优解计算方法见式（5-3）。

$$Z^+ = (Z_1^+, Z_2^+, \cdots, Z_m^+) \tag{5-3}$$

最劣解计算方法见式（5-4）。

$$Z^- = (Z_1^-, Z_2^-, \cdots, Z_m^-) \qquad (5-4)$$

计算欧氏距离：

定义第 $p(p=1, 2, \cdots, n)$ 个评价对象与最优解的距离，见式（5-5）。

$$D_i^+ = \sqrt{\sum_{j=1}^{m} (Z_j^+ - Z_{ij})^2} \qquad (5-5)$$

定义第 $p(p=1, 2, \cdots, n)$ 个评价对象与最劣解的距离，见式（5-6）。

$$D_i^- = \sqrt{\sum_{j=1}^{m} (Z_j^- - Z_{ij})^2} \qquad (5-6)$$

最终计算得出综合测度指数，见式（5-7）。

$$S_i = \frac{D_i^-}{D_i^+ + D_i^-} \qquad (5-7)$$

其中，S_i 为经济密度综合测度指数，S_i 的值在 0～1 之间，S_i 的值越靠近 1 表示经济密度越大；反之，S_i 的值越靠近 0 表示经济密度越小。

5.5　指　标　体　系

从人口密度以及某一地区人均经济发展水平的角度来研究，同样也可以表征某一地区的经济密度。但是，除人均和地均化两个层面外，还有一些重要因素未能实现人均和地均化，也对一座城市的经济密度产生重要影响，如一座城市的就业人数。相关研究已提出采用人均和地均两个层次来设计指标[83,84]，因此设计了将人均和地均两个层次结合起来的综合测度方法，依据系统、有效和数据可获得性三项要求，共选取 13 个具体指标作为经济密度的综合测度指标。如表 5-1 所示，分别从 GDP、第一产业总值、第二产业总值、第三产业总值、财政收入、固定资产投资、从业人数等 7 个主要方面来衡量经济密度。

表 5 – 1 经济密度综合测度指标体系

指标层	具体指标	
人均	第一产业总值（x_1）	GDP（x_4）
	第二产业总值（x_2）	财政收入（x_5）
	第三产业总值（x_3）	固定资产投资总额（x_6）
地均	第一产业总值（x_7）	GDP（x_{10}）
	第二产业总值（x_8）	财政收入（x_{11}）
	第三产业总值（x_9）	固定资产投资总额（x_{12}）
其他	从业人数（x_{13}）	

5.5.1 指标体系的构建

（1）国内生产总值。国内生产总值（GDP）是核算体系中的重要综合统计指标，也是国民经济核算体系的核心指标，反映了国家（或地区）的经济实力和市场规模。GDP是反映一个常住单位生产活动成果的指标。常住单位是指在一国经济领域内有经济利益的中心。"常住单位"这一概念严格规定了一国经济主体的范围，因此，它对于确定GDP的计算口径，明确国内外核算界限，以及各种业务的范围都具有重要意义。通常，GDP的形式不外乎两种，即以总额和百分比来表示。如果GDP增长率为正，则表明该地区的经济正处于扩张阶段；反之，如果GDP增长率为负，则表明该地区的经济正处于衰退阶段。GDP是指某一时期生产的商品和劳务的总量乘以"货币价格"或"市场价格"得到的数字，也就是名义GDP，其与实际GDP增长率相等，也就是通货膨胀率。所以，即使总产出不增加，只有物价水平上升，名义GDP也会上升。

（2）第一产业。第一产业是指各种职业的农民以及各种水生、土生和其他农业初级产品，如米农、菜农、禽农、兽农、豆农、果农、牧民、渔民、茶农等，各种职业的农民利用生物的自然生长和自我繁殖特性，人为地控制其生长和繁殖过程，生产一类不需要进行深加工就能供人消费的产品或工业原料。不同国家的情况各不相同，第一产业通常包括农民以及农业、林业、渔业、畜牧业，有些国家还包括采矿业。根据国家统计局关于三次产业划分的规定，第一产业是指农民以及农、林、牧、渔业等行业。第一产业在国民经济中是基础产业，它与人们的生产生活密切相关。

（3）第二产业。第二产业包含各类专业工人和工业或各类产品，主要指工业。第二产业同样是一个国家的基础产业，发达国家都拥有发达的第二产业。第一产业包括伐木业、捕捞业和采矿业等。工业主要集中在第二产业，以第一产业提供的原料为加工对象，加工成成品或半成品。根据其发展的历史阶段和技术水平，工业可分为轻、重两大类。传统的轻工业是劳动密集型的，重工业是资本密集型的，电子信息产业等新型工业是技术密集型的。第二产业布局受自然、资源、能源、市场、劳动力、生态、国际（区域合作和经济一体化）等因素的影响，存在着一定的不确定性。第二产业总值能反映一个国家或地区的工业总产值，占工业城市经济的比重较大，是反映一个地区经济发展的重要指标。

（4）第三产业。第三产业指的是各类服务或商品。第三产业包括交通运输业、仓储和邮政业、信息传输业、计算机服务和软件行业、批发和零售业、住宿和餐饮业、金融业、房地产业、租赁业、商业服务业、科学研究业、技术服务和地质勘探业、水业、环境和公共设施管理业、居民服务和其他服务业、教育业、保健业、社会保障和社会福利业、文化业、体育和娱乐业、公共管理和社会组织业、国际组织业。第三产业的发展，有利于建立和完善社会主义市场经济体制，有利于加快经济发展，提高国民经济的素质和综合国力，有利于扩大就业，缓解中国的就业压力，有利于提高人民的生活水平，有利于实现全民小康。正确认识第三产业，有利于树立新的产业观和财富观，促进产业结构和社会财富的协调发展。

（5）财政收入。财政收入是政府为了履行职能、执行公共政策、提供公共产品和服务所筹集的全部资金的总和。财政收入是指政府各部门在一定时期（通常是一个财政年度）取得的货币收入。财政收入也是衡量一个国家政府财力的重要指标，政府为社会经济活动提供公共产品和服务的范围和数量，在很大程度上取决于是否有足够的财政收入。财政收入同样也反映一个组织的经济状况和处理各种物质利益的关系。

（6）固定资产投资。固定资产投资是指货币形式的资本，也是指企业在一定时期内建造和购置固定资本所需的工作量和相关成本的变化。固定资产投资项目资本金制度对于改善宏观调控、调节投资总量、调整投资结构、保障金融机构的稳健运行、防范金融风险，具有重要的作用。

（7）从业人数。从业人数可以反映一个地区的就业状况和收入水平，是经济普查的重要指标。一切生产性质的经济活动都是由人类创造产生的，探究一个地区的从业人数能客观反映一个城市的生产力的大小，也能反映一个城市创造经济的实力大小。

5.5.2　数据来源和预处理

本章所有数据均来自 2000～2018 年《河南省统计年鉴》《安徽省统计年鉴》《山东省统计年鉴》《山西省统计年鉴》《河北省统计年鉴》的统计数据。对于缺失数据的处理，主要是通过线性回归方程计算得出；如果线性回归方程得出的数据背离真实性，则通过相邻年份的数据求平均值进行补全。

5.6　TOPSIS 法综合测度指数及时间演变

5.6.1　区域经济密度计算结果

计算中原城市群 30 个城市在 2000～2018 年的经济密度测度指数，提取特征值 >1 的主成分因子，主成分因子可以代表原始指标91% 以上的信息，得到中原城市群各个城市经济密度指数。具体如表 5 - 2 所示。

表 5 - 2

2000～2018 年中原城市群市域经济密度综合测度指数

城市	2000年	2001年	2002年	2003年	2004年	2005年	2006年	2007年	2008年	2009年	2010年	2011年	2012年	2013年	2014年	2015年	2016年	2017年	2018年
郑州市	0.725	0.732	0.735	0.731	0.741	0.746	0.75	0.739	0.738	0.751	0.727	0.725	0.723	0.725	0.726	0.728	0.728	0.724	0.73
开封市	0.347	0.344	0.34	0.301	0.313	0.342	0.337	0.347	0.329	0.346	0.368	0.362	0.366	0.375	0.374	0.376	0.377	0.37	0.359
洛阳市	0.338	0.335	0.338	0.365	0.387	0.417	0.421	0.427	0.417	0.408	0.42	0.414	0.407	0.4	0.388	0.387	0.387	0.385	0.359
平顶山市	0.324	0.318	0.304	0.295	0.305	0.321	0.33	0.336	0.346	0.345	0.342	0.34	0.32	0.316	0.31	0.295	0.297	0.29	0.27
安阳市	0.351	0.356	0.356	0.354	0.362	0.371	0.364	0.394	0.405	0.401	0.404	0.388	0.378	0.374	0.374	0.365	0.369	0.358	0.324
鹤壁市	0.337	0.332	0.335	0.346	0.362	0.365	0.371	0.387	0.378	0.381	0.364	0.352	0.342	0.345	0.36	0.355	0.356	0.344	0.308
新乡市	0.325	0.313	0.317	0.291	0.291	0.302	0.302	0.321	0.317	0.311	0.323	0.325	0.316	0.319	0.322	0.305	0.3	0.295	0.286
焦作市	0.446	0.453	0.443	0.445	0.484	0.518	0.515	0.529	0.514	0.499	0.502	0.482	0.475	0.478	0.483	0.477	0.477	0.471	0.4
濮阳市	0.415	0.406	0.397	0.35	0.336	0.34	0.334	0.337	0.341	0.329	0.323	0.333	0.334	0.348	0.36	0.357	0.361	0.352	0.331
许昌市	0.459	0.463	0.441	0.439	0.443	0.449	0.442	0.45	0.447	0.443	0.443	0.455	0.451	0.451	0.459	0.439	0.435	0.427	0.386
漯河市	0.492	0.498	0.473	0.449	0.436	0.437	0.434	0.416	0.426	0.42	0.407	0.391	0.377	0.381	0.387	0.378	0.392	0.385	0.361
三门峡市	0.341	0.324	0.293	0.278	0.276	0.304	0.31	0.32	0.338	0.344	0.381	0.388	0.391	0.389	0.39	0.384	0.384	0.377	0.326
南阳市	0.34	0.355	0.346	0.356	0.349	0.354	0.349	0.347	0.338	0.338	0.329	0.316	0.307	0.304	0.309	0.312	0.317	0.315	0.305
商丘市	0.34	0.339	0.34	0.28	0.316	0.331	0.331	0.351	0.334	0.338	0.333	0.318	0.306	0.308	0.322	0.32	0.326	0.325	0.323
信阳市	0.245	0.233	0.243	0.249	0.244	0.25	0.253	0.265	0.272	0.273	0.32	0.32	0.318	0.326	0.326	0.328	0.324	0.321	0.31
周口市	0.34	0.34	0.342	0.31	0.328	0.327	0.326	0.339	0.338	0.343	0.353	0.342	0.341	0.344	0.342	0.337	0.337	0.335	0.337
驻马店市	0.273	0.279	0.275	0.254	0.282	0.282	0.278	0.284	0.28	0.279	0.3	0.307	0.311	0.312	0.309	0.306	0.312	0.311	0.312

续表

城市	2000年	2001年	2002年	2003年	2004年	2005年	2006年	2007年	2008年	2009年	2010年	2011年	2012年	2013年	2014年	2015年	2016年	2017年	2018年
济源市	0.385	0.4	0.435	0.444	0.448	0.445	0.449	0.46	0.462	0.443	0.465	0.448	0.443	0.438	0.437	0.425	0.424	0.414	0.391
聊城市	0.372	0.362	0.381	0.385	0.367	0.409	0.394	0.408	0.401	0.414	0.394	0.411	0.391	0.398	0.401	0.4	0.394	0.365	0.361
菏泽市	0.278	0.262	0.269	0.272	0.262	0.288	0.295	0.303	0.27	0.273	0.26	0.254	0.253	0.257	0.252	0.254	0.25	0.248	0.267
长治市	0.193	0.216	0.21	0.237	0.233	0.231	0.228	0.213	0.215	0.23	0.251	0.299	0.289	0.277	0.249	0.21	0.196	0.161	0.195
晋城市	0.239	0.274	0.264	0.251	0.262	0.263	0.253	0.243	0.244	0.261	0.289	0.322	0.315	0.307	0.288	0.274	0.246	0.196	0.247
运城市	0.134	0.163	0.163	0.173	0.185	0.178	0.174	0.17	0.167	0.189	0.192	0.204	0.19	0.193	0.186	0.174	0.174	0.168	0.183
邢台市	0.284	0.273	0.309	0.309	0.297	0.291	0.28	0.281	0.243	0.245	0.244	0.254	0.238	0.236	0.235	0.23	0.228	0.215	0.217
邯郸市	0.451	0.4	0.407	0.394	0.381	0.41	0.39	0.421	0.405	0.402	0.413	0.437	0.41	0.385	0.37	0.356	0.354	0.305	0.285
淮北市	0.336	0.293	0.275	0.252	0.252	0.249	0.228	0.227	0.243	0.243	0.267	0.309	0.299	0.306	0.305	0.289	0.275	0.278	0.25
亳州市	0.228	0.224	0.228	0.214	0.222	0.206	0.265	0.263	0.193	0.187	0.177	0.182	0.188	0.185	0.187	0.185	0.189	0.217	0.203
宿州市	0.247	0.257	0.266	0.249	0.269	0.251	0.258	0.302	0.23	0.226	0.212	0.226	0.224	0.223	0.229	0.23	0.224	0.244	0.226
蚌埠市	0.285	0.246	0.255	0.224	0.272	0.266	0.265	0.284	0.27	0.269	0.279	0.317	0.314	0.311	0.322	0.328	0.342	0.379	0.343
阜阳市	0.259	0.243	0.243	0.217	0.225	0.215	0.223	0.268	0.257	0.246	0.244	0.249	0.25	0.255	0.252	0.257	0.266	0.291	0.288

5.6.2　经济密度分析

使用 TOPSIS 法选择以主成分加权为基础条件进行综合测度中原城市群市域 19 年间的经济密度，得到经济密度综合测度指数并进行排名。如表 5 - 3 所示，2000 年综合测度指数范围为 0.134 ~ 0.725，变异系数为 0.31704235；2006 年综合测度指数范围为 0.174 ~ 0.75，变异系数 0.32156778；2012 年综合测度指数范围为 0.188 ~ 0.723，变异系数 0.29272251；2018 年综合测度指数范围为 0.183 ~ 0.73，变异系数 0.30445216。

表 5 - 3　　　　　　2000 ~ 2018 年经济密度综合测度指数的一般性统计

年份	最大值	最小值	平均值	标准差	变异系数
2000	0.725	0.134	0.33763333	0.10704407	0.31704235
2001	0.732	0.163	0.33443333	0.10603386	0.31705529
2002	0.735	0.163	0.3341	0.10469045	0.31335064
2003	0.731	0.173	0.3238	0.10600987	0.32739306
2004	0.741	0.185	0.331	0.1052109	0.3178577
2005	0.746	0.178	0.3386	0.1103608	0.32593267
2006	0.75	0.174	0.3383	0.10878638	0.32156778
2007	0.739	0.17	0.34773333	0.10751742	0.30919503
2008	0.738	0.167	0.3386	0.11177943	0.33012234
2009	0.751	0.187	0.33923333	0.11026655	0.32504633
2010	0.727	0.177	0.3442	0.10648487	0.30936916
2011	0.725	0.182	0.349	0.10074092	0.28865594
2012	0.723	0.188	0.34223333	0.1001794	0.29272251
2013	0.725	0.185	0.3422	0.10003846	0.29233916
2014	0.726	0.186	0.3418	0.1016246	0.29732184
2015	0.728	0.174	0.33536667	0.10285669	0.30669921
2016	0.728	0.174	0.3347	0.10430345	0.31163266
2017	0.724	0.161	0.32886667	0.10452423	0.31783165
2018	0.73	0.183	0.3161	0.09623733	0.30445216

总的来看，随着时代的发展，中原城市群的经济密度呈上升的状态。本研究以 5 为波动阈值，若经济密度上升位次大于或等于 5，则认为有明显上升的趋势；若经济密度下降位次大于或等于 5，判断为有明显下降的趋势。2000～2018 年中原城市群市域经济密度排名如表 5-4 所示。

从整体上看，郑州市经济密度一直处于第一位，其测度值在 2000～2006 年呈上升趋势，2006～2012 年略有下降，2012～2018 年呈上升趋势，整体呈上升趋势；漯河市在 2000 年位于第二位，但逐年开始下降，在 2012 年下降到第十位，至 2018 年排名逐渐上升至第五位，整体呈下降趋势；洛阳市从 2000 年的第十五位到 2018 年上升至第八位，整体呈上升趋势；济源市在 2000 年位于第七位，至 2004 年上升至第三位，之后排名稳定，一直处于第三位或第四位，整体呈上升趋势；焦作市经济发展稳定，在 2000 年位于第五位，至 2004 年上升至第二位，之后排名不再发生变化，同济源市呈逐步上升稳定发展趋势；信阳市从 2000 年的第二十六位到 2018 年上升至第十六位，经济发展呈逐年上升趋势；驻马店市从 2000～2018 年，由第二十三位上升至第十五位；淮北市从 2000 年的第十七位逐年下降到 2018 年的第二十四位。

不少城市的经济密度位次发生了明显变化。三门峡市在 2000～2004 年排名下降严重，直接由第九位下降到第二十位，在 2004～2014 年发展稳定，经济逐年增长，排名又逐年回升至第六位；与三门峡市有相同发展趋势的还有蚌埠市和阜阳市，蚌埠市在 2000～2003 年先从第二十位下降到第二十七位然后至 2018 年又上升到第九位，而阜阳市从 2000 年的第二十四位至 2006 年下降到第二十九位，在 2018 年上升至十九位，经济密度增长并不稳定；鹤壁市从 2000 年的第十六位至 2006 年上升至第九位，在 2018 年逐年下降到第十七位，经济发展陡度大，经济发展曲线呈倒"U"形；聊城市从 2006 年的第六位到 2012 年下降到第二十三位，2018 年回升至第六位，经济密度曲线呈凹形；开封市从 2000 年的第十位至 2008 年下降到第十七位，在 2018 年回升至第七位；邯郸市从 2000 年的第四位到 2009 年下降到第八位，2011 年升至第五位，2018 年降到第二十一位，整体呈波浪式下滑。

表 5 - 4　2000 ~ 2018 年中原城市群市域经济密度排名

城市	2000年	2001年	2002年	2003年	2004年	2005年	2006年	2007年	2008年	2009年	2010年	2011年	2012年	2013年	2014年	2015年	2016年	2017年	2018年
郑州市	1	1	1	1	1	1	1	1	1	1	1	1	1	1	1	1	1	1	1
开封市	10	11	12	15	15	12	12	13	17	11	11	11	11	10	9	9	9	9	7
洛阳市	15	14	14	8	6	6	6	5	6	7	5	6	6	5	7	6	7	5	8
平顶山市	19	17	18	16	16	16	15	16	11	12	14	14	15	17	19	21	21	22	22
安阳市	9	9	9	10	9	9	10	9	8	9	8	10	9	11	10	10	10	11	13
鹤壁市	16	15	15	12	10	10	9	10	10	10	12	12	12	13	13	13	12	13	17
新乡市	18	18	16	17	18	18	18	17	18	18	18	16	17	16	17	20	20	20	20
焦作市	5	4	3	3	2	2	2	2	2	2	2	2	2	2	2	2	2	2	2
濮阳市	6	5	7	11	12	13	13	15	12	17	17	15	14	12	12	11	11	12	11
许昌市	3	3	4	5	4	3	4	4	4	4	4	3	3	3	3	3	3	3	4
漯河市	2	2	2	2	5	5	5	7	5	5	7	8	10	9	8	8	6	6	5
三门峡市	11	16	19	19	20	17	17	18	15	13	10	9	8	7	6	7	8	8	12
南阳市	13	10	10	9	11	11	11	12	13	16	16	21	21	23	21	18	18	17	18
商丘市	14	13	13	18	14	14	14	11	16	15	15	19	22	20	18	17	16	15	14
信阳市	26	27	27	25	26	25	26	25	20	21	19	18	16	15	15	16	17	16	16
周口市	12	12	11	13	13	15	16	14	14	14	13	13	13	14	14	14	15	14	10
驻马店市	23	20	20	21	19	21	21	21	19	19	20	23	20	18	20	19	19	18	15

续表

城市	2000年	2001年	2002年	2003年	2004年	2005年	2006年	2007年	2008年	2009年	2010年	2011年	2012年	2013年	2014年	2015年	2016年	2017年	2018年
济源市	7	6	5	4	3	4	3	3	3	3	3	4	4	4	4	4	4	4	3
聊城市	8	8	8	7	8	8	7	8	9	6	9	7	7	6	5	5	5	10	6
菏泽市	22	23	22	20	23	20	19	19	21	20	24	26	25	25	24	25	24	24	23
长治市	29	29	29	26	27	27	27	29	28	27	25	24	24	24	26	28	28	30	29
晋城市	27	21	24	23	24	23	25	27	24	23	21	17	18	21	23	23	25	28	25
运城市	30	30	30	30	30	30	30	30	30	29	29	29	29	29	30	30	30	29	30
邢台市	21	22	17	14	17	19	20	23	25	25	26	25	27	27	27	27	26	27	27
邯郸市	4	7	6	6	7	7	8	6	7	8	6	5	5	8	11	12	13	19	21
淮北市	17	19	21	22	25	26	28	28	26	26	23	22	23	22	22	22	22	23	24
亳州市	28	28	28	29	29	29	23	26	29	30	30	30	30	30	29	29	29	26	28
宿州市	25	24	23	24	22	24	24	20	27	28	28	28	28	28	28	26	27	25	26
蚌埠市	20	25	25	27	21	22	22	22	22	22	22	20	19	19	16	15	14	7	9
阜阳市	24	26	26	28	28	28	29	24	23	24	27	27	26	26	25	24	23	21	19

5.6.3　经济密度演化分析

2000～2018 年中原城市群市域经济密度总体逐渐变大，表明其整体经济发展总量取得了飞速发展。每个时间断面的经济密度综合测度指数范围先变大后变小，表明在该目的区域内部的经济密度差异在先逐渐变大然后逐渐变小；同时，在 4 个时间断面上的经济密度综合测度指数变异系数逐年缩小，表明中原城市群内部经济密度差异在逐年减小。

总的来看，中原城市群各城市的经济密度变化趋势可以划分为如下几个类型。经济密度增长型，包括郑州市、洛阳市、焦作市、信阳市、济源市；经济密度降低型，包括邯郸市、淮北市、邢台市；经济密度倒 "U" 形，包括鹤壁市、南阳市、菏泽市；经济密度凹型，包括开封市、三门峡市、濮阳市、蚌埠市、阜阳市。

河南省经济密度的主要增长点集中在郑州市、洛阳市、焦作市、开封市、许昌市、信阳市、济源市、漯河市，经济密度综合测度指数高。郑州市作为河南省的省会城市，在政治、经济、文化、社会等方面都具有绝对优势，政策、资源、科技、经济发展环境等都对其经济实力有较大影响，经济密度指数较高。作为中原城市群的科研开发基地、先进制造业基地、能源原材料基地，洛阳市是河南省的副中心城市，区位优势明显，发展潜力巨大。焦作市作为著名的 "百年煤城" 和老工业基地、国家知识产权试点城市、新型工业化国家示范基地，是中原城市群经济转型示范城市建设的重点地区。开封市经济发展势头强劲，是河南省新兴副中心城市、中原城市群核心经济区城市、郑州大都市区核心城市、郑州航空港经济综合试验区、郑汴一体化发展的重要一翼。

5.7　区域经济密度的空间差异演变

根据经济密度综合测度指数的计算结果，采用自然断点分级法将中原城市群的经济密度划分为 4 个等级。自然断点分级方法是指类内差异要最小、类间差异要最大的方法。该方法是一种地图分级算法，认为数据本身存在断点，可以利用该特征对数据进行分级。该算法的基本原理是小聚类，即组间差异最大、组内差异最小。利用自然断点分类法得到的经济密度自然不连续点类别，是以经济密度数据本身为基础的自然分组，是通过分组间隔来确定分组，因此可以最适当地将经济密度数据中的相似值分组，使所得各类别之间的差异最大化，有助于更准确地分析空间演变规律。

如图 5-1 所示，绘制不同时间断面上的经济密度等级分布图。可以看出，中原城市群的经济密度在 2000~2018 年等级分布空间格局总体上发生了较大的变化，这是由于早期中原城市群普遍经济密度不高，城市间的经济密度差距并不明显。例如，2000 年只有少量几个城市处于第一级、第四级，其他城市均为第二级、第三级；2001 年起，各地经济密度差距逐渐拉开，截至 2018 年，中原城市群大部分城市的经济密度位于第三级、第四级。

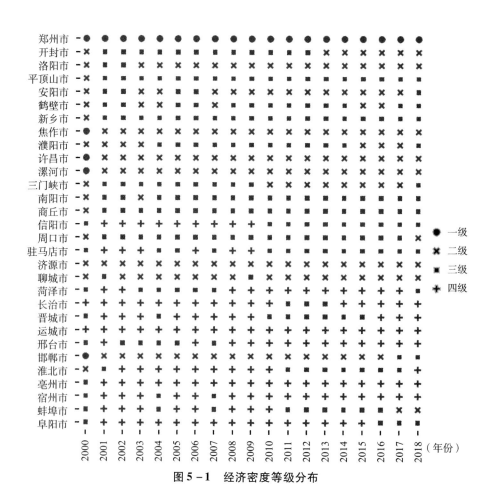

图 5-1　经济密度等级分布

　　从空间分布上看，2001～2018 年，第二级经济密度城市都集中在以郑州市为中心的经济发达圈内，郑州市经济密度在区域内一直位于第一级，周边城市在第二级和第三级交替变化；2003 年，洛阳市由第三级上升为第二级，成为郑州市周边相邻和相近的城市中由焦作市、济源市、许昌市、漯河市组成的第二级城市群在内的一员。2010 年三门峡市由第三级上升为第二级，2013 年开封市上升为第二级，真正形成了以郑州市为核心，焦作市、济源市、洛阳市、开封市、许昌市、漯河市为"次核心"的高经济密度城市群。2000～2015 年，中原城市群的东北方向城市逐渐形成了以邯郸市为中心，被安阳市、聊城市、鹤壁市、濮阳市所包围的第二级城市群，但由于邯郸市经济发展速度逐年下降，对周边城市也产生了不小的影响。截至 2018 年，该第二级城市群逐年下降为第三级城市群。总的来说，郑州市一直处于中原城市群经济发展的核心，中部城市在与郑州市的合作交流的过程中经济发展要比边缘城市好得多。

　　从整体上看，2000～2018 年，中原城市群的空间格局发生了较大的变化，形成了以郑州市第一级城市为中心的周边城市为第二级的城市群，该城市群经济发展迅速、经济密度大；其余城市经济密度等级大多位于第三级；只有西北部区域少部分城市在 2018 年位于第四级，相对其他城市经济密度较低，经济发展较慢。中原城市群中，经济发展最突出的城市为郑州市，其经济密度综合测度指数一直位于第一位。焦作市在其中发展稳定，经济密度综合指数排名始终位于全区较高位置，于 2004 年上升至全区第二位并稳定于该排位。蚌埠市前期排位下降明显，但在 2004 年以后经济发展加快，经济密度指数逐年上升，至 2018 年排位第九；其中下降明显的城市为邯郸市，由 2000 年的第四位至 2018 年下降到二十一位；其次下降明显的是淮北市，至 2018 年下降到第二十四位；十九年间菏泽市、晋城市、运城市、长治市、邢台市、亳州市、宿州市和阜阳市的经济实力较弱，经济虽逐年增长，但于整体而言增长较为缓慢。

5.8　经济密度的空间探索性分析

5.8.1　空间自相关分析

通过 Moran's I 探索中原城市群经济发展密度的空间自相关规律。地理空间相关性是指地理空间上某一属性值与相邻接的空间区域上相同属性值之间的相关程度，通常采用空间自相关系数作为测量单位区域内某一属性值在地理空间上是否具有高高零界、高低邻接、低高邻接或低低邻接的基本指标，也就是判断地理空间是否具有聚集性。在计算过程中，需要创建基于距离的空间权重矩阵，再分别计算在2000～2018 年的经济密度综合测度指数 S_i 的 Moran's I，采用蒙特卡罗法检验其显著性，并将 P 值均规定为 0.001，表明其在 99.9% 置信度下呈显著空间自相关性。蒙特卡洛法是描述装备使用过程中各种随机现象的一种基本方法，尤其适合于某些解析法难以或无法解决的问题，并能解决因方法误差而产生的维数问题。

计算结果显示，2000～2018 年的 Moran's I 值均大于 0，表示在这段时间中原城市群的经济密度呈现空间正相关性，经济密度区域在空间上呈现出了一定的集聚现象。Moran's I 散点图与局部 Moran's I 相比，散点图可以更加具体地区分一个区域和其相邻区域之间是属于高值和高值、高值和低值、低值和高值还是低值和低值中的哪一种空间相关性。

Moran's I 散点图呈现 4 个象限：第一象限表示经济密度高的城市与同一经济密度高的城市之间的空间联系形式，第二象限表示经济密度高的城市与同一经济密度低的城市之间的空间联系形式，第三象限表示经济密度低的城市与同一经济密度低的城市之间的空间联系形式，第四象限表示经济密度高的城市与同一经济密度低的城市之间的空间联系形式。由于第三象限的点远多于第一象限的点，说明中原城市群经济密度低的城市远多于经济密度高的城市，呈现出两极分化现象。

如图 5 - 2 所示，大部分城市所表示的点都主要集中分布在第一象限和第三象限。2000～2004年和2010～2013年，Moran's I值逐渐减小，表明中原城市群城市之间的空间相关性在逐渐减小，各个城市之间的相互关系在逐渐减弱，城市之间的经济共同发展的政策、交流、合作、机会、机遇等都减少了，各城市之间独立发展的趋势逐渐显著；2005～2009年和2014～2018年，中原城市群的空间相关性在逐年增强，表明各城市间的相互关系逐渐增强，由于政策、战略等原因增加了各城市间的交流合作，在经济密度上各个城市逐渐呈现出一定的聚集现象。

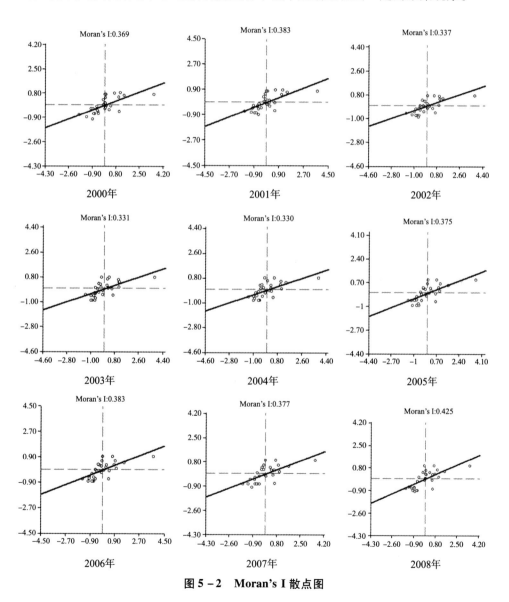

图5-2　Moran's I 散点图

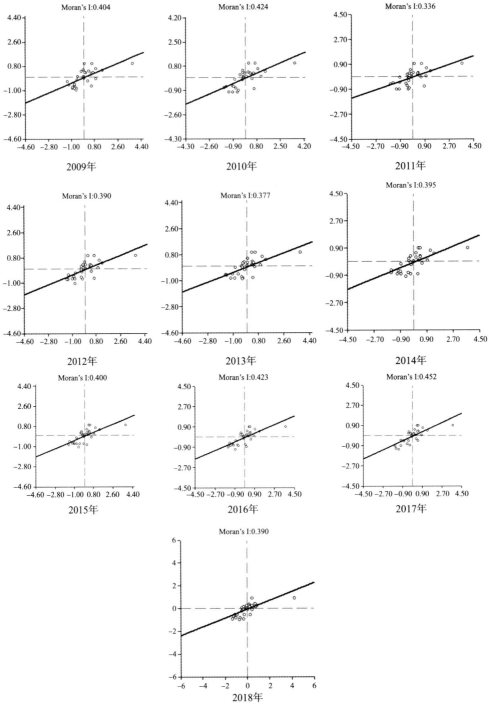

图 5 - 2　Moran's I 散点图（续）

由 Moran's I 散点图分析得到，中原城市群经济密度综合测度指数的空间正相关性分别有高高（HH）型、高低（HL）型、低高（LH）型、低低（LL）型。为进一步分析 2000～2018 年中原城市群经济密度的空间集聚情况，采用具有空间联系的局部指标表示中原城市群经济密度的空间聚集程度。在计算过程中，定义水平显著性为 0.05。

从空间分布的角度看，2000～2001 年，HH 型城市为郑州市、许昌市和濮阳市；2002～2003 年，HH 型城市只有郑州市；2004 年，在郑州市的影响下，洛阳市演变为 HH 型城市；2009 年，开封市也演变为 HH 型城市。除了郑州市、洛阳市、开封市自身的经济密度高外，它们的周边城市济源市、焦作市、新乡市、许昌市和漯河市也拥有很高的经济密度，表明其空间正相关性高，空间的聚集程度高。LL 型城市在 2000～2002 年的主要代表城市为运城市、晋城市、长治市、阜阳市、蚌埠市和宿州市；2004 年，邢台市演变为 LL 型城市；2005 年，亳州市和淮北市由城市关系不显著逐渐演变成 LL 型城市。

从整体上看，2000～2018 年中原城市群以郑州市为中心与相邻和相近城市构成的城市群空间正相关性较高，空间聚集性显著。

5.8.2 热点分析

热点分析可以对数据集中的每个元素进行 Getis – Ord Gi* 统计，通过得到的 Z 分数和 P 值，得出高、低值元素在空间中出现聚类的位置。本研究以中原城市群经济密度综合指数作为热点分析指标，得到经济密度冷热点的地理位置，再利用 Jenks 自然断点分级方法，将冷热点城市划分为四级，分别为冷点、次冷点、次热点和热点，从而绘制中原城市群经济密度热点图。

2000～2018 年，中原城市群已经形成了以郑州市为中心，与开封市、焦作市、济源市、新乡市、许昌市、平顶山市和漯河市形成的热点城市群。如图 5 – 3 所示，2003 年洛阳市、晋城市和周口市由次冷点城市转化为次热点城市，同年在中原城市群的西北方形成了邯郸市、邢台市、濮阳市、安阳市和鹤壁市的次热点城市群；至 2009 年，运城市、三门峡市、南阳市、驻马店市和信阳市逐渐脱离冷点城市进入次冷点城市或次热点城市。2000～2018 年，冷点城市主要集中在中原城市群的东南区域，形成了包括商丘市、淮北市、蚌埠市、亳州市、宿州市和阜阳市的冷点城市群。

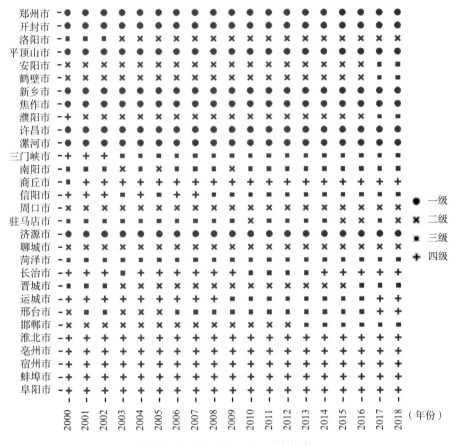

图 5 - 3　区域经济密度的冷热点

从整体空间分布上分析冷热点城市可知，经济密度为热点和次热点的城市主要分布在郑州市为中心的城市群，冷点城市主要集中在中原城市群的东南区域。一方面，次热点和次冷点城市的空间分布发生了很大的变化。晋城市、洛阳市、周口市由次冷点城市演化为次热点城市，信阳市、运城市、三门峡市由冷点城市演变为次冷点城市，说明热点城市能够带动周边城市由次冷点城市演变为次热点城市，先形成小范围的热点城市区域，再逐渐演变为较大范围的热点城市群，表明区域经济发展的动力像波浪一样能向周边城市扩散。另一方面，冷热点城市群在2000～2018年的空间分布中并没有很大变动，表明中原城市群在空间分布上的极化现象较为明显，东南区域城市经济发展较慢。

5.9　结论与建议

经济密度是衡量区域经济发展水平和聚集程度的重要标准之一。研究发现，2000～2018年，中原城市群市域总体经济综合测度指数逐年增长，表明中原城市群经济发展整体向好；经济密度指数的变异系数呈现波浪式降低的趋势，表明内部经济差异呈现出减小的趋势。

中原城市群整体经济发展迅速的区域是以郑州市为中心与相邻和相近城市构成的城市群，中原城市群中部区域城市发展较南部区域和北部区域城市发展好，整体经济密度差异化较为明显。2003年以前，中原城市群全区域内经济密度增长速率较低，西北方向和东南方向的城市经济密度都在第三级及以下，第三级及以上的城市空间分布逐渐从中原城市群的东北方向向北部和南部演变；2012年，郑州市经济密度增长速率再次加快，逐渐拉开与周边城市的经济密度差距，成为中原经济中唯一位于第一级的城市，展现出一枝独秀的姿态。2004～2016年，中原城市群整体经济开始大力发展，在工业、旅游业、农业构建新型城镇上加大了政策力度，全区呈现出稳定北部的发展同时向南部演变，南方城市全面进入第三级，这个时间段中原城市群的经济发展增长趋势显著，增长速度最快。2004～2018年，以郑州市为中心的城市群进入第二级和第三级，经济发展速度加快，这部分城市呈现出引领中原城市群共同发展的趋势。

从经济密度的空间探索性分析来看，2000～2018年的Moran's I值均大于0，表明中原城市群经济密度综合指数呈空间正相关性，经济密度区域在一定程度上趋向于空间聚集。中原城市群以郑州市为中心与相邻和相近城市构成的城市群空间正相关性较高，空间聚集性显著；而在中原城市群边缘城市群空间正相关性较低，空间的聚集程度不显著；经济密度低的城市远远多于经济密度高的城市，表明在空间经济相对聚集区域存在极化现象。同时，区域经济密度的冷热点计算结果表明，中原城市群形成了以郑州市为中心被开封市、许昌市、焦作市、济源市、新乡市、漯河市和平顶山市7个城市所包围的热点城市群，在东南区域形成了由商丘市、淮北市、蚌埠市、亳州市、宿州市和阜阳市形成的冷点城市群。

从增强河南省经济密度的角度来看，要注意从以下几个方面着手。首先，从经济环境着手，注重外资的利用，提高外资占全社会固定投资的比例，拓宽投、融资方式和渠道；优化产业发展环境，加大对国内外先进制造业的引力和培育力度，同时继续推动产业结构升级。其次，要注意发挥社会消费和社会服务的作用。消费增长可以直接拉动经济增长，社会服务如互联网、移动通信等能够为经济发展提供技术、信息和空间支持。最后，要通过政策引导和扶持，发挥各地自然禀赋与人力资源，努力提升经济发展水平。

第6章

面向中原城市群的河南省
经济发展时空演化

区域经济的发展历程往往伴随着经济结构的不断演变。本研究首先从经济效用、产业结构、人民生活水平、外商投资等方面入手建立区域经济水平的综合指标体系，运用熵权法计算各个指标所占权重来对各地市的经济发展情况做初步分析，以主成分计算结果划分各市经济发展水平所属等级发展区，最后采用马尔可夫链法探测各经济发展区在时序以及空间上分别出现的转移趋势。

6.1 研究对象与数据来源

中原城市群的地理区位在我国的中心，有着连南贯北、承东启西的地理优势；同时作为我国重要的粮食生产区域，在国民经济中也占据不可估量的地位。此外，中原城市群的矿产种类丰富，数量庞大，工业类别多，食品发展良好，电子信息技术、各类轻工业的发展规模也在迅速扩大，这一切资源优势都为中原城市群的发展提供了坚实的基础。

本研究以中原城市群囊括的 30 座城市为研究单位，通过计算其 2000～2018 年间该区域中第二、第三产业产值比重，地区生产总值，人民存款额度，人民收入以及外企资产等综合数据，探索中原城市群在该时期经济空间结构的演化情况。数据来源包括国家统计局官网、《河南省统计年鉴 2000~2018》《河北省统计年鉴 2000~2018》《山西省统计年鉴 2000~2018》《山东省统计年鉴 2000~2018》《安徽省统计年鉴 2000~2018》，其他各市辖区的数据均来自对应行政区 2000~2018 的统计年鉴。

6.2 指　标　体　系

考虑到综合性、可操作性、合理性、科学性等原则，本研究参照相关研究中的指标体系构建方法，从经济基础、产业结构、经济效用、人民生活水平以及外商资本投入 5 个方向评估中原城市群各地市的经济发展水平，并选取各地市生产总值，人均生产总值，人民存款额度，第二产业、第三产业产值比重等 13 个具体指标，对研究区经济发展水平进行分析。综合评价指标体系如表 6-1 所示。

表 6-1　　　　　　　中原城市群经济发展水平评价指标体系

类型	指标
经济基础	各市生产总值（万元）
	人民存款额度（万元）
	全市固定资产投资（万元）
	全市一般公共预算财政收入（万元）
	消费品总零售额（万元）
产业结构	第二产业产值比重（%）
	第三产业产值比重（%）
经济效用	人均生产总值（元/人）
	人均一般公共预算财政收入（元/人）
	人均消费品零售额（元/人）
生活水平	人民平均存款额（元/人）
	在岗职员平均工资（元/人）
外商资本投入	实际使用外商投资额（万美元）

6.3 模型与方法

利用极差法，通过无量纲化公式对观测值进行处理。正、负向指标计算方法见式（6-1）和式（6-2）。

$$正向指标\ I_{ij} = (x_{ij} - x_{j\min})/(x_{j\max} - x_{j\min}) \qquad (6-1)$$

$$负向指标\ I_{ij} = (x_{j\max} - x_{ij})/(x_{j\max} - x_{j\min}) \qquad (6-2)$$

其中，x_{ij} 指 i 市在第 j 项指标的观测值，$x_{j\min}$、$x_{j\max}$ 分别指在 j 指标下的最小值和最大值。

本研究通过熵值法计算各指标所占权重。熵值法可用来评判各指标的离散程度。如果离散程度越大，则对应指标在综合评价中起到的作用就越大；离散程度越小，起到的作用就越小。

设 R_{ij} 指 i 市在 j 指标下所占比重，见式（6-3）。

$$R_{ij} = I_{ij}/\sum_{i=1}^{n} I_{ij} \qquad (6-3)$$

其中，n 取值29，指城市总个数。

设 E_j 指第 j 项指标的熵值，见式（6-4）和式（6-5）。

$$E_j = -k/\sum_{i=1}^{n} R_{ij}\ln R_{ij} \qquad (6-4)$$

$$E_j = -k/\sum_{i=1}^{n} R_{ij}\ln R_{ij} \qquad (6-5)$$

其中，$k = 1/\ln n$，n 的意思同上，指城市总个数，这里取29。

最后，设 W_j 指第 j 项指标的权重，见式（6-6）。

$$W_j = (1 - E_j)/\sum_{j=1}^{n} (1 - E_j) \qquad (6-6)$$

其中，n 是指评价指标项数，取13。并且所有 W_j 相加等于1，W_j 的取值范围在 0~1 之间。

设 C_i 表示 i 市经济发展水平综合指数，见式（6-7）。

$$C_i = \sum_{j=1}^{n} I_{ij} \times W_j \qquad (6-7)$$

6.4 中原城市群经济发展水平评价

6.4.1 各变量处理结果分析

计算结果表明，各市的生产总值指标值在这期间都有起伏变化，但是郑州市的生产总值指标值一直都处于最高的位置。整体上看，区域内其他各市的生产总值比起郑州市都有一定的差距，表明郑州市经济的领先地位比较稳固。

人均生产总值排前两位的分别是郑州市和洛阳市，南阳市、邯郸市、驻马店市周口市以及邢台市人均生产总值出现了下降趋势。

第二产业比重方面，2000~2018年，焦作市、许昌市、漯河市、鹤壁市以及三门峡市等第二产业产值比重占比较高；商丘市、开封市、信阳市等第二产业产值比重占比在逐年下降。

第三产业的发展得到了各地的普遍重视。郑州市第三产业产值比重一直保持第一，其余比重较高的城市是洛阳市、开封市、平顶山市、信阳市等。除鹤壁市第三产业产值下降明显，其余城市总体呈上升趋势。

除邯郸市和邢台市外，其余城市在消费品零售总额方面总体呈现逐年增长趋势。但是，城市间消费能力差异较大，郑州市在消费品零售总额上远远高于其他地市。

6.4.2 各市主要指标权重

在各市主要指标总体呈上升趋势的情况下，郑州市人均一般公共预算财政收入指标比重明显高于其他城市，这说明郑州市从2000年开始就在财政收入方面远远领先于其他城市。除去南阳市、驻马店市、周口市等之外，其他各个城市的住户存款总额比重在逐年上升，这说明这些城市在保证居民存款余额数额的情况下，其他经济指标得到了提升。人均居民存款余额方面与存款总额比较相似，除洛阳市比重上升外，其余各市都在下降或者基本保持不变。郑州市的人均住户存款比重尽管也在下降，但依然高于其他各市。

中原城市群的固定资产投资比重总体在逐年上升，2000～2018 年，各地逐渐加大了对固定资产的投资。河南省除郑州市、许昌市外，其他城市的在岗职工工资比重在 2006 年总体要远高于其他年份，这说明在 2006 年各市对职工工资的提升比较重视，晋城市在这一年的比重超过郑州市，位居第一。但经过几年的发展，郑州市从 2014 年开始到 2018 年远超其他各市。

6.4.3 各指标熵值变化

如图 6 - 1 所示，在 2000 年，实际使用外资指标熵值最高。2006 年，人均生产总值的熵值又远高于其他指标。2018 年，一般公共预算财政收入指标熵值最高，其他指标的熵值总体相差不大。这从侧面反映出，经过近 20 年的发展，各地区经济指标总体上都得到了较为充分的发展。

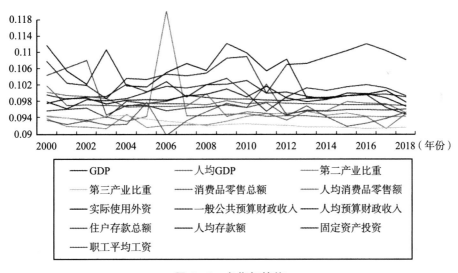

图 6 - 1 各指标熵值

6.4.4 变量权重变化趋势分析

如图 6 - 2 所示，各指标在 2000～2018 年的权重走势基本与各指标在此期间的熵值变化趋势相反。2006 年人均生产总值的权重较低，其余年份各指标的权重基本相差不大；2018 年各指标的权重之间的差异非常小。这表明，截至 2018 年，中原城市群各地市的各项经济指标已比较均衡。

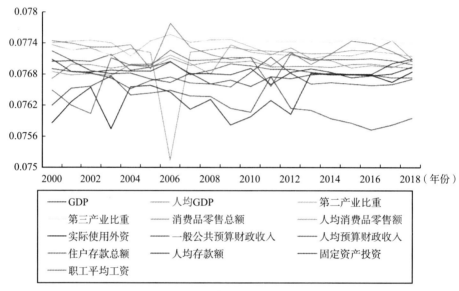

图 6 - 2　各指标所占权重

6.4.5　各市经济发展水平综合指数

各市 2000～2018 年的经济综合发展水平指数如表 6 - 2 所示。2000～2018 年，中原城市群各市经济发展水平总体呈稳定增长，大多数城市尤其在前期较不发达的城市经济速度增长较快。结果显示，中原城市群经济发展水平最高的城市与经济发展水平最低的城市之间的差异在逐渐缩小，极差从 2000 年的 0.8535 到 2018 年变为 0.8252。值得注意的是，在这个过程中，经济最发达的城市与次发达的城市之间的差距始终很大。郑州市与洛阳市在经济发展水平综合指数上的差异在 2000 年为 0.549，到 2018 年变为 0.4025，这个差距虽然在缩小，但是郑州市的综合指数超出洛阳市几乎 75%。这说明，郑州市在经济上远远领先于中原城市群的其他各市。其他各市在飞速发展的同时，郑州市也在持续利用自己的优势加速发展，中原城市群的经济发展过程有较明显的极化特征。

表 6－2

中原城市群经济发展综合水平

城市	2000 年	2001 年	2002 年	2003 年	2004 年	2005 年	2006 年	2007 年	2008 年	2009 年	2010 年	2011 年	2012 年	2013 年	2014 年	2015 年	2016 年	2017 年	2018 年
郑州市	0.962412	0.987007	0.98493	0.98281	0.982607	0.962938	0.955254	0.947394	0.95066	0.940652	0.930699	0.92395	0.922276	0.927178	0.942663	0.947671	0.950765	0.944771	0.943835
商丘市	0.124663	0.154079	0.142627	0.161955	0.164787	0.179783	0.18874	0.175389	0.173257	0.152844	0.155757	0.15051	0.162064	0.160906	0.179989	0.168754	0.16905	0.181826	0.175461
洛阳市	0.413364	0.468768	0.461987	0.457424	0.511588	0.505155	0.542539	0.51694	0.51651	0.492674	0.477997	0.493179	0.532016	0.481847	0.484871	0.458552	0.459616	0.468806	0.541299
焦作市	0.291246	0.334021	0.322945	0.336769	0.34025	0.347377	0.350655	0.340966	0.321194	0.318547	0.319996	0.306758	0.317912	0.285256	0.295655	0.28079	0.280527	0.284016	0.306251
开封市	0.214863	0.216781	0.189553	0.19855	0.194724	0.177007	0.204788	0.169469	0.168574	0.145126	0.175782	0.181102	0.177352	0.185219	0.168422	0.201838	0.190375	0.206154	0.210914
安阳市	0.346303	0.293254	0.276286	0.298589	0.296578	0.278687	0.303595	0.268443	0.269319	0.263445	0.258501	0.245499	0.251623	0.224428	0.229771	0.221411	0.219403	0.230326	0.226531
许昌市	0.240191	0.272739	0.24683	0.255798	0.191121	0.252337	0.225462	0.252587	0.257766	0.239827	0.267337	0.268165	0.276328	0.259822	0.284327	0.275933	0.274025	0.281008	0.283245
南阳市	0.255653	0.249619	0.297768	0.299623	0.302491	0.299182	0.309811	0.283653	0.277217	0.264697	0.261607	0.257615	0.26439	0.268306	0.269946	0.260163	0.262339	0.263339	0.243228
平顶山市	0.309052	0.278622	0.289088	0.287031	0.295518	0.297786	0.338242	0.299654	0.313886	0.307439	0.304991	0.288289	0.292159	0.272059	0.260145	0.235068	0.220212	0.221249	0.229284
新乡市	0.279216	0.307209	0.299796	0.315437	0.320475	0.301592	0.309842	0.294665	0.293402	0.283333	0.284028	0.277796	0.28979	0.276953	0.278499	0.285591	0.279259	0.281278	0.282258
蚌埠市	0.24778	0.313803	0.297186	0.268051	0.265509	0.254406	0.24881	0.231125	0.218981	0.206332	0.214186	0.216401	0.248266	0.244084	0.258891	0.263003	0.268101	0.27236	0.286371
邯郸市	0.552308	0.507627	0.467421	0.441398	0.469679	0.450878	0.435836	0.403758	0.418063	0.408291	0.418577	0.393407	0.40336	0.361431	0.341032	0.332942	0.328054	0.346786	0.330562
阜阳市	0.107664	0.129998	0.138043	0.143614	0.140841	0.155596	0.161882	0.138865	0.136276	0.121464	0.120233	0.124214	0.127517	0.125556	0.132526	0.151204	0.151501	0.168258	0.184441
驻马店市	0.142189	0.157617	0.139849	0.143617	0.154897	0.14598	0.170821	0.147007	0.152613	0.145616	0.137071	0.135799	0.144493	0.136654	0.140482	0.137115	0.153651	0.166133	0.170671
漯河市	0.245262	0.252535	0.22979	0.227315	0.218929	0.21025	0.218621	0.194481	0.186338	0.180061	0.184833	0.188419	0.202559	0.192663	0.203689	0.195423	0.181322	0.203852	0.19872
鹤壁市	0.207503	0.207375	0.202572	0.191946	0.191264	0.191017	0.220132	0.194919	0.191422	0.184006	0.191752	0.190075	0.19155	0.186792	0.179116	0.17275	0.167656	0.135161	0.17828
周口市	0.113694	0.138302	0.149413	0.158358	0.152968	0.148106	0.172397	0.142307	0.153658	0.149304	0.137696	0.139324	0.149821	0.158573	0.155477	0.162326	0.16227	0.171561	0.163712
信阳市	0.149568	0.199473	0.17713	0.197959	0.191206	0.191323	0.216627	0.192654	0.197156	0.187339	0.182212	0.170913	0.178761	0.168632	0.178073	0.177684	0.174573	0.181487	0.176964
濮阳市	0.306075	0.305395	0.308121	0.270909	0.257811	0.23626	0.235361	0.217713	0.211886	0.173675	0.187144	0.187246	0.194047	0.187155	0.236666	0.193745	0.18567	0.195858	0.213199
三门峡市	0.286396	0.317987	0.285094	0.312676	0.311971	0.308288	0.322682	0.313421	0.321038	0.314144	0.337186	0.322863	0.344263	0.324679	0.315794	0.279843	0.26646	0.290405	0.295554
运城市	0.198107	0.216916	0.203081	0.246901	0.226142	0.26083	0.274971	0.228635	0.245459	0.204403	0.205117	0.207699	0.199839	0.182601	0.170585	0.189346	0.170144	0.16684	0.149874
长治市	0.277448	0.275744	0.27541	0.295126	0.301677	0.335328	0.361018	0.35014	0.455432	0.350257	0.362731	0.366061	0.399803	0.357945	0.348316	0.297831	0.26956	0.274444	0.281987
晋城市	0.2818	0.322382	0.31255	0.344529	0.342884	0.356224	0.360083	0.38943	0.400545	0.384644	0.405542	0.406967	0.424382	0.39303	0.351296	0.331408	0.290987	0.288543	0.292854
淮北市	0.26633	0.271804	0.264756	0.245188	0.255622	0.237929	0.245887	0.25599	0.250371	0.254064	0.267216	0.27755	0.288938	0.264606	0.267566	0.238607	0.198377	0.246418	0.227716
邢台市	0.323917	0.313693	0.386152	0.364726	0.349399	0.322883	0.316337	0.282001	0.282451	0.276811	0.271983	0.223585	0.263143	0.247826	0.231316	0.242965	0.232896	0.257353	0.23484
聊城市	0.206568	0.24343	0.276522	0.321753	0.333836	0.315697	0.317193	0.290513	0.289054	0.288757	0.310662	0.300294	0.315261	0.306332	0.3102	0.308155	0.312935	0.300388	0.316048
菏泽市	0.092404	0.134135	0.14956	0.184045	0.198929	0.182093	0.219807	0.196823	0.183405	0.192857	0.221878	0.223744	0.248583	0.242946	0.241199	0.246393	0.248314	0.245131	0.267367
宿州市	0.089995	0.105328	0.102129	0.108898	0.113148	0.117323	0.132162	0.122072	0.135266	0.119116	0.114645	0.131105	0.129969	0.121546	0.119692	0.144865	0.145528	0.161852	0.149111
亳州市	0.099906	0.113163	0.10387	0.113648	0.11645	0.11299	0.129224	0.118126	0.11948	0.110827	0.106155	0.116842	0.123022	0.162359	0.122339	0.137333	0.130075	0.147498	0.118797

6.4.6 划分各市经济水平类型

选取 2000~2018 年中的 2000 年、2006 年、2012 年以及 2018 年作为时间截面，对中原城市群的经济结构演化过程进行分析。

为了使结果表现得更直观，本研究以综合指数计算结果的平均值为标准，将中原城市群各市的经济发展水平划分为高水平、中偏高水平、中级水平和低水平四个层次类型。其划分标准为：综合指数大于平均值 150% 的为高水平经济发展区，综合指数处于平均值与平均值 150% 之间的为中偏高水平经济发展区，综合指数处于平均值 50% 至平均值之间的为中级水平经济发展区，综合指数低于平均值 50% 的为低水平经济发展区。具体划分情况如表 6-3 所示。

表 6-3 经济水平分类情况

分类情况	2000 年	2006 年	2012 年	2018 年
高水平	3	3	3	2
中偏高水平	9	9	7	9
中级水平	12	14	16	17
低水平	6	4	4	2

2000 年，郑州市、邯郸市、洛阳市为高水平经济发展区，安阳市、邢台市、濮阳市、平顶山市、焦作市、三门峡市、晋城市、长治市、淮北市为中偏高水平经济发展区，新乡市、南阳市、蚌埠市、漯河市、许昌市、运城市、开封市、聊城市、鹤壁市、信阳市、驻马店市、商丘市为中级水平经济发展区，周口市、阜阳市、亳州市、菏泽市、宿州市、济源市为低水平经济发展区。

2006 年，郑州市、洛阳市、邯郸市为高水平经济发展区，晋城市、长治市、焦作市、平顶山市、三门峡市、聊城市、邢台市、南阳市、安阳市为中偏高水平经济发展区，新乡市、运城市、蚌埠市、淮北市、濮阳市、许昌市、鹤壁市、漯河市、菏泽市、信阳市、开封市、商丘市、周口市、驻马店市为中级水平经济发展区，阜阳市、济源市、宿州市、亳州市为低水平经济发展区。

2012 年，郑州市、洛阳市、晋城市为高水平经济发展区，邯郸市、长治市、三门峡市、焦作市、聊城市、平顶山市、淮北市为中偏高水平经济发展区，许昌市、新乡市、南阳市、邢台市、安阳市、菏泽市、蚌埠市、漯河市、运城市、濮阳市、鹤壁市、信阳市、开封市、商丘市、周口市、驻马店市为中级水平经济发展区，宿州市、阜阳市、亳州市、济源市为低水平经济发展区。

2018 年，郑州市、洛阳市为高水平经济发展区，邯郸市、聊城市、焦作市、三门峡市、晋城市、蚌埠市、许昌市、长治市、菏泽市为中偏高水平经济发展区，新乡市、南阳市、邢台市、平顶山市、淮北市、安阳市、濮阳市、开封市、漯河市、鹤壁市、信阳市、商丘市、驻马店市、阜阳市、周口市、运城市、宿州市为中级水平经济发展区，亳州市、济源市为低水平经济发展区。

6.5　区域空间结构演化分析

6.5.1　模型与方法

马尔可夫链法经常被应用于市场的预测，可以有效揭示等级结构的演变过程。在马尔可夫链中，一个状态可以转移到另一种状态，也可以保持原状不变。保持原状不变的，称之为稳定或平稳；状态向更高层次转移的，称为向上转移；状态向更低层次转移的，称为向下转移。凡是发生转移，就会有对应的转移概率，这里把由 i 状态经过 d 步变为 j 状态的概率定义为 M_{ij}，见式（6-8）。

$$M_{ij}\ (S_i \rightarrow S_j)\ = \frac{n_{ij}}{n_i} \tag{6-8}$$

其中，S_i、S_j 表示经济发展水平的某个状态，n_{ij} 表示由 i 状态转移到 j 状态的城市个数，n_i 表示原始处于 i 状态的城市个数。

本研究将采用马尔可夫链法来反映中原城市群中各市的状态在时序和空间上的演变。其概率转移矩阵见式（6-9）。

$$M_d = \begin{pmatrix} M_{11}^{(d)} & M_{12}^{(d)} & \cdots & M_{1j}^{(d)} \\ M_{21}^{(d)} & M_{22}^{(d)} & \cdots & M_{2j}^{(d)} \\ \vdots & \vdots & & \vdots \\ M_{i1}^{(d)} & M_{i2}^{(d)} & \cdots & M_{ij}^{(d)} \end{pmatrix} \qquad (6-9)$$

其中，对角线上的元素 $M_{ii}^{(d)}$ 表示经济发展水平状态未发生改变的概率，其他元素则表示状态发生改变的概率。

6.5.2　时序演变

基于 2000 年、2006 年、2012 年及 2018 年各市经济发展水平类型的划分，可以得出城市经济发展水平发生的变化情况。通常，对角线的元素同样表示未发生改变的城市，非对角线的元素表示发生转移的城市。其中，2000 ～ 2006 年作为第一阶段，大部分城市都在矩阵对角线上。如表 6 - 4 所示，大部分城市比较稳定，仅南阳市、聊城市、濮阳市、淮北市、菏泽市和周口市发生了转移。

表 6 - 4　　　　　　　　　2000 ～ 2006 年经济发展区转移情况

等级	高	中偏高	中级	低
高	郑州市、邯郸市、洛阳市	无	无	无
中偏高	无	安阳市、邢台市、平顶山市、焦作市、三门峡市、晋城市、长治市	濮阳市、淮北市	无
中级	无	南阳市、聊城市	新乡市、蚌埠市、漯河市、许昌市、运城市、开封市、鹤壁市、信阳市、驻马店市、商丘市	无
低	无	无	菏泽市、周口市	亳州市、宿州市、济源市、阜阳市

2000 ～ 2006 年作为第二阶段，大部分城市都在矩阵对角线上。如表 6 - 5 所示，河南省各地市中没有城市发生转移。

表 6 – 5　　　　　　　　　　2006～2012 年经济发展区转移情况

等级	高	中偏高	中级	低
高	郑州市、洛阳市	邯郸市	无	无
中偏高	晋城市	长治市、焦作市、平顶山市、三门峡市、聊城市	邢台市、南阳市、安阳市	无
中级	无	淮北市	新乡市、运城市、蚌埠市、濮阳市、许昌市、鹤壁市、漯河市、菏泽市、信阳市、开封市、商丘市、周口市、驻马店	无
低	无	无	无	阜阳市、济源市、宿州市、亳州市

2012～2018 年作为第三阶段，大部分城市都在矩阵对角线上。如表 6 – 6 所示，河南省各地市中，许昌市、平顶山市发生了转移。

表 6 – 6　　　　　　　　　　2012～2018 年经济发展区转移情况

等级	高	中偏高	中级	低
高	郑州市、洛阳市	晋城市	无	无
中偏高	无	邯郸市、长治市、三门峡市、焦作市、聊城市	平顶山市、淮北市	无
中级	无	蚌埠市、许昌市、菏泽市	新乡市、南阳市、邢台市、安阳市、漯河市、运城市、濮阳市、鹤壁市、信阳市、开封市、商丘市、周口市、驻马店市	无
低	无	无	宿州市、阜阳市	济源市、亳州市

根据马尔可夫链矩阵，计算 2000～2006 年、2006～2012 年和 2012～2018 年这三个时期中原城市群各市经济发展水平状态的改变情况，如表 6 – 7 所示。总体来看，在 2000～2006 年、2006～2012 年、2012～2018 年这三个时间区间中，河南省各地市的经济发展并没有出现跨级式的变化。例如，高水平经济发展区向中级水平或低水平经济发展区变化，中偏高水平经济发展区向低水平经济发

展区变化，低水平经济发展区向中偏高或高水平经济发展区变化，中级水平经济发展区向高水平经济发展区的转移率都为0。这种现象是由城市群经济发展的自然秩序所决定。在研究的3个年份区间里，高水平经济发展区几乎一直保持在最初的状态，向中偏高水平经济发展区变化的概率不高，而中偏高水平经济发展区同样几乎不向高水平经济发展区转移。这表明，高水平经济发展区在城市群内有非常明显的经济发展优势，高水平经济发展区与其他水平经济发展区发展差异显著，其他水平经济发展区的经济难以实现跃升，较低水平经济发展区出现了较为明显的转化现象。

表 6 – 7 马尔可夫链转移情况

时间	等级	高	中偏高	中级	低
2000～2006 年	高	1	0	0	0
	中偏高	0	0.778	0.222	0
	中级	0	0.167	0.833	0
	低	0	0	0.333	0.667
2006～2012 年	高	0.667	0.333	0	0
	中偏高	0.111	0.556	0.333	0
	中级	0	0.071	0.929	0
	低	0	0	0	1
2012～2018 年	高	0.667	0.333	0	0
	中偏高	0	0.714	0.286	0
	中级	0	0.188	0.812	0
	低	0	0	0.5	0.5

具体来看，在 2000～2006 年，中偏高水平经济发展区向中级水平经济发展区产生转化的概率是 0.778，高水平经济发展区在这期间保持着最初状态，低水平经济发展区向中级水平经济发展区出现转化的概率是 0.333，中级水平经济发展区保持原来类型不变的概率是 0.833，这表明在此期间，城市群内各市的经济发展趋势是向中间部分经济发展区靠近的。

在 2006～2012 年，中偏高水平经济发展区向高水平经济发展区和中级水平经济发展区两个方向转化，变为高水平经济发展区的概率是 0.111，变为中级水平经济发展区的概率是 0.333，高水平经济发展区向中偏高水平经济发展区方向出现转化，其概率是 0.333。这表明在此期间，城市群内各市的经济发展趋势是向下级水平发展区滑动的。

在 2012~2018 年，高水平经济发展区向中偏高经济发展区发生转化的概率是 0.333，中偏高水平经济发展区向中级发展区转化的概率是 0.286，中级水平经济发展区在此期间保持原状态的概率为 0.812，向中偏高水平发展区发生转移的概率为 0.188，而低水平经济发展区在这期间保持原状态不变的概率为 0.5。这表明在此期间，城市群内各市经济发展的趋势是向中部发展区靠近的。

6.5.3　空间演变

马尔可夫链法对经济发展状态的转移主要分为两种。其中，经济发展状态向上一级经济发展区转化称为向上转移，向下一级经济发展区转化称为向下转移，在时间区间内保持初始状态不变的称为平稳或稳定。为了更深入地揭示中原城市群各市经济发展在空间上的演变，进一步分析三种转移类型的变化趋势。

2000~2006 年，城市群内共 4 个市出现向上转移，具体变化为菏泽市和阜阳市从低水平经济发展区转化为中级水平经济发展区，聊城市和南阳市从中级水平经济发展区转化为中偏高水平经济发展区。两个市出现向下转移，濮阳市和淮北市从中偏高水平经济发展区转移到中级水平经济发展区。

2006~2012 年，城市群内有 4 个市经济发展水平出现向下转移。其中，邯郸市从高水平经济发展区下降为中偏高水平经济发展区，邢台市、南阳市市以及安阳市从中偏高经济发展区转化为中级水平经济发展区。有 2 个市出现向上转移，晋城市从中偏高水平经济发展区转化为高水平经济发展区，淮北市从中级水平经济发展区转化为中偏高水平经济发展区。

2012~2018 年，城市群经济快速增长，共有 5 个市出现向上转移，蚌埠市、许昌市、菏泽市从中级水平经济发展区转化为中偏高水平经济发展区。宿州市和阜阳市从低水平经济发展区转化为中级水平经济发展区。3 个城市出现向下转移，其中晋城市从高水平经济发展区转化为中偏高水平经济发展区，平顶山市和淮北市从中偏高水平经济发展区转化为低水平经济发展区。

6.6 结论与建议

本研究从中原城市群的视角研究河南省经济发展的时空演化，综合采用熵权法、马尔可夫链法探寻跨省域的经济发展水平特征及其空间转移趋势。结果发现，河南省经济发展的极化特征明显、等级结构突出、不同发展区域的经济差距较大、发展的不平衡性较为突出。

从时序演变来看，河南省高水平经济发展区的经济发展较其他城市稳定，且经济发展水平远高于下一级经济发展区。区域整体经济发展趋势是向中部水平集中的。从空间演变来看，2000～2018年，郑州市、洛阳市、三门峡市以及焦作市，这些城市几乎都位于郑州市附近，在地理位置上围绕着郑州市。因此，这些城市始终处于高水平经济发展区或者中偏高水平经济发展区。这表明，郑州市作为为数不多的高水平经济发展区城市之一，有效地引领周围城市经济的发展。

此外，高水平经济发展区与中偏高水平经济发展区之间的经济差异在逐步扩大，中偏高水平经济发展区与中级水平经济发展区之间的经济差异在逐步减小，同时中级水平经济发展区与低水平经济发展区之间的经济差异也在逐步减小。马尔可夫链计算结果表明，2000～2018年间，中原城市群各市经济发展在逐步向中部经济等级区靠拢，即向中偏高以及中级水平经济发展区转化。然而，观察发生转化的城市可以发现，河南省的城市大部分都保持稳定状态，尤其是郑州市以及环绕郑州市的城市一直处在较高水平的经济发展区。

综上所述，郑州市作为中心城市，辐射带动作用有限。要实现河南省经济发展水平质的飞跃，可以积极培养新的中心城市。从历史发展以及经济辐射能力来看，可以积极培育洛阳市作为新的区域副中心城市，带动豫西发展。此外，还要优化产业结构，培育特色产业。例如，豫东南农业经济发达，要通过农业产业化，引领特色农业高质量发展。

第7章

中原城市群视角下的河南省
韧性与经济协调性

区域韧性涉及经济社会发展、基础设施以及生态环境等诸多因素的综合性框架体系[85]，是对区域自我调整能力的一种表征，是最终实现经济社会长期发展的一种能力[86]。研究表明，经济是区域韧性的驱动力，基础设施以及生态环境等是区域韧性的重要保障[87]。本研究以中原城市群为切入点，用熵值法分别计算区域韧性度与经济发展水平，进而通过耦合协调度模型对两者之间的协调度进行测算，深入探究河南省区域韧性与经济发展水平之间的协调性。

7.1　指　标　体　系

为了准确地对河南省区域韧性度进行评价，本研究将从生态、经济、社会、教育、医疗和基础设施建设六个维度对相关地级市的城市韧性进行评估。如表7-1所示，本研究构建的城市韧性度评价指标体系涉及污水处理、地区生产总值等29个指标。

在城市生态韧性这一维度的指标选取过程中，结合城市韧性的相关研究以及搜集数据的实际情况，最终确定了污水处理率、人均公园绿地面积等4个指标。

其中，污水处理率、生活垃圾无害化处理率属于生态适应性指标，这两者主要用以反映城市在受到灾害的冲击和扰动之后是否存在调整或者对自身的改变；人均公园绿地面积属于生态稳定性指标，主要用以反映城市在受到灾害扰动时的基础承受能力；建成区绿化覆盖率属于生态敏感性指标，体现了城市在受到灾害扰动时，应对潜在危机的感知能力和对抗能力。

表 7-1   区域发展韧性度评价指标体系

准则层	目标层	指向性
城市生态韧性	污水处理率	正向
	人均公园绿地面积	正向
	建成区绿地覆盖率	正向
	生活垃圾无害化处理率	正向
城市经济韧性	地区生产总值	正向
	第一产业占比	负向
	第二产业占比	正向
	第三产业占比	正向
	城乡人均收入比	负向
	人均 GDP	正向
城市社会韧性	养老保险覆盖率	正向
	人口密度	负向
	人口总数	正向
	社会保障占政府支持比例	正向
	人均日生活用水量	正向
	电信业务总量	正向
	全社会用电总量	正向
城市教育韧性	高中专任教师数	正向
	教育经费占政府支出比例	正向
	文化体育与传媒占政府支出比例	正向
城市医疗韧性	每万人拥有医生数	正向
	医疗保险覆盖率	正向
	医院床位数	正向
	公共医疗卫生占政府支出比例	正向

续表

准则层	目标层	指向性
城市基设韧性	建成区排水管道密度	正向
	燃气覆盖率	正向
	供水覆盖率	正向
	公路线路里程	正向
	人均道路面积	正向

在城市经济韧性这一维度选取地区生产总值、第一产业占比等 6 个经济指标，其中地区生产总值属于正向指标，是对一个城市经济的宏观反映，是衡量一个城市经济状况的最优指标；城乡人均收入占比属于负向指标，该指标反映了贫富差距，数值越小，贫富差距就越小；人均 GDP 属于正向指标，数值越大表明该地区的经济条件越好；第一产业占比属于负向指标，数值越大表明农业占比就越大，不利于城市的发展；第二产业占比、第三产业占比都属于正向指标，分别表示工业和服务型产业的占比，是衡量一个城市经济发展方向是否合理稳定的重要指标。在这些指标中，地区生产总值、城乡收入比、人均 GDP、第三产业占比属于经济稳定性指标；第一产业占比属于经济敏感性指标；第二产业占比属于经济适应性指标。

在城市社会韧性这一维度选取养老保险覆盖率、人口密度、人口总数、电信业务总量、全社会用电总量等 7 个指标，除人口密度为负向指标外，其他均为正向指标。其中，养老保险覆盖率属于社会稳定性指标，养老保险覆盖率越大，对居民的生活改善就越好，社会的稳定性就会越高，应对外界冲击的能力也就会越强；人口密度属于经济敏感性指标，人口密度越大，人均资源占有量也就越少，同时也会造成交通拥堵等情况，一旦遇到地震、火灾等灾害发生时，人流不容易被疏散，会造成无法预估的损失；人口总数、社会保障占政府支持比例、人均日生活用水量属于社会适应性指标，对城市的社会韧性起积极作用。

在城市教育韧性这一维度选取高中专院校任教教师数、教育经费占政府支出比例、文化体育与传媒占政府支出比例这 3 个正向指标。其中，高中专任教教师数反映一个城市的教育水平，该数值越大，该城市的教育水平就越高，城市的发展速度就会越快；教育经费占政府支出比例、文化体育与传媒占政府支出比例反映了该城市对教育的重视程度，该数值越大，对教育的重视程度就越高，文化普及率也就越高，灾害发生时相应的应急知识也就会知道得越多，可以大幅度的降低灾害发生时的损失，提高灾害后的恢复能力。

在城市医疗韧性这一维度选取每万人拥有医生数、医疗保险覆盖率、医院床位数和公共医疗卫生占政府支出比例这 4 个正向指标。其中，每万人拥有医生数、医疗保险覆盖率、医院床位数属于医疗稳定性指标，这些指标数值越大，城市应对灾害的稳定性就越强，抵抗扰动的能力就越大；公共医疗卫生占政府支出比例属于医疗适应性指标，该数值越大，越有利于城市的灾后恢复。

在城市基础设施韧性这一维度选取建成区排水管道密度、燃气覆盖率、供水覆盖率、公路线路里程、人均道路面积这 5 个正向指标。在面对灾害冲击时，城市的基础设施要具备在极端条件下使用的能力。城市基础设施是一个城市中最坚固的部分，如人均道路面积作为适应性指标，它的数值越大，越有利于在灾害发生时降低疏散人群的难度。

7.2 模型与方法

采用熵值法对各个指标权重进行计算与城市韧性度的加权得分的具体方法如下。假设要计算某一城市 i 年的 j 个指标，那么需要建立矩阵模型，见式（7-1）。

$$X = \begin{bmatrix} X_{11} & \cdots & X_{1j} \\ \vdots & \ddots & \vdots \\ X_{i1} & \cdots & X_{ij} \end{bmatrix} \qquad (7-1)$$

第一，需要进行数据归一化处理，见式（7-2）。

$$X'_{ij} = (X_{ij} - \max X_{ij}) / (\max X_{ij} - \min X_{ij}) \qquad (7-2)$$

其中，X_{ij} 表示原始数据，X'_{ij} 表示归一化后的数据。

$$X'_{ij} = (\max X_{ij} - X_{ij}) / (\max X_{ij} - \min X_{ij}) \qquad (7-3)$$

式（7-3）表示负向数据的归一化处理，X_{ij} 表示原始数据，X'_{ij} 表示归一化后的数据。

采用这种方法进行数据归一化是为了对具有不同的量纲和量纲单位的评价指标进行数据标准化处理，用以消除因为指标之间的量纲不同而造成的对数据分析结果的影响，使各指标处于同一数量级，让数据指标之间具有可比性，经过数据归一化处理之后的数据处于 [0，1] 的区间范围内。

第二，计算指标熵和相应权重。

首先，计算第 i 个城市的第 j 个指标值的比重，见式（7-4）。

$$Y_{ij} = X'_{ij} \Big/ \sum_{i=1} X'_{ij} \qquad (7-4)$$

其次，计算第 j 项指标的信息熵 e_j，见式（7-5）。

$$e_j = -K \sum_{i=1} y_{ij} \ln y_{ij} \qquad (7-5)$$

其中，K 是一个常数，其值等于 $\ln m$ 的倒数，其中 m 等于地级市的个数。

再次，计算信息效用价值，见式（7-6）。

$$d_j = 1 - e_j \qquad (7-6)$$

其中，d_j 表示信息效用价值。信息效用价值直接影响权重的大小，信息效用越大，对于评价的重要性就越大，权重也就越大。

最后，第 j 项指标的权重 W_j 的计算方法，见式（7-7）。

$$W_j = d_j \Big/ \sum_j d_j \qquad (7-7)$$

第三，计算指标加权得分 U，见式（7-8）。

$$U = \sum_j X'_{ij} \times W_j \qquad (7-8)$$

7.3 区域韧性实证分析

7.3.1 城市韧性度数据结果

计算得出中原城市群 2007～2016 年的城市韧性度的结果。如表 7-2 所示，河南省北部城市，如郑州、洛阳、新乡、焦作、济源等市的城市韧性度高于区域平均水平，而河南省南部的信阳、周口、驻马店等市长期低于平均值。

表 7 - 2　　　　　　　　　　　　　中原城市群城市韧性度

城市	2007 年	2008 年	2009 年	2010 年	2011 年	2012 年	2013 年	2014 年	2015 年	2016 年	均值
邢台市	0.334	0.329	0.360	0.331	0.352	0.239	0.280	0.347	0.290	0.402	0.326
邯郸市	0.438	0.441	0.466	0.409	0.473	0.333	0.450	0.490	0.421	0.536	0.446
长治市	0.389	0.410	0.453	0.347	0.425	0.273	0.375	0.426	0.343	0.350	0.379
晋城市	0.421	0.429	0.416	0.376	0.465	0.347	0.387	0.427	0.344	0.351	0.396
运城市	0.295	0.361	0.447	0.328	0.406	0.287	0.354	0.363	0.315	0.298	0.345
淮北市	0.398	0.377	0.362	0.300	0.392	0.227	0.330	0.363	0.438	0.346	0.353
亳州市	0.310	0.346	0.353	0.306	0.335	0.231	0.334	0.333	0.438	0.320	0.331
宿州市	0.315	0.326	0.328	0.361	0.325	0.242	0.357	0.331	0.430	0.300	0.331
蚌埠市	0.346	0.363	0.333	0.300	0.369	0.243	0.373	0.355	0.444	0.322	0.345
阜阳市	0.264	0.291	0.296	0.256	0.321	0.221	0.323	0.333	0.456	0.302	0.306
聊城市	0.500	0.514	0.565	0.490	0.556	0.665	0.634	0.548	0.500	0.506	0.548
菏泽市	0.403	0.405	0.433	0.398	0.507	0.492	0.524	0.537	0.444	0.425	0.457
郑州市	0.786	0.705	0.708	0.665	0.763	0.514	0.702	0.733	0.595	0.714	0.689
开封市	0.300	0.323	0.333	0.283	0.340	0.244	0.325	0.357	0.299	0.327	0.313
洛阳市	0.556	0.520	0.498	0.439	0.542	0.360	0.506	0.519	0.38	0.469	0.479
平顶山市	0.416	0.420	0.440	0.358	0.436	0.368	0.392	0.406	0.301	0.366	0.390
安阳市	0.463	0.464	0.465	0.399	0.480	0.309	0.441	0.453	0.347	0.424	0.424
鹤壁市	0.378	0.363	0.393	0.328	0.377	0.249	0.330	0.361	0.262	0.347	0.339
新乡市	0.455	0.459	0.445	0.388	0.472	0.315	0.427	0.441	0.354	0.411	0.417
焦作市	0.507	0.458	0.454	0.389	0.480	0.317	0.408	0.453	0.353	0.428	0.425
濮阳市	0.357	0.360	0.354	0.271	0.37	0.241	0.343	0.357	0.281	0.346	0.329
许昌市	0.409	0.376	0.461	0.359	0.447	0.289	0.378	0.406	0.304	0.381	0.381
漯河市	0.422	0.384	0.404	0.364	0.379	0.253	0.351	0.367	0.261	0.320	0.350
三门峡市	0.418	0.413	0.423	0.349	0.450	0.286	0.380	0.389	0.251	0.333	0.369
南阳市	0.436	0.422	0.380	0.340	0.430	0.312	0.410	0.428	0.345	0.381	0.389
商丘市	0.328	0.308	0.293	0.266	0.337	0.215	0.317	0.327	0.262	0.278	0.293
信阳市	0.373	0.397	0.421	0.33	0.395	0.267	0.385	0.376	0.315	0.338	0.360
周口市	0.395	0.377	0.366	0.296	0.373	0.266	0.391	0.409	0.342	0.389	0.360
驻马店市	0.346	0.325	0.357	0.306	0.361	0.245	0.339	0.344	0.295	0.318	0.324
济源市	0.429	0.405	0.436	0.367	0.444	0.299	0.408	0.433	0.315	0.401	0.394

7.3.2　区域城市韧性度综合评估

郑州市作为河南省省会，其城市韧性在长期高于区域均值。如图 7-1 所示，郑州市的城市韧性度位于中原城市群城市韧性度的首位。从综合韧性来看，2007~2016 年，郑州市的城市韧性度平均值为 0.689，2007 年达到最大值 0.787，2012 年为最低值 0.515。虽然郑州的城市韧性度始终处于上下波动的状态，但是波动幅度较小，基本处于 0.6~0.8 之间。值得注意的是，2012 年郑州市的城市韧性度大幅度下降，这主要是因为郑州市的人口密度在 2012 年大幅增长，从 2011 年的 11 745 人/平方千米增长到 13 475 人/平方千米。人口密度作为负向指标，大幅的增长会导致郑州市 2012 年的城市韧性水平严重降低。

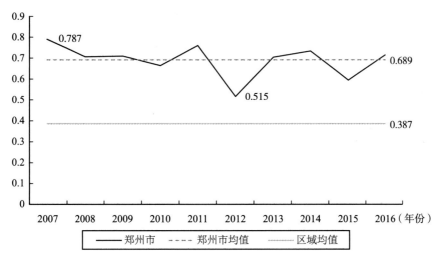

图 7-1　郑州市城市韧性变化

中原城市群城市韧性分布如图 7-2 所示。可以看出，城市韧性度高于平均水平（0.3868）的城市有郑州、聊城、洛阳、菏泽、邯郸、焦作、安阳、南阳、新乡、晋城、济源、平顶山、南阳共 12 个城市。从数量上来看，中原城市群的 30 个城市之间的城市韧性水平存在较大的差距，大于平均韧性水平的城市不足 1/2。从数值上来看，中原城市群的城市韧性水平也相差较大：一方面，极大值和极小值相差较大，郑州市的城市韧性水平最高（0.6891），商丘市的城市韧性水平最低（0.2936），两者之间相差 0.4 左右；另一方面，在高于平均值的城市中，不同城市之间的韧性水平相差也较大。例如，聊城市作为中原城市群的第二大高韧性城市，城市韧性度与郑州市的 0.6891 相差 0.14 左右；与此同时，低于平均城市韧性水平的城市之间，韧性水平相差并不明显。这些城市中，许昌市的韧性水平最高（0.38146），商丘市的韧性水平最低（0.2936），两者之间的韧性水平相差仅 0.09 左右。

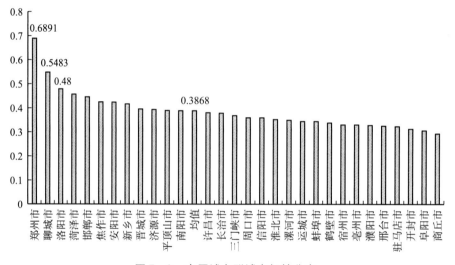

图 7 - 2　中原城市群城市韧性分布

从地理位置上来看，高于中原城市群城市平均韧性度的城市成椭圆状分布在郑州市西部，且城市之间彼此相邻。这主要是由于郑州市位于 12 个城市的中心位置，作为城市韧性水平最高的城市，郑州能够带动周围城市的经济、交通、科技等方面的发展，进而促进与郑州市相邻的洛阳、焦作等城市的发展，各个城市之间彼此相邻，彼此促进，故高韧性水平城市以郑州为中心向四周分散。从高韧性水平城市的分布上来看，高于平均值的城市大部分属于河南省，只有聊城、菏泽、邯郸、晋城 4 个城市分别属于山东省、河北省和山西省，安徽省的 5 个城市的城市韧性水平均低于平均值。此外，安徽的 5 个城市位于中原城市群的东南部，其中亳州市离郑州市最远，这些城市周围也缺乏高韧性水平城市。因此，在中原城市群的城市韧性度评估中，安徽省 5 个城市的韧性水平整体较低。

综上所述，中原城市群中仅少部分城市拥有较高水平的城市韧性度，如郑州、邯郸、洛阳等城市。大部分城市的城市韧性度属于中等水平，如平顶山、南阳、新乡等城市。整体来看，中原城市群的大部分城市的城市韧性水平相差不大，但高水平韧性城市数量较少。

7.3.3 区域城市韧性度变化趋势

对中原城市群的城市韧性度的变化情况分析，本节选取 2007 年、2011 年、2016 年 3 年的数据来说明中原城市群的城市韧性变化情况。如图 7 - 3 所示，中原城市群在 10 年间的城市韧性水平的变化不大，其中邢台、邯郸等城市的城市韧性水平保持稳步上升，特别是邯郸的城市韧性度，在 2016 年位居中原城市群的第二名，达到 0.5367；亳州、周口等城市的城市韧性水平基本保持不变，也有部分城市有略微的下降，如洛阳、焦作、漯河等城市。郑州的城市韧性度始终位于首位且远高于其他 29 个城市，具有绝对优势。此外，河南省各地级市的城市韧性水平要比中原城市群的其他城市的城市韧性更高。除郑州、洛阳等城市以外，河南省大部分城市的城市韧性水平在平均值（0.3868）附近浮动，整体上比较均衡。

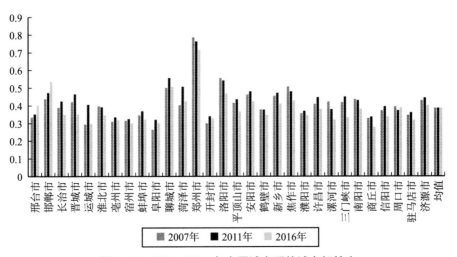

图 7 - 3 2007 ~ 2016 年中原城市群的城市韧性度

从中原城市群城市韧性水平的空间分布情况上来看，2007～2016 年，中原城市群的较高韧性水平的城市分布地有向东南部偏移的趋势，相比 2007 年，在2011 年菏泽市、蚌埠市的城市韧性水平有了明显的提升，至 2016 年，周口市的城市韧性水平也有了大幅度的提升。此外，2007 年，城市韧性较高的城市主要分布在郑州的南北两侧，在 2016 年的时候，城市韧性较高水平的城市已经环绕郑州市四周。这主要是由于，郑州市辐射作用不断增强，河南省中东部地区的各项指标值明显增加，而西部地区的发展较为缓慢，在医疗、教育和基础设施建设等方面的提升较慢。

郑州市是中原城市群城市韧性度始终最高的城市。如图 7 - 4 所示，受全球经济危机的影响，2008 年郑州市的城市韧性度开始下降，2011 年开始回升。从数据的变化趋势来看，郑州市的城市韧性相比 2007 年的 0.7867 有所下降。这主要是由于近年来，郑州市的人口密度一直保持增长状态，2014 年以后虽然增长速度变缓，但是截至 2016 年，郑州市的人口密度仍然有 14 073 人/平方千米，相比 2007 年的 6 249 人/平方千米，郑州市的人口密度增长了 1 倍以上。人口密度的增长会带来各类人均资源的压力，带来生态环境的负担，因此郑州市的城市韧性水平出现了阶段性下降。

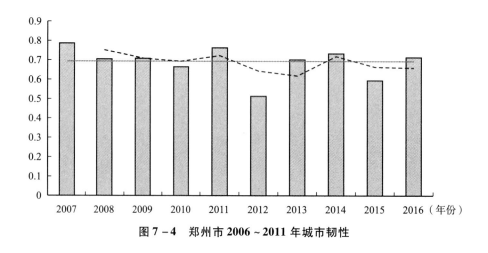

图 7 - 4　郑州市 2006～2011 年城市韧性

从图 7 - 5 中可以看出，洛阳市的城市韧性出现了下降趋势。2007 年的城市韧性水平为 0.5563，仅次于郑州市；2011 年洛阳市城市韧性水平为 0.5422，降至中原城市群的第三名；截至 2016 年洛阳市的综合韧性水平降低至 0. 4691，位于中原城市群的第四名。综合分析 29 个韧性指标的变化情况，发现十年来洛阳的 26 个正向指标处于逐年稳步上升的状态，虽然偶有下降，但是整体上升的趋势一直保持稳定。3 个负向指标保持着下降的趋势，故包括洛阳在内的几个城市的城市韧性度下降的原因可能是受到指标向有利化发展的速度低于韧性水平上升的城市的指标上升速度。故虽然各项指标都有上升，但与其他城市相比增长速度较慢，因此在城市韧性评估过程中这些城市的城市韧性逐步降低。

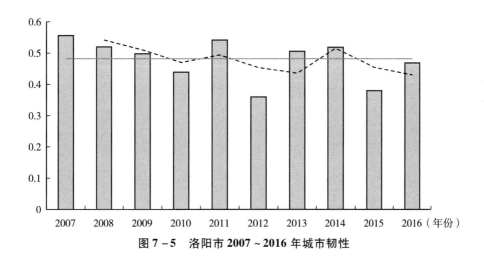

图 7 - 5　洛阳市 2007～2016 年城市韧性

7.4　区域韧性与经济的耦合协调性

耦合协调度模型既反映出系统间相互作用强度（即耦合度），又反映出城市韧性与经济系统的协调发展程度（耦合协调度），克服了两个子系统发展水平均较低或较高、不同区域系统耦合度同时较高等不足，避免分析结果的局限性。引入人口与经济发展耦合协调度模型，能够客观地反映人口发展与经济发展相互作用程度以及彼此协调发展水平。耦合协调度值越大，城市韧性与经济发展耦合关系越协调。本研究将采用耦合度以及耦合协调度来测算中原城市群各地级市之间的城市韧性度与经济发展之间的关系。

7.4.1 耦合协调度模型

计算人口与经济发展耦合协调度，首先应该建立用于衡量各个子系统发展状况的评价函数，确定各个系统的发展水平。需要确定评价函数中各个指标，需对指标先出量纲的同向标准化处理。标准化处理的具体步骤如下：

对于正数指标，处理方式见式（7－9）。

$$X_{ij} = \left(\frac{x_{ij} - \min x_{ij}}{\max x_{ij} - \min x_{ij}} \right) \times 0.9 + 0.1 \qquad (7-9)$$

对于负数指标，处理方式见式（7－10）。

$$X_{ij} = \left(\frac{\max x_{ij} - x_{ij}}{\max x_{ij} - \min x_{ij}} \right) \times 0.9 + 0.1 \qquad (7-10)$$

其中，$i = 1，2，3，\cdots，m$，$j = 1，2，\cdots，n$，i 为评价指标，m 为评价指标数量；j 为子系统指标数量，$\max X_{ij}$ 和 $\min X_{ij}$ 分别表示系统第 j 项指标的最大值和最小值[18]。人口水平与经济水平两系统的指标数据均采用此方式标准化处理。

区域的人口与经济发展系统相互影响。为了准确反映这种影响程度，采用耦合协调度进行定量分析，其计算方法见式（7－11）。

$$C = \frac{\sqrt{(U \cdot V)}}{2 \times (U + V)} \qquad (7-11)$$

其中，C 表示耦合度，U 表示城市韧性度，V 表示区域经济发展水平。C 的值介于 0~1 之间，C 越接近 1，表示各系统间的耦合度越大；C 越接近 0，表示各系统间的耦合度越小，各序参量处于无关且无须发展的状态。

对中原城市群的经济发展水平和城市韧性之间的协调度进行测算，见式（7－12）。

$$T = \alpha U + \beta V \qquad (7-12)$$

其中，T 表示综合协调指数，α 表示城市韧性度的重要性的大小，β 表示区域经济发展水平的重要性。在本研究的数据处理及分析过程中，认为 α、β 都等于 0.5，即在本研究中认为城市韧性度与经济发展水平具有同等的重要性。

$$D = \sqrt{(C \cdot T)} \qquad (7-13)$$

其中，D 表示耦合协调度的值，C 表示耦合度。D 在计算结果中反映了中原城市群的城市韧性度与经济发展水平之间的协调程度。也就是说，D 的值越大，两者之间的协调度越大；反之，D 的值越小，两者的协调度就越小。为了更加直观地显示两者的协调程度，本研究设定协调度标准，如表 7 – 3 所示。

表 7 – 3　　　　　　　　　　　　协调度等级评价标准

协调度	协调等级	协调度	协调等级
$0 \leq D < 0.2$	严重失调	$0.4 \leq D < 0.6$	初级协调
$0.2 \leq D < 0.3$	轻度失调	$0.6 \leq D < 0.8$	中级协调
$0.3 \leq D < 0.4$	勉强失调	$0.8 \leq D \leq 1$	高级协调

7.4.2　区域经济水平

为测算中原城市群的 30 座地级市的城市韧性度与区域经济水平之间的协调性，本研究从所建立的指标体系中选取经济变量，主要涉及地区生产总值、第一产业占比、第二产业占比、第三产业占比、城乡人均收入比和人均 GDP 共 6 个正向指标，计算中原城市群各地市的经济水平，结果如表 7 – 4 所示。

表 7 – 4　　　　　　　　　　　中原城市群 2007 ~ 2016 年经济水平

城市	2007	2008	2009	2010	2011	2012	2013	2014	2015	2016
邢台市	0.487	0.464	0.436	0.404	0.333	0.426	0.347	0.331	0.423	0.325
邯郸市	0.628	0.689	0.573	0.543	0.492	0.596	0.541	0.495	0.571	0.430
长治市	0.459	0.512	0.496	0.487	0.498	0.433	0.470	0.534	0.534	0.434
晋城市	0.460	0.519	0.507	0.491	0.568	0.476	0.509	0.540	0.546	0.444
运城市	0.332	0.398	0.303	0.276	0.332	0.330	0.305	0.267	0.322	0.164
淮北市	0.418	0.423	0.432	0.432	0.435	0.285	0.395	0.433	0.453	0.364
亳州市	0.198	0.229	0.183	0.174	0.172	0.168	0.222	0.157	0.315	0.172
宿州市	0.199	0.231	0.211	0.232	0.193	0.209	0.252	0.129	0.292	0.165
蚌埠市	0.336	0.357	0.346	0.348	0.334	0.322	0.378	0.296	0.449	0.329
阜阳市	0.152	0.196	0.182	0.168	0.152	0.163	0.225	0.144	0.262	0.118

续表

城市	2007	2008	2009	2010	2011	2012	2013	2014	2015	2016
聊城市	0.525	0.487	0.528	0.540	0.550	0.552	0.521	0.472	0.581	0.471
菏泽市	0.338	0.292	0.369	0.409	0.442	0.462	0.453	0.428	0.532	0.427
郑州市	0.946	0.946	0.931	0.904	0.915	0.898	0.974	0.876	0.771	0.888
开封市	0.320	0.347	0.335	0.309	0.305	0.317	0.360	0.299	0.340	0.312
洛阳市	0.572	0.605	0.552	0.548	0.563	0.515	0.612	0.575	0.415	0.492
平顶山市	0.409	0.468	0.441	0.449	0.460	0.389	0.446	0.434	0.316	0.380
安阳市	0.424	0.450	0.459	0.458	0.464	0.417	0.456	0.434	0.355	0.409
鹤壁市	0.430	0.377	0.454	0.459	0.473	0.417	0.405	0.495	0.339	0.513
新乡市	0.431	0.422	0.435	0.432	0.452	0.424	0.458	0.434	0.366	0.431
焦作市	0.596	0.548	0.605	0.595	0.603	0.547	0.547	0.581	0.449	0.601
濮阳市	0.310	0.336	0.323	0.331	0.341	0.282	0.343	0.405	0.258	0.357
许昌市	0.518	0.463	0.539	0.539	0.559	0.509	0.511	0.556	0.436	0.580
漯河市	0.412	0.374	0.440	0.444	0.445	0.383	0.369	0.442	0.301	0.439
三门峡市	0.483	0.502	0.514	0.525	0.551	0.486	0.520	0.537	0.373	0.487
南阳市	0.422	0.405	0.387	0.380	0.372	0.354	0.400	0.347	0.335	0.326
商丘市	0.228	0.228	0.203	0.208	0.212	0.204	0.279	0.221	0.231	0.189
信阳市	0.329	0.296	0.297	0.282	0.243	0.241	0.284	0.211	0.286	0.225
周口市	0.235	0.206	0.198	0.193	0.187	0.189	0.247	0.244	0.243	0.225
驻马店市	0.243	0.245	0.234	0.215	0.188	0.196	0.261	0.207	0.260	0.198
济源市	0.583	0.549	0.613	0.629	0.641	0.578	0.558	0.626	0.428	0.625

　　以两年为间隔，选取2007年、2009年、2011年、2015年、2016年的计算结果分析区域经济演化趋势。从图7-6可以看出，10年来中原城市群的经济发展水平呈现波动状态，但大部分城市整体处于上升阶段。其中，郑州市的经济发展水平最高。受2018年全球经济危机的影响，2007～2009年，几乎所有城市的经济水平都大幅下降，2009年之后有所回升，并保持上升趋势。2015年，河南全省的经济水平都出现短暂下降，2016年经济开始大幅回升。

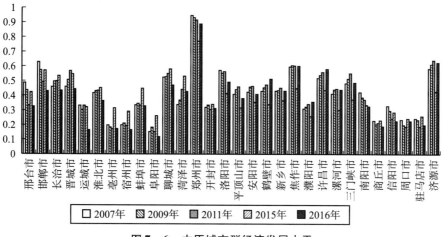

图7-6 中原城市群经济发展水平

7.4.3 耦合度

城市韧性度与经济发展水平之间的耦合度能反映出各个城市的城市韧性度与经济发展水平之间的相关度的大小。如表7-5所示，整体来看，整个中原城市群的城市韧性度与经济发展水平之间的耦合度在0.9~1之间波动，绝大多数的情况下耦合度大于0.95。由此可见，中原城市群的城市韧性度与经济水平具有高度的相关性。

表7-5　　　　　　　　中原城市群城市韧性度与经济水平耦合度

城市	2007年	2008年	2009年	2010年	2011年	2012年	2013年	2014年	2015年	2016年
邢台市	0.982	0.985	0.995	0.994	0.999	0.959	0.994	0.999	0.982	0.994
邯郸市	0.984	0.975	0.994	0.990	0.999	0.958	0.995	0.999	0.988	0.993
长治市	0.996	0.993	0.998	0.985	0.996	0.974	0.993	0.993	0.976	0.994
晋城市	0.999	0.995	0.995	0.991	0.995	0.987	0.990	0.993	0.974	0.993
运城市	0.998	0.998	0.981	0.996	0.995	0.997	0.997	0.988	0.999	0.957
淮北市	0.999	0.998	0.996	0.983	0.998	0.993	0.995	0.996	0.999	0.999
亳州市	0.975	0.979	0.948	0.961	0.946	0.987	0.979	0.933	0.986	0.954
宿州市	0.974	0.985	0.976	0.976	0.967	0.997	0.985	0.899	0.981	0.956
蚌埠市	0.999	0.999	0.999	0.997	0.998	0.990	0.999	0.996	0.999	0.999

续表

城市	2007 年	2008 年	2009 年	2010 年	2011 年	2012 年	2013 年	2014 年	2015 年	2016 年
阜阳市	0.963	0.980	0.971	0.978	0.934	0.988	0.983	0.919	0.963	0.899
聊城市	0.999	0.999	0.999	0.998	0.999	0.995	0.995	0.997	0.997	0.999
菏泽市	0.996	0.986	0.996	0.999	0.997	0.999	0.997	0.993	0.995	0.999
郑州市	0.995	0.989	0.990	0.988	0.995	0.962	0.986	0.996	0.991	0.994
开封市	0.999	0.999	0.999	0.999	0.998	0.991	0.998	0.996	0.997	0.999
洛阳市	0.999	0.997	0.998	0.993	0.999	0.984	0.995	0.998	0.999	0.999
平顶山市	0.999	0.998	0.999	0.993	0.999	0.999	0.997	0.999	0.999	0.999
安阳市	0.999	0.999	0.999	0.997	0.99	0.988	0.999	0.999	0.999	0.999
鹤壁市	0.997	0.999	0.997	0.986	0.993	0.967	0.994	0.987	0.991	0.981
新乡市	0.999	0.999	0.999	0.998	0.999	0.989	0.999	0.999	0.999	0.999
焦作市	0.996	0.995	0.989	0.977	0.993	0.964	0.989	0.992	0.992	0.985
濮阳市	0.997	0.999	0.997	0.995	0.998	0.996	0.989	0.997	0.999	0.999
许昌市	0.993	0.994	0.997	0.979	0.993	0.961	0.988	0.987	0.983	0.978
漯河市	0.999	0.999	0.999	0.995	0.996	0.979	0.999	0.995	0.997	0.987
三门峡市	0.997	0.995	0.995	0.979	0.994	0.965	0.987	0.987	0.980	0.982
南阳市	0.999	0.999	0.999	0.998	0.997	0.998	0.999	0.994	0.999	0.996
商丘市	0.983	0.988	0.983	0.992	0.973	0.999	0.998	0.981	0.997	0.982
信阳市	0.998	0.989	0.984	0.995	0.971	0.998	0.988	0.959	0.998	0.979
周口市	0.967	0.956	0.954	0.977	0.943	0.985	0.974	0.967	0.985	0.963
驻马店市	0.984	0.990	0.978	0.984	0.948	0.993	0.991	0.968	0.998	0.972
济源市	0.988	0.988	0.985	0.964	0.983	0.948	0.987	0.983	0.988	0.975

7.4.4 耦合协调度分析

区域耦合协调度计算结果如表7-6所示，耦合协调度的取值范围为0～1，越接近1表示两者的协调度越高；反之，越接近0表示两者的协调度越低。可以看出，郑州市作为核心城市，其耦合协调度远远高于其他城市。

表 7 – 6 　　　　　　　　中原城市群 2007—2016 年耦合协调度

城市	2007 年	2008 年	2009 年	2010 年	2011 年	2012 年	2013 年	2014 年	2015 年	2016 年
邢台市	0.635	0.625	0.629	0.605	0.585	0.565	0.558	0.582	0.592	0.601
邯郸市	0.724	0.742	0.719	0.686	0.694	0.667	0.702	0.701	0.700	0.693
长治市	0.650	0.677	0.688	0.641	0.678	0.586	0.648	0.690	0.654	0.624
晋城市	0.663	0.687	0.677	0.655	0.717	0.637	0.666	0.693	0.658	0.629
运城市	0.559	0.615	0.607	0.549	0.606	0.554	0.573	0.558	0.564	0.470
淮北市	0.639	0.632	0.629	0.600	0.642	0.504	0.601	0.630	0.667	0.596
亳州市	0.498	0.531	0.504	0.481	0.489	0.444	0.522	0.478	0.609	0.485
宿州市	0.500	0.524	0.513	0.538	0.500	0.474	0.548	0.455	0.595	0.472
蚌埠市	0.584	0.600	0.583	0.568	0.593	0.529	0.613	0.569	0.668	0.570
阜阳市	0.448	0.489	0.482	0.455	0.470	0.436	0.519	0.468	0.588	0.435
聊城市	0.716	0.707	0.739	0.717	0.743	0.778	0.758	0.713	0.734	0.698
菏泽市	0.608	0.586	0.632	0.635	0.688	0.690	0.698	0.692	0.697	0.653
郑州市	0.928	0.903	0.901	0.881	0.914	0.824	0.909	0.895	0.823	0.892
开封市	0.557	0.578	0.578	0.544	0.567	0.527	0.585	0.572	0.565	0.565
洛阳市	0.751	0.749	0.724	0.700	0.743	0.656	0.746	0.739	0.633	0.693
平顶山市	0.642	0.666	0.663	0.633	0.669	0.615	0.646	0.648	0.555	0.611
安阳市	0.666	0.676	0.679	0.654	0.687	0.599	0.669	0.666	0.593	0.645
鹤壁市	0.635	0.608	0.650	0.623	0.650	0.568	0.605	0.650	0.546	0.649
新乡市	0.665	0.663	0.663	0.640	0.680	0.604	0.665	0.661	0.600	0.649
焦作市	0.741	0.707	0.724	0.693	0.734	0.645	0.687	0.716	0.631	0.712
濮阳市	0.577	0.590	0.581	0.547	0.599	0.511	0.585	0.617	0.519	0.593
许昌市	0.679	0.646	0.706	0.663	0.707	0.619	0.663	0.689	0.603	0.686
漯河市	0.645	0.615	0.649	0.634	0.641	0.558	0.600	0.634	0.529	0.612
三门峡市	0.670	0.675	0.683	0.654	0.706	0.611	0.666	0.676	0.553	0.634
南阳市	0.655	0.643	0.619	0.599	0.633	0.576	0.637	0.621	0.583	0.594
商丘市	0.523	0.515	0.494	0.485	0.517	0.458	0.545	0.519	0.496	0.479
信阳市	0.592	0.585	0.595	0.555	0.556	0.503	0.575	0.530	0.548	0.525
周口市	0.552	0.528	0.519	0.489	0.514	0.473	0.557	0.562	0.537	0.544
驻马店市	0.538	0.531	0.538	0.507	0.510	0.468	0.545	0.517	0.526	0.501
济源市	0.707	0.687	0.719	0.693	0.730	0.645	0.690	0.721	0.606	0.707

图 7-7 是中原城市群年均耦合协调度的柱形图，结合协调度等级评价标准可以看出，城市韧性度与经济发展水平处于高级协调的城市仅有郑州，大部分城市处于中级协调状态，主要有：聊城、洛阳、邯郸、焦作、济源、晋城、许昌、菏泽、长治、安阳、三门峡、新乡等 17 个城市。初级协调的城市有：邢台、蚌埠、濮阳、运城、开封、信阳、周口等 12 个城市。从中原城市群的空间分布可以看出，不仅仅是中原城市群的城市韧性度呈现出"西强东弱"的状态，中原城市群的耦合协调度也呈现出西部协调度高于中部协调度的空间分布格局。由此可见，中原城市群的经济与城市韧性之间的耦合协调度普遍不高，仍然具有很大的提升空间，在未来的城市发展规划中，要加强政策引导，尽快实现区域经济发展水平与城市韧性之间的联动增长。

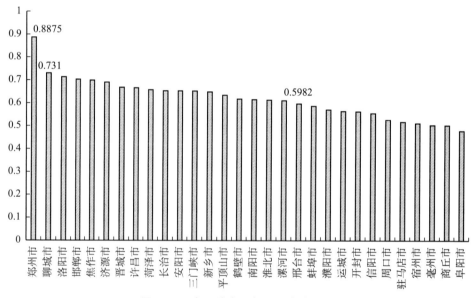

图 7-7 中原城市群年均耦合协调度

先选取 2007 年、2011 年、2016 年的耦合协调度来分析中原城市群的耦合协调度的时序变化情况。如图 7-8 所示，2007～2016 年中原城市群所有城市的耦合协调度都在初级协调及以上等级，但是仅郑州市的协调度处于高级协调阶段，并且郑州市的耦合协调度始终处于高级协调阶段；始终处于中级协调阶段的城市有邢台、长治、晋城等城市；始终处于初级阶段的城市有亳州、宿州、阜阳等城市。

从协调性发展趋势来看，处于高级协调阶段的城市，其耦合协调性出现了下降。例如，郑州市的经济水平从 2007 年的 0.9463 下降至 2016 年的 0.882，相比于 2015 年的 0.7713 已经有显著回升。此外，受经济水平波动的影响，河南省大部分城市的耦合协调度经济水平都出现了与郑州市类似的情况。

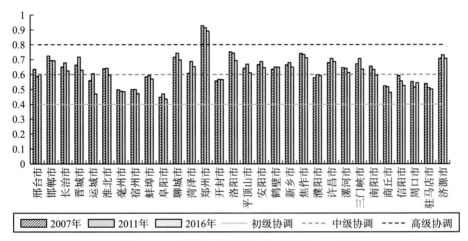

图 7 - 8　中原城市群耦合协调度发展变化情况

从区域耦合协调度空间变化来看，在韧性度"西强东弱"的影响下，中原城市群的耦合协调度也是呈现出西部协调度高于中部协调度的空间分布格局。如图 7 - 9 所示，2007 年中原城市群的耦合协调度分布情况与 2007 年城市韧性空间分布类似，都是以郑州市为轴心、沿东南方向的城市具有较高水平的协调度。比较发现，2007 ~ 2016 年，中级协调以上水平的城市在空间分布上没有大的变化，但是城市数量有所减少。考虑到绝大多数城市的经济与韧性耦合度自 2007 年出现了下降，因此，中原城市群耦合协调度的下降也表明，随着城市逐渐的多元化，越来越多的因素影响着城市的韧性度。因此，河南省要提高区域经济与城市发展协调性，就要综合考虑区域内人口、经济、环境、资源等从维因素的影响。

7.5　结论与建议

本研究以中原城市群 30 座地级市作为研究对象，采用熵值法分别计算了其 2007～2016 年的城市韧性度与经济发展水平，并借助耦合协调度模型对两者之间的协调度进行测算，着重探讨了中原城市群的城市韧性与区域经济发展水平之间的协调性。结果发现：

（1）2007～2016 年，中原城市群的城市韧性度存在轻微波动，郑州市以西的城市韧性度高于郑州市以东地区，郑州市的城市韧性度最高；中原城市群的经济呈现波浪式上升状态，虽然受国内外多种因素影响，经济水平偶有下降，但整体上升趋势不变，形成了以郑州市为中心的圈层式发展格局。与此同时，在各个城市的互相合作下，其他城市的经济发展也逐年变好。

（2）从耦合协调性来看，大部分城市处于中级协调阶段，处于高级阶段的仅有郑州市，处于初级协调阶段的城市数量超过中原城市群总数的 1/3，整个城市群形成了"西强东弱"的格局。

（3）中原城市群的城市韧性度和经济发展水平均在波动中增长，各地级市之间的发展也有逐步均衡的趋势，从空间上看，东部城市的韧性度在逐渐增长，"西强东弱"的发展格局即将被打破。

因此，要进一步发挥郑州市在区域发展韧性中的作用，积极调整经济发展结构，优化第一、第二、第三产业占比，通过技术创新继续提升经济水平。同时，郑州市吸引了大批人才，人口密度逐年增长，人均资源拥有量减少，要有计划地进行针对性疏解，通过城市间的项目合作、产业配套等实现区域人才共享。最后，要建立跨区域协作机制，通过基础设施共享、资源合理配置实现区域一体化协同发展。

中篇：河南省区域经济发展的微观尺度分析

大数据时代产生多尺度、大体量、多类型的数据资源[88]，提升数据覆盖度、分辨率、可获得性等，为拓展与深化地理学综合研究的理论和方法[89]以及提升对地理空间的认知、表达、模拟和预测能力[90]提供数据支撑，为深入认识物质空间发展格局、过程和机制，探索复杂开放的区域人地系统结构、层级、物质和能量流动关系提供决策支持[91]。当前，以兴趣点（points of interest，POI）数据为主的地理大数据更加突出对"人""地"的全时空及全样本记录，具有力度细、范围广、更新快等特征，促进地理大数据增值转向，构建"知识发现"与"决策服务"的桥梁[92]。

本篇从微观尺度上分析河南省经济发展与空间要素之间的内在关系，精准分析城市经济社会发展过程中的人地耦合关系。在研究过程中，以空间经济学、地理学相关的理论，综合运用核密度、平均最近邻距离、Ripley's K 函数以及地理探测器等多种方法，深入分析郑州市 POI 数据的区域点密度、核密度以及平均最近邻距离，揭示其经济空间热点以及潜力发展区域；以河南省自贸区郑州片区、开封片区和洛阳片区的各类 POI 数据为基础，挖掘郑汴洛自贸区经济发展的空间差异及其特征；分别对比分析郑州市与上海市、郑州市与北京市的 POI 分布，直观揭示郑州市与京沪两地在消费空间与消费活力方面存在的客观差异。

第8章

基于 POI 的郑州市经济空间分布研究

POI 也称兴趣点，是一种点数据，用于表示真实的地理实体对象[93]。每个 POI 数据基本包含四个方面的信息，即名称、类别、经度和纬度。POI 数据来源广泛，为空间数据分析提供了强有力的工具。本研究以郑州市中心区各类 POI 数据为基础分析区域经济空间格局，为优化空间规划、推进城市发展提供依据。

8.1 研究区概况

郑州市中心区生产总值如表 8-1 所示。其中，金水区生产总值居首位，高达 1 203.4 亿元；二七区在 500~1 000 亿元；500 亿元以下的有中原区、管城区、惠济区。从增速看，金水区 9.5%，位于首位。超过全市平均水平 8.2% 的有 2 个，分别是金水区和二七区。

郑州市中心区域消费品零售总额如表 8-2 所示。从总量看，金水区的消费品零售总额高达 770.8 亿元，位于第一位；二七区和管城区的消费品零售总额分别为 471 亿元和 315.2 亿元，分别位于第二位和第三位。从增速看，中原区的社会消费品零售总额增长 11.2%，位于第一位；管城区和二七区以 11.1% 和 10.9% 的增速分别位于第二位和第三位。

表 8 − 1 2017 年郑州市中心区生产总值

城区	生产总值（亿元）	位次	比去年增长（%）	位次
金水区	1 203.4	1	9.5	1
二七区	584.5	2	9.1	2
中原区	402.4	3	7.1	3
管城区	322.1	4	7.0	4
惠济区	140.7	5	7.0	5

表 8 − 2 2017 年郑州市中心区社会消费品零售总额

名称	社会消费品零售总额（亿元）	位次	比去年增长（%）	位次
金水区	770.8	1	7.0	4
二七区	471.0	2	10.9	3
管城区	315.2	3	11.1	2
中原区	176.3	4	11.2	1
惠济区	124.4	5	4.6	5

郑州市中心区城镇居民人均可支配收入如表 8 − 3 所示。从总量看，金水区城镇居民人均可支配收入最高，达到 42 525 元；二七区和中原区分别为 38 623 元和 37 368 元，分别位于第二位和第三位。从增速看，中原区和二七区排行前两名，分别为 8.9% 和 8.8%。

表 8 − 3 2017 年郑州市中心区城镇居民人均可支配收入

名称	城镇居民人均可支配收入（元）	位次	比去年增长（%）	位次
金水区	42 525	1	8.5	4
二七区	38 623	2	8.8	2
中原区	37 368	3	8.9	1
管城区	36 555	4	8.7	3
惠济区	31 130	5	8.4	5

郑州市中心区农民人均可支配收入如表 8 − 4 所示。从总量看，管城区农村

居民人均可支配收入以 24 059 元位居第一；金水区和惠济区分别为 23 975 元、23 464 元，分别位于第二位和第三位。从增速看，二七区增长 8.5%，增速最高；管城区增长 8.4%，位居第二。

表 8 – 4　　　　　　　　　2017 年郑州市中心区农民人均可支配收入

名称	农民人均可支配收入（元）	位次	比去年增长（%）	位次
管城区	24 059	1	8.4	2
金水区	23 975	2	8.0	5
惠济区	23 464	3	8.3	3
二七区	22 599	4	8.5	1
中原区	21 245	5	8.3	4

8.2　郑州市经济空间模型的构建

郑州市中心区是郑州市经济发展具有代表性的区域。因此，本研究选取郑州市的中心城区为研究区域，即中原、金水、二七、管城、惠济五区，面积约为 989.6 平方千米，等同于郑州市市区。

8.2.1　数据来源与处理

随着各类以空间信息为基础的研究不断增多，POI 的应用领域也越来越广泛。本研究从高德地图爬取了郑州市五个区的 POI 数据约 20 万条，数据包括每条信息的商户名、商户地址、联系方式、商户类别，以及经纬度等。根据高德地图 POI 类别对照表，可将数据划分为：汽车/摩托车服务（销售/维修）、餐饮服务、购物服务、生活服务、体育休闲服务、医疗保健服务、住宿服务、风景名胜、商务住宅、政府机构及社会团体、科教文化服务、交通设施服务、金融保险服务等。如表 8 – 5 所示，根据数据代表性以及服务业特征典型性[41]，本研究将以上 18 类数据归纳为 7 类，并对这 7 类 POI 数据进行研究与分析。去除分析范围以内的 POI 数据所得到的这 7 类 POI 点共有 164 681 个。

表 8 – 5   **POI 数据分类**

POI 分类	数量（个）	POI 数据内容
01 住宿餐饮类	33 415	中餐厅、快餐厅、咖啡厅、茶艺馆、冷饮店、糕饼店、甜品店、宾馆酒店、旅馆招待所等
02 购物类	39 560	商场、便民商店、特色商业街、服装鞋帽皮具店、专卖店、特殊买卖场所、加油站、汽洗车场、汽车俱乐部、汽车配件销售、汽车租赁等
03 交通生活类	29 576	旅行社、邮局、售票处、电讯营业厅、事务所、人才市场、自来水营业厅、美容美发店、摄影冲印店、洗衣店、中介机构、彩票彩券销售点、火车站、长途汽车站、地铁站、公交车站、停车场、索道站等
04 医疗教育类	16 464	综合医院、专科医院、诊所、急救中心、医药保健销售店、美术馆、图书馆、科技馆、天文馆、档案馆、文艺团体、传媒机构、学校、科研机构、培训机构、驾校等
05 企业金融类	20 235	银行、自动提款机、保险公司、证券公司、财务公司、知名企业、公司、工厂、农林牧渔基地等
06 房地产类	16 859	产业园区、楼宇、住宅区（别墅，宿舍等）
07 休闲娱乐类	8 572	运动场馆、高尔夫相关、娱乐场所、度假疗养场所、休闲场所、影剧院、公园广场、风景名胜（国家级旅游景点，教堂，海滩等）

为直观显示 2017 年郑州市区的 POI 数据的规模及其空间分布，本研究通过饼图分析郑州市区各类 POI 数据的占比。如图 8 – 1 所示，在这 7 类数据中，购物类和餐饮住宿类的规模最大（POI 数量总计 72 975 个），分别是 24% 和 21%，占总数的 45%，交通生活类次之，占比 18%，企业金融类占比 12%，房地产类和医疗教育类等占比均为 10%，只有休闲娱乐类仅仅占了 5%，处于最低水平。

通过折线图分析郑州市五个区各类数据的分布规模。如图 8 – 2 所示，与其他四个区相比，金水区各类 POI 数据均远超其他区域。不能忽视的是，各个区域的购物类、交通生活类以及住宿餐饮类都占据很大的比重，这进一步表明吃穿住行依旧是服务业的核心发展方向。

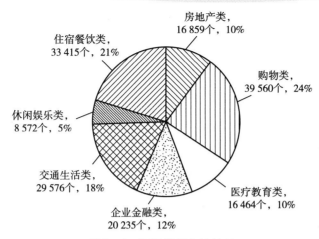

图 8 - 1　POI 数据占比情况

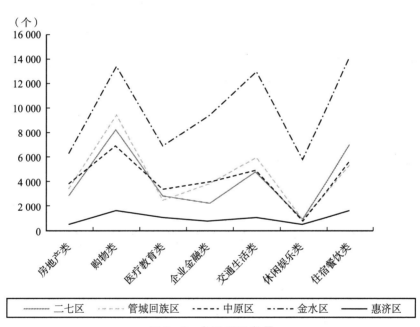

图 8 - 2　各区 POI 数量

8.2.2　经济空间建模

点密度是根据点与点之间的空间位置关系探测局部密集强度。相比普通的原始散点图对空间分布的表达，点密度计算每个输出栅格像元周围的点要素的密度。通过密度分析，可以更加准确地挖掘出空间分布的特征规律。在数据输入时，为每一个像元中心的周围定义了一个邻域，将邻域内点的数量相加，然后除以邻域面积，即得到点要素的密度，计算方法见式（8-1）。

$$\rho = \frac{N}{S} \qquad (8-1)$$

其中，ρ 表示点要素的密度，N 表示邻域内点的数量，S 表示邻域面积。可以看出，增大半径不会对计算结果产生很大的影响。因为增大半径会使邻域面积增大，但同时落入邻域的点数量也会增加。

常见的密度分析工具除点密度之外，还有一种是核密度（kernel density）分析。与点密度分析不同，核密度分析可以通过改变搜索半径的方式实现对数据的空间分布特征的分析。它是一种决策工具，能够分析不同性质 POI 基础设施在城市分布的空间特征、分布模式、影响因素、服务功能。核密度分析模式包括点数据分析和线数据分析两种，本次研究获取的是 POI 数据点数据，因此采取的是点要素核密度分析。核密度方法的计算见式（8-2）。

$$F(x) = \sum_{i=1}^{n} \frac{1}{h^2} k\left(\frac{x - c^i}{n}\right) \qquad (8-2)$$

其中，$F(x)$ 为空间位置 x 处的核密度计算函数，h 为距离衰减阈值；n 为与位置 x 的距离小于或等于 h 的要素点数；k 表示空间权重函数。其几何意义为，密度值 $f(x)$ 在每个核心要素 c^i 处最大，并且在远离 c^i 过程中不断降低，直至与核心 c^i 的距离达到阈值 h 时，核密度值降为 0[94]。可以看出，随着中心辐射距离的增大，核密度值逐渐变小。k 值的变化对点模式分布结果的影响不大，而距离衰减阈值 h 却是影响密度结果的重要参数。较小的 h 值可以使密度分布结果中出现较多的高值或低值区域，适用于揭示密度分布的局部特征，而较大的 h 值可以在全局尺度下使热点区域体现得更加明显。

平均最近邻距离可以判定同类型要素之间的距离情况。本研究引用平均最近邻距离来分别测定郑州市中心城区 7 种设施的空间集聚程度。平均最近邻指数 R 的计算方法见式（8-3）。

$$R = \frac{\bar{r}_1}{r_0} = 2\sqrt{A} \sum_{i=1}^{n} d_i$$

$$\bar{r}_1 = \frac{\sum\limits_{i=1}^{n} d_i}{n} , \ r_0 = \frac{0.5}{\sqrt{n/A}} \qquad (8-3)$$

其中，$\bar{r}_1$ 为最邻近实际距离的平均值；r_0 为最邻近距离的期望值；d_i 为最邻近实际距离；n 为同类设施的数量；A 为研究区域面积。若指数 R 小于 1，则研究对象表现为集聚；若指数 R 大于 1，则研究对象表现为离散[40]。

8.3 郑州市经济空间 POI 密度

本研究利用点密度、核密度以及平均最近邻距离三种方法来对郑州市的 POI 数据进行密度、聚类分析。其中，点密度方法探测出郑州市中心城区的经济热区；核密度分析方法以改变搜索半径的方式得出在不同的搜索半径下每个 POI 类的密集程度，并通过自然间断法对密度分析结果进行分级，以此探测出各类数据在郑州市各区的空间热点以及具有发展潜力的区域；通过最近邻距离分析方法，结合不同类型数据的平均最邻近距离来分析其在城市的聚集程度。通过以上三种方法可以分析城市各区的经济空间格局。

8.3.1 点密度分析

点密度被经常用来查明房屋、野生动物观测值或犯罪事件的密度，该种分析模式可以很好地探测区域热点。计算结果表示，研究区的热区主要集中在五个区的边界交界处，且惠济区发展态势远不如其他几个区。虽然郑州市近期在大力发展新区，如金水区的郑东新区、管城区的经开区和中原区的高新区，但是从密度分析结果来看，郑州市的主要经济活动依旧聚集在老城区。

8.3.2 总体核密度分析

本研究利用核密度分析方法的多尺度搜索半径，即改变阈值 h 的方式来进行密度分析,以此来更好地探测局部空间热点,解释郑州市区的服务经济发展规模。利用核密度分析方法,通过设置 550 米和 5 500 米两个搜索半径进行核密度分析。结果显示,多尺度搜索半径可以更好地解释郑州市经济聚集规模。5 500 米搜索半径的核密度图可以直观地反映出研究区经济规模分布,比如密集地带的形成与核心区域的扩张情况;550 米搜索半径的核密度计算结果则更清晰地反映出城市经济聚集结构的等级。

计算结果显示,郑州市区的 POI 密度图形成了一个以金水区、二七区和管城区为核心区域的"梨形"分布。潜在核心区域出现向外扩张的趋势,中原区、惠济区依次出现。将搜索半径调整为 550 米时,核心区主要体现在金水区和管城区的交界处,除两区交界之外,金水区内部部分地区也出现在核心区。二七区、中原区与管城区的密度聚集处是围绕各区交界处向内扩张,但管城区的扩张范围规模较小。改变搜索半径之后唯一没有出现差异性变化的只有惠济区,无论是 5 500 米还是 550 米的搜索半径,在惠济区都没有出现明显的聚集区,只有少量的 POI 聚集。这主要是郑州市五个区的边界交接处区域,以及金水区、管城区、二七区、中原区,地理位置的优越,经济基础的发达,科技的水平相对较高,叠加早期相关政策的倾斜,其经济发展基础较好。惠济区由于地理位置比较偏远、经济实力较弱,其内部的经济发展水平相对其他地区较弱。

8.3.3 分类核密度分析

使用核密度分析法,对郑州市中心区 POI 数据所划分的 7 个服务行业类别进行密度分析。由于 7 个不同类别的 POI 数量各有不同,所以依旧选择改变搜索半径的方式(h=5 500 米和 h=550 米),分别对其进行规模分布和等级划分。

(1)房地产类核密度分析。

房产经济作为如今国内城市经济的重要支柱,对推动城市经济发展有着不可比拟的作用。因此,选择房地产类的数据进行核密度分析。结果表示,搜索半径为 5 500 米时,房地产类的主要核心范围依旧以边界为中心均匀地向外围扩张,以向东发展势头最猛;虽然金水区和二七区的核心范围比较大,但是与总体分布不同的是,当缩小搜索半径,采取 550 米半径分析时,发现中原区的五级密度聚集区规模更大、聚集度更高；管城区也展现出了这种优势，这种现象跟早期郑州市推出的城市规划相关。早期规划中提出建设新型居住区、老居住区；城中村应逐步实行更新改造；管城区三环路以南地区，改造金岱工业园区，提高土地的利用率，建设高密度住宅区。金水区作为人口数量最大、POI 点最多的区域，房产经济却没有展现出特别大的优势。

　　整体上看，郑州市房地产业发展良好，但存在部分区域发展过热，部分区域如惠济区，发展基础薄弱。因此，要进一步优化郑州市中心区房地产业的规模，推动郑州市中心区房产经济的健康发展，就要深化改革房地产相关政策，引导实现以郑州市中心城区为核心，带动全市房地产经济协调发展的格局。

　　（2）购物类核密度分析。

　　购物行业的发展不仅可以衡量一个地区经济发展水平，还可以看出一个城市的发展规模和人们的消费水平。因此，筛选所获取的 POI，从中选择购物类数据，核密度分析的搜索半径分别设置为 5 500 米和 550 米。

　　由于购物类的 POI 数据一共有 39 560 条，占据所有 POI 数据的 24%，数量位居第一。因此，在 5 500 米的搜索半径下，呈现的规模相对较大，潜在核心区和次核心区均向北延伸，以金水区蔓延范围最广；在 550 米的搜索半径下，各区交界处依旧拥有最重的五级密度聚集区，但是各个区的密度区分并不明显，虽然各区均有较高的密度聚集区，但是区域之间没有突出的优势城区。

　　目前，购物中心的建设已经相对成熟，但在不同的国家、社会和经济水平下，购物中心的发展模式既有自身的特点，又彼此影响。因此，购物中心的建成与发展需要结合各地具体情况，以各区交界处为中心，或是以郊区发展模式建设大中型购物中心，吸引不同区域的居民前来消费。

　　（3）医疗教育类核密度分析。

　　教育是人类文明进步的标志，教育行业在新的经济发展模式中是有着核心作用的产业；而医疗卫生部门是国民经济的主要组成部分，其经济发展与国民经济息息相关。因此，研究医疗教育服务行业这一大类在城市经济发展中就显得十分必要。计算结果显示，无论搜索尺度如何变化，金水区的医疗教育服务行业的发展规模都比较大。在核心区面积分布最广，密度区数量也明显比其他区域多，其总体规模一直在向西和向东方向扩张，尤其向中原区方向凸出；二七区虽初具规模，但是发展潜力较小；而惠济区依旧是处于五区经济发展的末尾，无论是已有规模还是潜力都低于平均水平。

（4）企业金融类核密度分析。

中小型企业是经济可持续发展的重要力量，而金融行业的发展也是我国经济发展的主要原动力，在完善市场经济体系中起到重要的作用。因此，选取企业和金融类的 POI 数据进行核密度分析。计算结果显示，企业金融类的 POI 核心区几乎全在金水区，缩小搜索半径之后，只有金水区出现了多个密度聚集区。其他区基本都不具备良好的发展基础，这也就证明了金水区是郑州市中心区的"金融中心"以及"企业中心"，区域金融业优势明显。

（5）交通生活类核密度分析。

交通在现代社会中扮演着十分重要的角色，是社会经济活动的纽带；生活服务在社会经济中占有相当大的比重，日常生活都离不开各种相关的生活服务设施。因此，选择交通和生活类 POI 数据进行分析，进一步探索郑州市交通生活服务热区。计算结果显示，当搜索半径为 5 500 米时，除惠济区之外，其他四个区无论是核心区、潜在核心区还是次核心区的扩张规模都是均匀的，以各区交界处为中心向四周蔓延。这表明，郑州市交通生活类产业在各区发展规模相对稳定。惠济区仅与金水区有薄弱的交通生活关联。在惠济区内，交通系统成熟度不够，生活服务功能也有缺陷，严重影响区域发展潜力。因此，郑州市政府应当加大对惠济区的扶持力度，扩建市政道路，扩建公共基础服务设施。

（6）休闲娱乐类核密度分析。

经济的发展和社会的进步，使得越来越多的人开始注重休闲文化。丰富的休闲方式以及多样化的休闲设施，能够满足人们日益增长的多样化消费需求，进而推动城市经济发展和社会进步。因此，选取休闲娱乐类的数据进行核密度分析，挖掘郑州市的休闲中心以及发展规模。计算结果显示，郑州市中心区的主要休闲娱乐文化中心在金水区，无论是搜索半径如何变化，金水区的休闲娱乐类的规模都很大、各类设施的密度分布也很广。除此之外，潜在核心区也在围绕金水区扩张。除金水区之外，二七区和中原区有小规模的密度区，管城区和惠济区只有零散的 POI 点，没有形成密度很大的聚集区。造成这一现象的原因在于，休闲和经济有着很重要的联系，经济可以"买来"休闲，它是劳动回报中的一部分，且休闲可以被用来娱乐、消费，以此来支持有效的经济参与[95]。因此经济发展相对成熟、稳定的金水区，衍生出的休闲经济更密集。

休闲是为了追求更高品质的享受与创造，休闲文化是一个成熟的城市经济中不可或缺的一部分。因此，郑州市要在基础较好的二七区、中原区打造完善的休闲娱乐产业体系；在金水区则应该强化休闲娱乐产业的聚集度；在管城区、惠济区着重强化产业的推进措施，从而在推动休闲娱乐文化产业发展的同时，提升整个城市的幸福感和获得感。

（7）住宿餐饮类核密度分析。

住宿餐饮行业作为典型的传统经济的一种，是国民经济的重要组成部分。随着住宿餐饮行业经营方式的连锁化、品牌化，其消费方式也逐步多元化。因此，研究郑州市住宿餐饮行业的分布、规模，对于进一步推进其加快发展就显得十分必要。计算结果显示，住宿餐饮行业在郑州市中心区依旧是以各区边界交界处为中心向四周扩散，金水区和二七区的发展规模最大，管城区和中原区次之。郑州市要在住餐业发展相对较好的区域，以"特色""品牌"作为其发展的生命线，加速发展经济化酒店；积极推行品牌化、连锁化，更新经营方式，拓展大众市场；住餐业发展相对落后的区域，加大品牌餐饮的引进；不断创新本土品牌，引导餐饮企业发现本土的特色小吃和独特工艺等，创造特色美食步行街。

8.4　郑州市 POI 聚集分析

8.4.1　中心区聚集变化

在研究区范围内，各类 POI 设施的集聚程度并不相同。本研究以聚集特征最为显著的住餐、购物类数据为例，分析各中心区聚集的变化情况。最近邻距离分析结果如图 8-3 所示，两类数据的最近邻比率 R 值均小于 1，P 值为 0，表明数据在地图上为聚集状态，且结果显著。Z 值显示随机产生次聚类的可能性小于 1%。

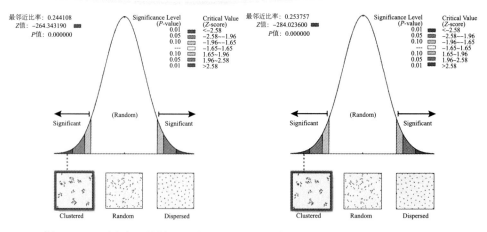

Z值为−264.343190455，则随机产生此聚类模式的可能性小于1%。　Z值为−284.023600135，则随机产生此聚类模式的可能性小于1%。

（a）住宿餐饮类POI集聚性　　　　　　　　　　（b）购物类POI集聚性

图8-3　最近邻距离分析模式图

注：Significance Level 表示显著性水平，Critical Value 表示临界值，P 值表示概率，Z 值表示标准差倍数，Significant 表示显著，Random 表示随机，Clustered 表示集聚，Dispersed 表示分散。全书同。

中心区各类 POI 的聚集结果如表 8-6 所示，可以看出，住宿餐饮类和购物类的平均最近邻距离分别为 24.16 和 23.03，表现出强烈聚集；其余 POI 设施则表现为比较聚集，各类平均最近邻距离在 24.16~45.51 米的范围内，距离不大，整体呈现集聚特征。

表 8-6　　　　　　　　　　郑州市中心区各类设施集聚变化

POI 类型	R 值	P 值	平均最近邻距离（米）	分布特征
房地产类	0.3417	0.00	45.51	比较聚集
购物类	0.2538	0.00	23.02	强烈聚集
医疗教育类	0.3137	0.00	42.99	比较聚集
企业金融类	0.2862	0.00	36.28	比较聚集
交通生活类	0.3147	0.00	32.85	比较聚集
休闲娱乐类	0.1899	0.00	36.58	比较聚集
住宿餐饮类	0.2441	0.00	24.16	强烈聚集

注：R 值小于 1 表示集聚，P 值小于 0.01 表示结果显著。

8.4.2 各区聚集变化

金水区各类 POI 设施的平均最近邻距离在 15.94 ~ 66.20 米的范围内，整体呈现聚集特征。除休闲娱乐类平均最近邻距离从 36.58 米变为 66.20 米，大于整体水平之外，其余设施的平均最近邻距离均小于整体水平。如表 8 - 7 所示，金水区设施的聚集程度较强。

表 8 - 7　　　　　　　　　　　金水区各类设施集聚变化

POI 类型	R 值	P 值	平均最近邻距离（米）	分布特征
房地产类	0.4134	0.00	43.55	比较聚集
购物类	0.2719	0.00	15.94	强烈聚集
医疗教育类	0.3093	0.00	32.50	比较聚集
企业金融类	0.2436	0.00	21.83	强烈聚集
交通生活类	0.3442	0.00	26.00	强烈聚集
休闲娱乐类	0.3863	0.00	66.20	一般聚集
住宿餐饮类	0.2753	0.00	18.76	强烈聚集

注：R 值小于 1 表示集聚，P 值小于 0.01 表示结果显著。

二七区、管城区和中原区的 7 类 POI 设施中，购物类和住宿餐饮类表现为强烈聚集，这与整体分布特征一致；休闲娱乐类的平均最近邻距离相对较远，表现为一般聚集。如表 8 - 8 所示，二七区所有设施的平均最近邻距离均大于总体平均水平，低于金水区的聚集水平。

表 8 - 8　　　　　　　　　　　二七区各类设施集聚变化

POI 类型	R 值	P 值	平均最近邻距离（米）	分布特征
房地产类	0.3924	0.00	53.02	比较聚集
购物类	0.2961	0.00	24.37	强烈聚集
医疗教育类	0.3776	0.00	50.66	比较聚集

续表

POI 类型	R 值	P 值	平均最近邻距离（米）	分布特征
企业金融类	0.3604	0.00	55.71	比较聚集
交通生活类	0.3259	0.00	40.36	比较聚集
休闲娱乐类	0.3622	0.00	96.80	一般聚集
住宿餐饮类	0.2769	0.00	24.69	强烈聚集

注：R 值小于 1 表示集聚，P 值小于 0.01 表示结果显著。

如表 8 - 9 所示，管城区的房地产类和购物类的平均最近邻距离均低于总体水平。除住宿餐饮类的平均最近邻距离高于二七区之外，其余设施的平均最近邻距离均低于二七区，整体聚集度高于二七区低于金水区。

表 8 - 9　　　　　　　　　　管城区各类设施集聚变化

POI 类型	R 值	P 值	平均最近邻距离（米）	分布特征
房地产类	0.3066	0.00	41.78	比较聚集
购物类	0.2502	0.00	20.59	强烈聚集
医疗教育类	0.349	0.00	49.03	比较聚集
企业金融类	0.2846	0.00	39.76	比较聚集
交通生活类	0.3189	0.00	33.04	比较聚集
休闲娱乐类	0.3182	0.00	77.52	一般聚集
住宿餐饮类	0.2525	0.00	27.19	强烈聚集

注：R 值小于 1 表示集聚，P 值小于 0.01 表示结果显著。

如表 8 - 10 所示，中原区房地产类的平均最近邻距离为 40.16 米，在五个区中最低，且低于总体水平。

表 8 - 10　　　　　　　　　　中原区各类设施集聚变化

POI 类型	R 值	P 值	平均最近邻距离（米）	分布特征
房地产类	0.3546	0.00	40.16	比较聚集
购物类	0.2635	0.00	24.31	强烈聚集

POI 类型	R 值	P 值	平均最近邻距离（米）	分布特征
医疗教育类	0.3428	0.00	46.70	比较聚集
企业金融类	0.3415	0.00	43.07	比较聚集
交通生活类	0.3159	0.00	35.50	比较聚集
休闲娱乐类	0.3881	0.00	108.93	一般聚集
住宿餐饮类	0.2728	0.00	27.26	强烈聚集

注：R 值小于 1 表示集聚，P 值小于 0.01 表示结果显著。

如表 8 - 11 所示，惠济区 7 类 POI 设施的平均最近邻距离在 39.84 ~ 166.79 米，跨度比较大，数值均低于整体水平，没有出现强烈聚集的分布特征。在各区聚集度中，惠济区的购物类是强烈聚集；住宿餐饮类是比较聚集；房地产类、企业金融类、休闲娱乐类的平均最近邻距离均高于 100 米，发展规模不大，相比其余四个区的聚集度较低。

表 8 - 11 惠济区各类设施集聚变化

POI 类型	R 值	P 值	平均最近邻距离（米）	分布特征
房地产类	0.2553	0.00	100.13	一般聚集
购物类	0.1918	0.00	39.84	比较聚集
医疗教育类	0.2382	0.00	68.74	一般聚集
企业金融类	0.3144	0.00	102.93	一般聚集
交通生活类	0.2817	0.00	84.31	一般聚集
休闲娱乐类	0.3721	0.00	166.79	一般聚集
住宿餐饮类	0.2232	0.00	53.28	比较聚集

注：R 值小于 1 表示集聚，P 值小于 0.01 表示结果显著。

综上所述，郑州市中心区的住宿餐饮类和购物类分布密集度在各区都展现出很大的优势，休闲娱乐类在各区的平均最近邻距离最低，属于低聚集类。金水区在郑州市市区中属于经济发展热区，各类设施发展规模及密集度都大于其他四个区；二七区、管城区和中原区在郑州市市区中属于次发展区。对三个区进行横向对比可得出，二七区的住餐行业、管城区的购物行业以及中原区的房产行业的总体发展较快，区域内行业聚集度较高。惠济区各类设施发展规模均低于平均水平，行业聚集度相对较低。

8.5　结论与建议

本研究对郑州市 POI 的分布空间及其聚集性进行了全面分析。结果发现，郑州经济发展是以各区边界的交界处为中心，向四周进行辐射和扩张。郑州市经济发展中心依旧聚集在老城区，惠济区的聚集范围小，聚集密度值低，总体发展相比其他四个区明显滞后，各项服务业的发展也不成熟。

从各类 POI 分布来看，房地产类的主要发展仍然以不同区域的边界为中心，均匀地向外围扩张，以向东蔓延范围最广；中原区的五级密度聚集区规模更大，聚集度更高，发展潜力更大。除惠济区外，购物类行业发展在其他几个区的聚集性比较均衡。金水区教育的水平和规模高居首位，向中原区方向的扩张规模较大。

从聚集程度来看，各类 POI 设施在五个区的平均最近邻距离在 15.94 ~ 166.79 米的范围内，跨度比较大，但整体均呈现集聚特征。住宿餐饮类和购物类在各区属于聚集热类；休闲娱乐类在各区的平均最近邻距离最低，属于低聚集类。从整体水平分析，金水区设施的聚集程度最强，属于发展热区；二七区、管城区和中原区属于次发展区，惠济区的数值均低于整体水平，各类设施处于比较聚集和一般聚集水平，没有出现强烈聚集的分布特征。

因此，要实现郑州市经济的高质量发展，还需要从以下 3 方面进行着力优化。第一，继续强化中心区在郑州发展中的地位。中心区是郑州市经济发展的核心区，也是郑州市的传统商业服务中心。要根据中心区的不同区位条件、资源优势和产业定位，建立与资源、环境、产业协作、空间布局相适应的规划管理协调机制，实施分类规划、错位发展。例如，加快推进金水区金融业发展，强化二七区、管城区的住餐和商贸等区域功能的发挥。第二，要健全城市综合功能，推进服务设施建设。以郑东新区的 CBD 为核心拉动金水商圈的发展，推进二七广场、郑州火车站商业服务中心的发展，积极在惠济区规划建设新的商业服务设施和交通基础设施，提升郑州北区公共基础服务设施的规模。第三，加快龙子湖高校园区、惠济大学区、高新区大学区建设。依托大学区发展科研及创新产业基地，为郑州发展提供智力支持。

第9章

河南省自贸区 POI
多尺度聚类分析

自贸区是推动区域发展的重要平台，也是党的十八大提出的国家发展战略。河南省自贸区的设立，是推动资源向中西部倾斜，促进河南省经济社会发展的重要举措。本研究通过对 POI 数据的空间探索性分析和聚类方法，揭示了郑汴洛自贸区的产业分布格局。

9.1 河南省自贸区

河南省自贸区是由国务院设立在河南省的自由贸易试验区，位于河南省郑州市、开封市、洛阳市境内。2017 年 4 月 1 日，河南省自贸区正式挂牌成立。河南省自贸区涵盖三个片区：郑州片区 73.17 平方千米，开封片区 19.94 平方千米，洛阳片区 26.66 平方千米。

河南省自由贸易试验区的战略定位是：将河南省自贸区建设成为服务于"一带一路"建设的现代综合交通枢纽、全面改革开放试验田和内陆开放型经济示范区。其发展目标是：经过几年改革探索，形成与国际投资贸易通行规则相衔接的制度创新体系，将河南省自贸区建设成为高端产业集聚、交通物流通达、辐射带动作用突出的高水平高标准自由贸易园区，引领内陆经济转型发展，推动构建全方位对外开放新格局。

9.1.1　郑州片区

郑州自贸区内企业分布密集的区域有郑东新区的 CBD、管城区。郑东新区的 CBD 是郑州市的中央商务区，也是郑东新区的核心区。郑州新区的开发建设是为了把握中国加入世界贸易组织（WTO）带来的机遇，以适应经济全球化的历史潮流，推进郑州市现代化大都市的建设进程。这是郑州市人民政府为把郑州市建设成为国家区域性中心城市而采取的重要举措。郑东新区 CBD 的发展战略定位高，经过将近 20 年的发展已初具规模，公司企业密集。

郑东新区 CBD 发展的多元化特征明显，内由红白花公园、河南艺术文化中心、如意湖、国际会展中心等 60 栋高楼组成，是一个集商业办公、休闲娱乐、观光旅游等多功能的不夜城。郑东新区 CBD 的发展既是郑州市人民政府、河南省人民政府和国务院大力支持的结果，也是郑东新区便利的交通的结果。

从交通网络来看，郑州片区内有郑州高铁站，陇海快速路、机西高速、连霍高速、京港澳高速等高速公路，紧邻郑州火车站且可由高速公路直达新郑国际机场，这些便利的交通条件为郑东新区吸引大量企业入驻创造了有利条件。此外，郑东新区 CBD 紧邻着龙子湖高校园区，龙子湖高校园区不光可以为郑东新区 CBD 内的企业输送人才，同时也可以为郑东新区 CBD 带来更多的人流量。大量金融机构和大型企业的入驻，促进了郑东新区 CBD 构建区域性金融中心，直接带动了郑州市的经济发展。

管城区区位优势明显，交通便利，枢纽集散功能强大，已形成对外联通、域内畅通、便捷高效的一体化交通网络。管城区内京广铁路、陇海铁路两大铁路的主要干线经过，境内有圃田火车站、郑州火车站东站、小李庄火车站等。其中，郑州火车站东站是新亚欧大陆桥最大的集装箱基地，每年各种货物的吞吐量将近千万吨。除铁路之外，管城区内陆路交通也十分发达，已形成紫荆山路、中州大道、陇海快速路、南三环等 5 纵 7 横的主干道路，快速路网更是四通八达。从通勤时间来看，通常情况下，到达新郑国际机场需要 20 分钟，到达郑州东站需要 15 分钟，到达郑州中心站只需要 5 分钟。总的来看，管城区 1.5 小时"交通圈"能够覆盖中国 2/3 的主要城市和 3/5 的人口。

管城区多为中小型企业，这些企业依靠便利的交通条件，可以将生产的产品销往国内其他城市，也可以利用中欧班列将这些产品销往"一带一路"国家。同时，这些企业还可以将所需的原材料从外地运输过来。

9.1.2　洛阳片区

洛阳片区内的公司企业主要集中在洛阳市涧西区。涧西区是以机械工业为主体的城市工业区，也是闻名全国的重工业基地，工业企业云集。辖区内有一拖集团、洛阳轴承集团、北方企业集团、中信重工机械公司等 200 多家大型企业，是我国农业机械、摩托车、轴承等产品的主要产地。

涧西区内有河南科技大学、洛阳理工学院、机械工业部第四设计院、轴研所、第十设计院及有色金属设计院、解放军外国语学院等 10 余所部属科研院所和高等院校，为涧西区工业的发展提供了有力的人才和科研保障。

涧西区交通便利，洛阳市西南环绕城高速穿过涧西区、310 国道、连霍高速，距洛阳市机场不足半小时的路程。在中州西路两侧以及牡丹公园附近分布着更多注册资金数量较大的公司企业，而在洛河北侧分布了较多小规模的公司企业。这些企业有力地支撑着洛阳市的工业发展。

9.1.3　开封片区

开封自贸区的公司企业的注册资金差异总体不大，相比郑州自贸区和洛阳自贸区，企业分布不密集，大部分的企业主要分布在开封经济开发区。值得注意的是，开封自贸区内的路网较发达，紧邻郑开大道、郑开城际铁路以及陇海线铁路，具有较大的优势和潜力。

9.2　河南省自贸区 POI 分析

9.2.1　数据来源与处理

随着各类以空间信息为基础的研究不断增多，POI 的应用领域也越来越广泛。本研究通过爬虫程序，从高德地图爬取了河南省自贸区三个片区的各类 POI 数据共 26 500 条。其中，公司企业的数据共有 2 472 条数据，这些数据包括每个公司的公司名、公司地址、联系方式、公司类别，以及经纬度等。利用企查查网站采集这些公司的注册资金数据，对空缺注册资金和非河南省自贸区三片区内的公司企业数据进行剔除后，共获得公司企业的注册资金数据有 1 691 条。

9.2.2　整体规模

统计结果显示，郑州自贸区的企业总数量为 1 708 家，洛阳自贸区的企业总数量为 460 家，开封自贸区的企业总数量为 102 家。尽管郑州自贸区的区域面积是洛阳自贸区和开封自贸区面积之和的 1.57 倍，但是其企业数量是洛阳和开封自贸区总和的 2.236 倍。如图 9 - 1 所示，以横坐标表示企业的注册资金数量，纵坐标表示企业数量。整体上，三片区内规模低于 1 000 万元人民币的企业占多数；规模高于 1 000 万低于 5 000 万元人民币的企业占少数，整体上均呈现为"U"形。此外，从注册资金数据来看，开封自贸区企业的注册资金数最大为 16.35 亿元；洛阳自贸区企业的注册资金数最大为 30.24 亿元；郑州自贸区企业的注册资金数最大为 116.83 亿元。这在一定程度上反映出郑州经济发展水平高于洛阳市和开封市，自贸区内企业的经济规模整体较大。

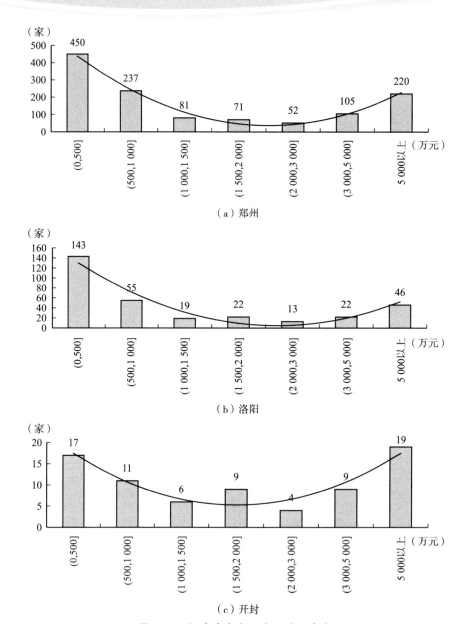

（a）郑州

（b）洛阳

（c）开封

图 9 - 1　河南省自贸区企业注册资金

9.2.3　发展趋势

根据采集到的企业 POI 数据的企业名称，利用企查查网站获取企业的注册资金数量以及成立时间等数据，可以对获得的成立时间进行统计和分析。如图 9 - 2 所示，

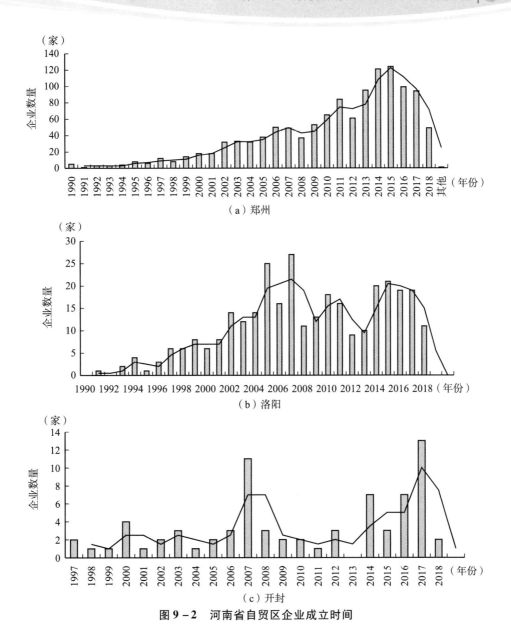

图 9 - 2　河南省自贸区企业成立时间

横坐标是企业成立的时间，纵坐标是企业在相应年份成立的数量。郑州自贸区新
成立的企业数量在 2015 年之前一直保持增长，但 2008 年增长势头放缓，低于
2007 年，与 2005 年基本持平。洛阳自贸区 2005 年和 2007 年成立的企业数量较
其他年份多。开封自贸区企业成立的数量在 2007 年、2014 年、2016 年、2017
年出现 4 个高峰，其他年份企业成立的数量较平稳。值得注意的是，2017 年以后，

开封自贸区内新增企业骤减。整体来看，在2008年的全球经济危机中，郑州自贸区、洛阳自贸区、开封自贸区内的企业深受影响，三片区新成立企业的数量也较往年减少。因此，各地政府应该及时出台优惠政策，扶持更多的投资商在自贸区内开办企业，同时引导产业升级。

注册资金是公司承担责任的能力体现。本研究分别以1 000万元和5 000万元标准对三片区企业注册资金进行划分。如图9-3所示，自1990年以来，郑州自贸区各规模企业新增加数量在波动中稳步增加，特别是在2009年以来，增速明显。其中，2019年郑州片区注册资金大于5 000万元的企业超过20家。

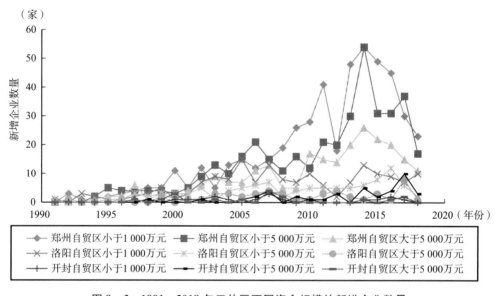

图9-3　1991～2018年三片区不同资金规模的新增企业数量

洛阳片区新成立的企业数量变化不大，并且注册资金低于1 000万元的企业的数量与郑州片区注册资金高于5 000万元企业的数量相近。2017年洛阳片区注册资金高于5 000万元的新增企业数量远大于2016年的企业数量，证明洛阳片区具有较强的发展潜力和发展空间。

开封片区新成立的企业数量增长幅度较小，整体落后于郑州和洛阳片区。因此，需要借助毗邻郑州市和以郑开大道为轴心两侧分布的地理位置优势，争取吸纳郑州市的资源，提升自身的经济发展水平，缩小与郑州市和洛阳市的发展差距。

9.3　河南省自贸区核密度分析

核密度分析能够挖掘 POI 数据的空间分布特征。通过核密度分析可以显示出各类 POI 数据的聚集等级，并分析该类 POI 数据的结构特征。本研究采用核密度分析研究河南省自贸区不同类别的 POI 数据的空间特征、分布模式、影响因素、服务功能。核密度分析模式包括点数据分析和线数据分析两种，本研究获取的 POI 数据是点数据，因此采取的是点要素核密度分析。

9.3.1　餐饮服务

餐饮服务类是第三产业的重要组成部分，也是研究一个地区人民生活水平的重要内容之一。因此，对餐饮服务类 POI 数据进行核密度分析具有重要意义。计算结果发现，郑州片区内餐饮服务类企业的分布呈现出多核心的分布状态，分别集中分布在郑东新区 CBD 和管城区。这主要是由于郑东新区 CBD 是一个集商务办公、休闲娱乐、生活住宅、观光旅游和研究等多功能为一体的城市环形建筑群；管城区是一个人口密集且中小企业密布的地区。因此，郑东新区 CBD 和管城区的餐饮服务类 POI 数据较为聚集。郑州片区的其他地区，餐饮服务类企业聚集不明显。

洛阳自贸区餐饮服务类 POI 数据呈现双核心特征，主要集中在涧西区和高新区。在这两个区域，餐饮服务类的数据分布较为密集，且因为生活小区密集，与其他地区区分明显。开封片区的餐饮服务类 POI 数据同样呈现为多核心的分布状态，但金明大道西侧的餐饮服务业集聚区是三个集聚区中最大的一个。总的来看，三个片区中，开封片区内的餐饮服务业集聚程度最低，且餐饮服务业分布范围最小。

9.3.2　购物服务

购物服务是围绕人们的衣食住行、购物娱乐等日常消费事宜开展的相关服务。购物服务类企业主要包括服装店、儿童用品店、烟酒专卖店、家电电子卖场、手机专卖店、大型百货商场、户外用品店、家居建材市场等满足人们生活的各种商场和店铺。购物服务与人们的生活息息相关，不仅满足了人们多样的消费需求，而且有力地推动城市经济的发展和社会的进步。

购物服务的发展程度能够从侧面反映城市居民的生活质量和消费水平。因此，从 POI 数据中选取购物服务类的数据进行核密度分析研究，分析郑汴洛的购物聚集地以及购物服务的发展规模。计算结果显示，郑州片区的购物服务类 POI 数据在地图上的分布情况与餐饮服务类 POI 数据的分布情况相似，都是集中分布在郑东新区的 CBD 和管城区。所不同的是，尽管管城区餐饮服务类 POI 数据的聚集性不如郑东新区，但是总量多且规模大。

洛阳片区的购物服务类核密度分布呈现出多核分布的状态，其中，涧西区的购物服务分布比较密集，洛河北岸也有大量分布，但集聚性不如涧西区明显。在工农乡和孙旗屯乡交界的区域，购物服务也少有分布。开封片区内的购物服务聚集程度小，在整个片区内较为分散。

9.3.3 金融保险

金融行业的发展是我国经济发展的重要驱动力量，有力地完善了我国市场经济体系。金融业可以为企业提供充足的资本支持，在推动企业科技创新以及产业结构优化升级等方面发挥着不可忽视的作用。同时，强大的金融业也能够为城市基础设施、卫生医疗等建设提供有力保障。因此，选取金融保险类的 POI 数据作为研究对象，分析郑汴洛自贸区发展的市场活力。结果显示，郑州片区金融保险类 POI 数据同样呈现多核分布的状态，其核密度图形成了以郑东新区为核心区域的"葫芦形"分布。潜在核心区域出现向外扩张的趋势，管城区金融保险类企业整体上规模较小，聚焦明显。这表明，郑东新区不仅仅是城市新地标，而且是区域性金融中心。

洛阳片区的金融保险类企业主要分布在洛河北侧，在涧西区也有少量的分布，与公司企业类的分布状况具有一定的一致性。金融保险类、公司企业、居民区等分布的一致性，既方便了人们的生活，也为公司企业的发展提供了便利。洛阳片区内的金融保险类集聚程度不高，并且规模不大。

开封片区内的金融保险类主要分布在金明大道西侧。但金融保险类机构的数量屈指可数，聚集程度不明显。

9.4　河南省自贸区 POI 空间分布

平均最近邻距离可以判定同类型要素之间的距离情况。本研究引用平均最近邻距离来分别测定河南自贸区三个片区 10 种设施的空间集聚程度。

9.4.1　空间聚集度分析

河南自贸区三个片区各类 POI 数据的集聚程度存在明显差异。本研究以郑汴洛自贸区的商务住宅类 POI、购物服务类 POI 数据为例，通过最近邻距离分析三个片区的企业聚集程度。如图 9-4 所示，除开封片区商务住宅类 POI 数据的最近邻比率值大于 1 之外，其他地区商务住宅类和购物服务类 POI 数据的最近邻比率 R 值都小于 1，且 P 值均为 0，这表明只有开封片区的 POI 数据在地图上为随机分布，其他 POI 数据在地图上为聚集状态，且结果显著。

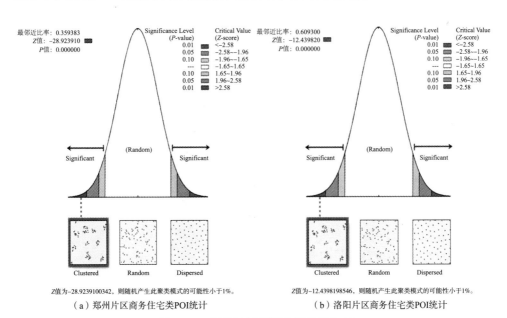

图 9-4　平均最近邻距离显著性分析

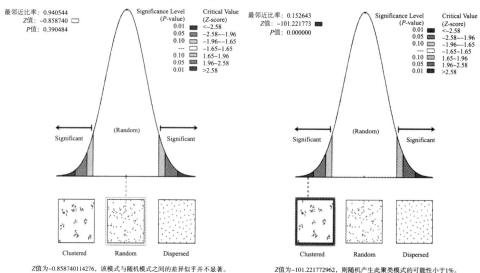

（c）开封片区商务住宅类POI统计　　　　　　（d）郑州片区购物服务类POI统计

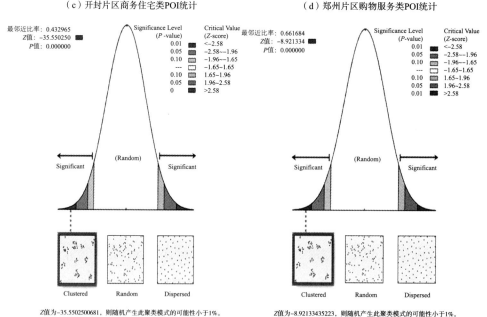

（e）洛阳片区购物服务类POI统计　　　　　　（f）开封片区购物服务类POI统计

图9-4　平均最近邻距离显著性分析（续）

9.4.2　各类 POI 平均最近邻距离

为深入分析郑汴洛的企业分布情况，进一步细分三种不同类型 POI 数据的平均最近邻距离。

郑州片区各类 POI 数据的最近邻比率 R 值均小于 1，表明郑州片区各类 POI 数据在地图上均表现为聚集状态，由于平均观测距离的范围在 18.94 ~ 509.09 米分布，所以，各类 POI 数据在地图上的聚集程度仍有差别。餐饮服务类、生活服务类和公司企业类 POI 数据的平均观测距离分别为 18.94 米、27.02 米和 28.45 米，表现为强聚集状态。如表 9 - 1 所示，郑州片区餐饮服务类、生活服务类和公司企业类 POI 数据的集聚程度在三片区中最高。同时，郑州片区的其他类 POI 数据的聚集状态低于此三类 POI 数据。

表 9 - 1　　　　　　　　　郑州片区各类 POI 数据集聚变化

POI 类型	R 值	P 值	平均观测距离（米）	分布特征
金融保险	0.2342	0.00	40.92	比较聚集
生活服务	0.1951	0.00	27.02	强烈聚集
体育休闲	0.4077	0.00	127.27	比较聚集
政府机构	0.2353	0.00	55.75	比较聚集
风景名胜	0.7034	0.00	509.09	一般集聚
汽车服务	0.4875	0.00	261.42	比较聚集
公司企业	0.22	0.00	28.45	强烈聚集
餐饮服务	0.1425	0.00	18.94	强烈聚集

注：R 值小于 1 表示聚集，P 值小于 0.01 表示结果显著。

洛阳片区各类 POI 数据的最近邻比率值均小于 1，表明洛阳片区各类 POI 数据在地图上均表现为一般聚集状态。如表 9 - 2 所示，洛阳片区的餐饮服务类和生活服务类 POI 数据的聚集程度比郑州片区的聚集程度小，这主要是受洛阳片区发展目标的影响。洛阳片区的发展定位为发挥制造业基础雄厚、文化旅游资源丰富等优势，促进制造业转型升级，提升国际合作能力。在产业发展方面，洛阳片区重点发展装备制造等高端制造业，以及文化旅游、文化贸易等现代服务业。因此，洛阳片区的餐饮服务类和生活服务类 POI 数据的聚集程度比郑州片区的聚集程度小。此外，整体上看，洛阳片区的各类 POI 数据总体上集聚程度相差不大。

表9-2 洛阳片区各类 POI 数据集聚变化

POI 类型	R 值	P 值	平均观测距离（米）	分布特征
金融保险	0.5657	0.00	225.58	一般聚集
生活服务	0.4665	0.00	89.32	比较聚集
体育休闲	0.6544	0.00	270.94	一般聚集
政府机构	0.3919	0.00	112.24	比较聚集
风景名胜	0.7412	0.06	571.70	一般聚集
汽车服务	0.5509	0.00	207.02	一般聚集
公司企业	0.4879	0.00	111.85	比较聚集
餐饮服务	0.4330	0.00	146.69	比较聚集

注：R 值小于 1 表示聚集，P 值小于 0.01 表示结果显著。

开封片区各类 POI 数据的最近邻比率 R 值差别比较大。如表9-3所示，既有小于 1 的金融保险类、生活服务类、公司企业、餐饮服务类 POI 数据，也有最近邻比率值大于 1 的体育休闲类和风景名胜类数据。这反映出开封片区各类 POI 数据在地图上集聚程度的差别较大，其中，体育休闲类和风景名胜类 POI 数据在地图上表现为离散状态。造成这一现象的主要原因是，开封片区的风景名胜仅有 4 处，数量较少难以形成聚集效应。

表9-3 开封片区各类 POI 数据集聚变化

POI 类型	R 值	P 值	平均观测距离（米）	分布特征
金融保险	0.5745	0.00	227.50	一般聚集
生活服务	0.6146	0.00	175.24	一般聚集
体育休闲	1.4025	0.00	827.73	离散
政府机构	0.6292	0.00	264.30	一般聚集
风景名胜	2.8184	0.00	2 736.28	离散
汽车服务	0.7867	0.03	186.71	一般聚集
公司企业	0.6027	0.00	199.65	比较聚集
餐饮服务	0.6063	0.00	98.92	比较集聚

注：R 值小于 1 表示聚集，P 值小于 0.01 表示结果显著。

9.5　河南省自贸区 POI 空间聚类

点要素在空间上的分布特征可能会随着观测尺度的变化而表现出集聚、离散和均匀的分布特征[96]。Ripley's K 函数是点要素分布格局分析的重要方法。Ripley's K 函数的定义是：假设在研究区域内放置一系列圆（半径为 d），圆的中心依次放在每一个事件点上，然后计算每一个半径为 d 的圆内的事件数量。对所有事件计算平均值，最后用该平均值除以整个研究区域的事件密度就得到了距离为 d 的 K 函数值 $K(d)$[97]。对一系列 d 值重复该过程，点是否包含在圆内，可以通过比较距离 d_{ij} 来确定，研究区域的点密度可根据区域面积 A 和数量 n 估计；同时，假设 I_d 为一个标记量，当 $d_{ij} \leqslant I_d$ 时 I_d 为 1，否则为 0。从而化简得到 $K(d)$ 的估计函数为：

$$K(d) = \frac{A}{n^2} \cdot \sum_{i \neq j} \sum I_d(d_{ij}) \tag{9-1}$$

$$L(d) = \sqrt{\frac{K(d)}{\pi}} - d \tag{9-2}$$

为使期望值线性化并保持方差稳定，可以用 $L(d)$ 代替 $K(d)$。在完全空间随机分布的假设下，$L(d)$ 的期望值为 0。$L(d) > 0$ 表示兴趣点类型有空间聚集分布的趋势；$L(d) < 0$ 表示兴趣点类型有空间均匀分布的趋势；$L(d) = 0$ 表示兴趣点类型呈完全随机分布。

在 Ripley's K 函数分析图中，对于特定距离的观测值大于 K 预期值，则与该距离（分析尺度）的随机分布相比，该分布的聚类程度更高。如果 K 观测值小于 K 预期值，则与该距离的随机分布相比，该分布的离散程度更高。如果 K 观测值大于 HiConfEnv 值，则该距离的空间聚类具有统计显著性。如果 K 观测值小于 LwConfEnv 值，则该距离的空间离散具有统计显著性。本研究主要分析郑汴洛自贸区的餐饮服务类、购物服务类、金融保险类数据。

9.5.1　餐饮服务类企业分布格局

如图 9-5 所示，对于郑州片区的餐饮服务类数据，观测值始终大于期望值，

147

且观测值始终在上包迹线之上，表明郑州片区的餐饮服务类 POI 与该距离状态下的随机分布相比，该分布的聚类程度更高，且该距离的空间聚类具有统计显著性。在第 3 次计算时，观测值 $K = 0.0302$，观测值 K 与预期值 R 的差距最大，则在该距离条件下，聚类程度最高，即在 0 ~ 0.0302 范围内集聚程度增大，在 $K = 0.0302$ 达到最大，随后集聚强度逐渐减弱。

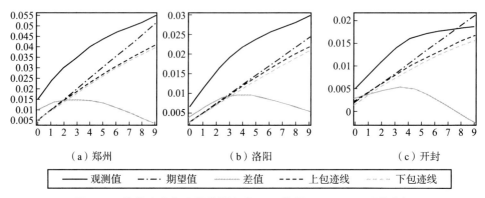

（a）郑州   （b）洛阳   （c）开封

——— 观测值 —·—· 期望值 ——— 差值 ----- 上包迹线 ----- 下包迹线

图 9-5 郑汴洛自贸区餐饮服务类 POI 数据 Ripley's K 函数分析

对于洛阳片区的餐饮服务类数据，观测值也始终大于期望值，且观测值始终大于上包迹线，表明洛阳片区的餐饮服务类 POI 与该距离状态下的随机分布相比，该分布的聚类程度更高，且该距离的空间聚类具有统计显著性。在第 5 次计算时，观测值 $K = 0.0215$，观测值 K 与预期 K 值的差距最大，则在该距离条件下，聚类程度最高，即在 0 ~ 0.0215 内集聚程度增大，在 $K = 0.0215$ 时达到最大，随后集聚强度逐渐减弱。

对于开封片区的餐饮服务类数据，观测值在第 8 次计算时等于期望值，且在第 9 次和第 10 次计算时观测值小于期望值。此时，开封片区的餐饮服务类数据与随机分布相比，离散程度更高。

9.5.2 购物服务类企业分布格局

郑州片区的购物服务类数据，观测值始终大于上包迹线。这表明与随机分布相比，郑州片区的购物服务类 POI 聚类程度更高，空间聚类具有统计显著性。如

图 9 - 6 所示，当观测值 $K = 0.026$ 时，观测值 K 与预期 K 值的差距最大，则在该距离条件下，聚类程度最高，即在 0～0.026 内集聚程度增大，在 $K = 0.026$ 时达到最大，随后集聚强度逐渐减弱。在第 9 次和第 10 次计算时，观测值小于期望值，聚集程度小于该距离下的随机分布。因此，郑州片区的购物服务类 POI 数据聚集程度不明显，分布相对随机。

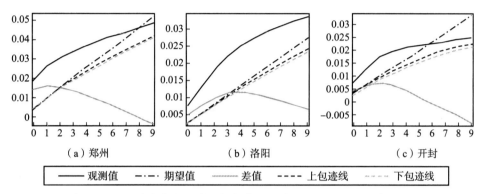

图 9 - 6　郑汴洛自贸区购物服务类 POI 数据 Ripley's K 函数分析

　　洛阳片区的购物服务类数据，观测值也始终大于期望值，且观测值始终大于上包迹线，表明洛阳片区的购物服务类 POI 与随机分布相比，聚类程度更高，且该距离的空间聚类具有统计显著性。在第 5 次计算时，观测值 $K = 0.0251$，观测值 K 与预期 K 值的差距最大，则在该距离条件下，聚类程度最高，即在 0～0.0251 内集聚程度增大，在 $K = 0.0251$ 时达到最大，随后集聚强度逐渐减弱。

　　开封片区的金融保险类数据，在第 6 次前计算时观测值大于期望值，且在第 7 次、第 8 次、第 9 次、第 10 次计算时观测值小于期望值。因此，开封片区的金融保险类数据与随机分布相比，离散程度更高。

9.5.3　金融保险类企业分布格局

　　如图 9 - 7 所示，郑州片区的金融保险类数据，观测值始终大于期望值，且观测值始终大于上包迹线，表明郑州片区的金融服务类 POI 聚类程度较高，且具有统计显著性。在第 5 次计算时，观测值 $K = 0.024$，观测值 K 与预期 K 值的差距最大，则在该距离条件下，聚类程度最高，即在 0 ~ 0.024 内集聚程度增大，在 $K = 0.024$ 时达到最大，随后集聚强度逐渐减弱。

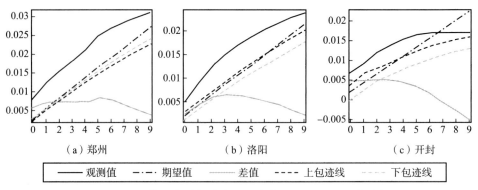

（a）郑州　　　　　　　（b）洛阳　　　　　　　（c）开封

—— 观测值　—·—· 期望值　……… 差值　---- 上包迹线　------ 下包迹线

图 9 - 7　三片区金融保险类 POI 数据 Ripley's K 函数分析

洛阳片区的金融保险类数据，观测值也始终大于期望值，且观测值始终大于上包迹线，表明洛阳片区的金融服务类 POI 聚类程度较高，且该距离的空间聚类具有统计显著性。在第 4 次计算时，观测值 $K = 0.0149$，观测值 K 与预期 K 值的差距最大，则在该距离条件下，聚类程度最高，即在 0 ~ 0.0149 内集聚程度增大，在 $K = 0.0149$ 时达到最大，随后集聚强度逐渐减弱。

开封片区的金融保险类数据，在第 7 次计算时观测值等于期望值，且在第 8 次、第 9 次、第 10 次计算时观测值小于期望值。因此，开封片区的金融保险类数据与随机分布相比，离散程度更高。

总的来看，郑州片区和洛阳片区的餐饮服务类和金融保险类 POI 数据呈现明显的聚集状态。洛阳片区的购物服务类 POI 数据分布明显聚集，而郑州片区的购物服务类 POI 数据分布聚集性并不强。这主要是由于，郑州片区的购物服务类 POI 数据分布与居民区交相分布。开封片区的餐饮服务类、购物服务类和金融保险类 POI 数据集聚不明显。

9.6　结论与建议

河南省自贸区的发展对于中原内陆的发展具有重要意义。本研究发现，郑州片区的经济发展中心依旧聚集在管城区，餐饮服务类和购物服务类在郑州片区集中度较高。各类 POI 数据在郑州片区的平均观测距离在 18.94~509.09 米的范围内，跨度比较大，总体上呈现集聚状态，在郑三个片区间集聚性最强。其中，餐饮服务类、公司企业类、生活服务类 POI 数据表现为强烈集聚。

洛阳片区的各类 POI 数据平均观测距离在 89.32~571.70 米的范围内，整体上呈现集聚状态，且集聚状态差异不大，餐饮服务类、公司企业类、生活服务类和政府机构类 POI 数据表现得比较集聚。

开封片区各类 POI 的平均观测距离在 98.92~2 736.28 米的范围内，跨度大，部分 POI 数据类型呈现出离散状态。餐饮服务类和公司企业类相对集聚，而体育休闲类和风景名胜类则表现为离散状态。

河南省自贸区的设立战略定位高，任务繁重，要充分发挥各个片区的优势资源，找准各自的不足，针对不足提出精准的解决方法。例如，郑州片区要发挥省会优势，积极聚拢行业人才，同时发挥高校众多的优势，鼓励建立产学研相结合的模式，在高校培养专业型人才；要发挥郑州市交通枢纽优势，通过郑州航空港、中欧班列等，积极拓展对外贸易；通过政策引导，加强先进制造业、信息产业等的快速发展。洛阳市要加强历史文化名城保护，促进休闲文化发展，推动制造业创新发展，扩大制造业销售渠道，继续引导和推动现代化商业集聚区建设。开封市要借助郑州市的优势资源，推进服务设施建设，实现与郑州市和洛阳市的协同发展。

第10章

郑州市与北京市的消费空间比较研究

消费空间是满足居民多样性需求的重要载体，也是我国"双循环"战略的重要引擎[98]。消费空间并不特指某个实体店面[99]，其自身就是一个被消费的对象[100]，如咖啡店、商业综合体等。本研究综合运用核密度、最近邻距离以及地理探测器方法，对比研究郑州市与北京市两个消费空间的分布特征差异，深入探寻区域消费活力空间分异的影响因素。

10.1 研究区概况

本研究的研究区域为北京市与郑州市。北京市包含 16 个市辖区，即东城区、西城区、朝阳区、丰台区、石景山区、海淀区、门头沟区、房山区、通州区、顺义区、昌平区、大兴区、怀柔区、平谷区、密云区和延庆区。作为中国的首都，北京市在中国的经贸、文化、教育和科技领域拥有显著的影响力，拥有全球最多的财富世界 500 强企业总部。从 2008 年起，北京市以其消费规模已经连续多年位居全国较大消费城市。2017 年，北京市实现市场总消费额 21 787.4 亿元，总消费迈入 2 万亿元时代。

郑州市全市下辖 6 个区、1 个县、5 个县级市，即中原区、二七区、管城区、金水区、上街区、惠济区、中牟县、巩义市、荥阳市、新密市、新郑市和登封市。其中，中原区、金水区、二七区、管城区和惠济区是郑州市的中心城区。作为河南省省会、中原城市群核心城市，郑州市腹地市场广阔、人力资源丰富、文化底蕴厚重，是国务院批复确定的中国中部地区重要的中心城市。在 2018 年，郑州市经济总量突破万亿元大关，常住人口突破千万，正式跨入超大城市行列。

北京市和郑州市都是典型的消费型城市，因此，选其作为研究区域，对于深入研究我国大型城市的消费空间特征具有强烈的现实意义。

10.2　数据来源与处理

本研究所采用的数据主要包括三类，其来源和处理方法如下：

（1）地图类数据。地图类数据主要来自国家基础地理信息中心。研究区域网格数据是在行政区划底图的基础上，将整个范围划分为 2 千米×2 千米的空间网格，北京市共计 8 169 个网格，郑州市共计 3 402 个网格。

（2）社会经济类统计数据。从《北京统计年鉴 2018》和《郑州统计年鉴 2018》获取北京和郑州区域的人口密度、人均 GDP、人均社会消费品零售总额等社会经济类统计数据，在研究中将其进行空间上的离散网格化处理，作为因子探测分析需要的宏观统计数据。

（3）POI 点数据。本研究采用的所有 POI 数据均来自高德地图。所采集到的北京和郑州区域的 POI 数据类型包括餐饮服务、购物服务、生活服务、体育休闲服务、科教文化服务、公共设施、公司企业、金融保险服务、商务住宅、汽车服务、医疗保健服务、政府机构和住宿服务等共计 20 类。

10.3　潜在消费人群分布情况

通过分析区域商务住宅、公司企业、政府机构及社会团体、教育机构的分布情况，可以掌握北京与郑州区域潜在消费人群的分布情况。

10.3.1　商务住宅分布情况

北京市商务住宅总数量为 45 734 套，郑州市商务住宅总数量为 17 260 套，北京市商务住宅总数量是郑州市商务住宅总数量的 2.65 倍。商务住宅类型可以分为产业园区、楼宇、商务住宅相关和住宅区四个大类，其中楼宇包括工业大厦建筑物、楼宇相关、商务写字楼和商住两用楼宇，住宅区包括宿舍、别墅、社区中心、住宅小区。如图 10-1 所示，北京市朝阳区的商务住宅数量最多，达到了12 000 套左右，平谷区的商务住宅数量最少，不足 500 套。

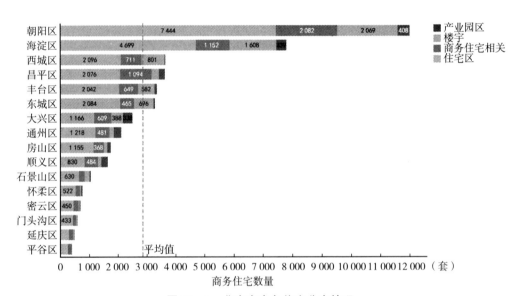

图 10-1　北京市商务住宅分布情况

如图 10-2 所示，郑州市金水区的商务住宅数量最多，有 5 000 套左右；上街区的商务住宅数量最少，不足 500 套。

北京市和郑州市商务住宅数量较多的区域，普遍位于中心城区。北京市除了石景山区、郑州市除了惠济区，其他中心城区的商务住宅数量均超过了北京市与郑州市商务住宅数量的平均值。无论是北京市还是郑州市，每个行政区的商务住宅中，住宅区的数量占比最高，这意味着该区域存在大量潜在消费人群。

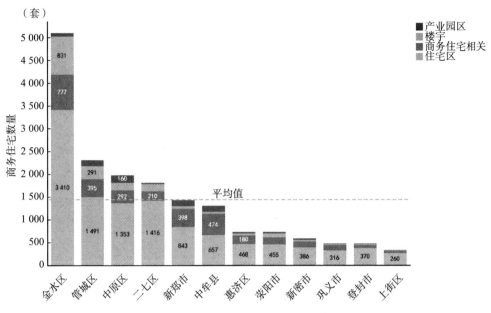

图 10 - 2　郑州市商务住宅分布情况

10.3.2　公司企业分布情况

公司企业类型可以分为公司、知名企业、公司企业、工厂和农林牧渔基地五个大类。其中，企业包括医药公司、电信公司、网络科技公司、商业贸易公司、广告装饰公司、机械电子公司等；农林牧渔基地包括水果基地、农场、家禽养殖基地、花卉苗圃基地、林场、渔场和蔬菜基地等。北京市公司企业总数量为 119 865 家，郑州市公司企业总数量为 46 130 家，北京市公司企业总数量是郑州市公司企业总数量的 2.6 倍，而北京市区域面积是郑州市区域面积的 2.18 倍。如图 10-3 所示，北京市朝阳区的公司企业数量最多，达到了 31 000 家左右；门头沟区的公司企业数量最少，不足 1 000 家。

如图 10-4 所示，郑州市金水区的公司企业数量最多，将近 12 000 家；上街区的公司企业数量最少，不足 1 000 家。

北京市和郑州市公司企业数量超过平均值的行政区占少数，公司企业数量低于平均值的行政区占多数。总的来说，北京市和郑州市主城区内的公司企业数量较多，且每个行政区内公司的数量占比最高，这说明该区域内公司中的从业者是潜在消费人群。

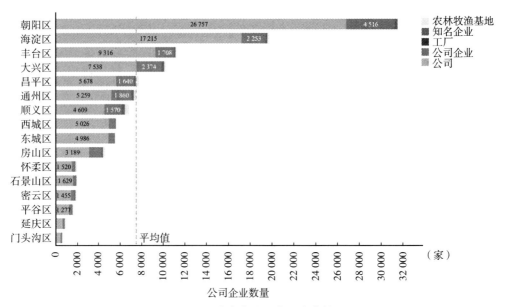

图 10 - 3　北京市公司企业分布情况

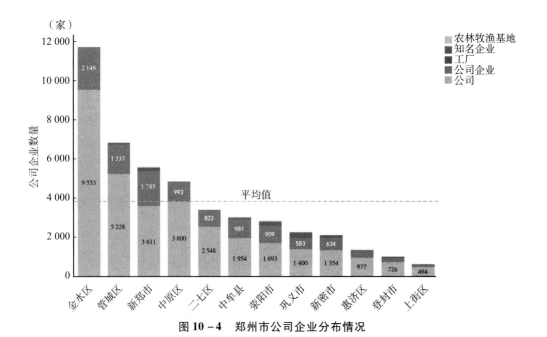

图 10 - 4　郑州市公司企业分布情况

156

10.3.3　政府机构及社会团体分布情况

政府机构及社会团体包括政府机关、社会团体、公检法机构、交通车辆管理和工商税务机构等 8 个大类。其中，工商税务机构包括工商部门、地税机关和国税机关等，公检法机构包括社会治安机构、公检法机关、公安警察、消防机关、检察院和法院等，社会团体包括行业协会、妇联、慈善机构、残联、消费者协会、红十字会和共青团等社会团体相关的工作单位，政府机关包括乡镇以下级政府及事业单位、乡镇级政府及事业单位、区县级政府及事业单位和国家级机关及事业单位等政府机关相关的工作单位。显然，公司企业中的就业者并不包括在政府机构和社会团体单位工作的工作人员。如图 10 - 5 所示，北京市政府机关数量最多，其次是社会团体，公检法机构和政府及社会团体数量基本相当。

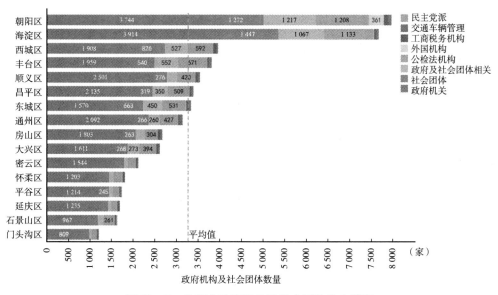

图 10 - 5　北京市政府机构及社会团体分布情况

郑州市政府机构及社会团体分布情况如图 10 - 6 所示。可以看出，POI 数据最多的仍然是政府机关，其次是公检法机构，社会团体与政府及社会团体相关单位的数量在不同地区的分布并不相同。

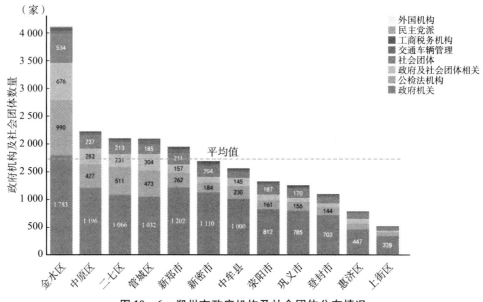

图 10 - 6　郑州市政府机构及社会团体分布情况

10.3.4　教育机构分布情况

本研究所表示的教育机构包括学校、培训机构和科研机构三类，均属于科教文化服务设施。其中，学校包括高等院校、中学、小学、幼儿园、职业技术学校和成人教育等。除了居民家庭、公司和政府机关单位就业工作者之外，学生和教师也是潜在的消费人群。尤其对于高等院校和培训机构的学生与教师，学校附近的消费型服务设施可以带来很大的便利，减少长距离出行的麻烦。如图 10 - 7 所示，北京市教育机构总数量为 63 750 家，主要分布在海淀区和朝阳区，培训机构数量占比相对较高。

郑州市教育机构分布如图 10 - 8 所示，总数量为 32 320 家，主要分布在金水区和中原区，培训机构数量的比例最大。

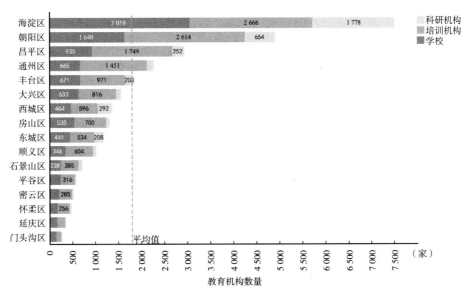

图 10 - 7　北京市教育机构分布情况

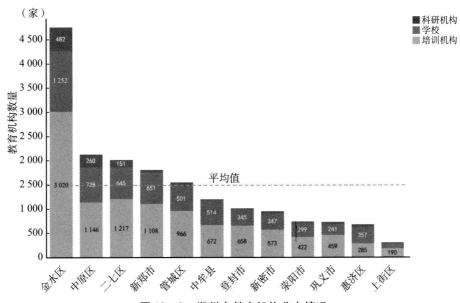

图 10 - 8　郑州市教育机构分布情况

10.4 郑州市与北京市消费空间分布

本研究利用核密度分析和平均最近邻距离分析两种分析方法，对北京市与郑州市的 POI 数据进行核密度和空间集聚分析。通过核密度分析方法，分析各类 POI 数据的密集程度，以此探测出各类 POI 数据在北京和郑州地区的空间冷热点，进一步使用 POI 点数据密度在空间上刻画城市消费空间。

10.4.1 研究方法

对研究区域内的餐饮服务、购物服务、生活服务、体育休闲服务和住宿服务五大类 POI 设施点数据进行核密度分析，并将其作为刻画北京与郑州区域消费空间的基础指标。如果用 d_i 表示各类消费服务设施的 POI 点密度，那么北京与郑州区域的城市消费空间 V 可以用各类消费服务设施的 POI 点密度的算术平均值表示，也就是用 $V = \dfrac{1}{5}\sum_{i=1}^{5} d_i$ 表示。这意味着研究区域的消费空间是各类型消费服务设施点综合影响的结果。也就是说，研究区域的各类消费服务设施的点密度越大，各类消费服务设施的种类越多，该研究区域的城市消费空间越大[101]。

在进行核密度分析时，搜索半径参数值越大，生成的密度栅格越平滑并且概化程度越高；搜索半径参数值越小，生成的栅格所显示的信息越详细。分别进行搜索半径为 1.5 千米、2.5 千米、3.5 千米的核密度分析，以 2.5 千米作为搜索半径能清晰地辨别出各类 POI 数据的密度中心，能明显地反映核密度的等级差。本研究选取 2.5 千米作为核密度分析的搜索半径[102]，可以得到研究区域各类设施的密度空间分布，进而通过加权和求得消费空间。

10.4.2 北京市消费设施的核密度

计算结果显示，北京市消费型服务设施的分布呈现出"多核心"的分布状态。消费设施主要分布在东城区、西城区、朝阳区、丰台区、石景山区和海淀区组成的中心城区内。但是，不同类型的服务设施在区域内的空间集聚程度有些差异。与各类消费型服务设施的分布所呈现的状态类似，北京市的城市消费空间也呈现出"多核心"的结构，东城区消费空间最高，主要聚集在东城区王府井步行街、新世界百货和北京站附近。这主要是由于，北京王府井步行街是具有数百年悠久历史的著名商业区，在北京享有"金街"的美誉，是集购物、休闲、文化、娱乐、旅游、餐饮、商务、住宿为一体的综合性商业步行街。王府井步行街平均每天的客流量约 60 万人/日，节假日超过 120 万人。北京新世界百货位于东城区崇文门外大街，是北京市内较繁华且人流量较高的路段之一。北京站是人流量大且密集的地方。这一地理位置特征与东城区消费空间聚集性相呼应。其次，北京市海淀区、西城区、东城区与朝阳区交界处的消费活力仅次于东城区，中心城区的消费活力呈现出从中心向四周递减的特征。北京市东南部区域的消费空间聚集性明显高于其他区域。

除中心城区外，其他 10 个区的消费活力明显低于市中心，但也表现出一定的集聚现象，呈现出低值"多核心"的分布特征，这些集聚中心大多数位于中心城区近端。例如，延庆区呈现出以金锣湾商业中心为核心的集聚特征，怀柔区呈现出以南关村为核心的集聚特征，密云区呈现出以黍谷山旅游风景区为核心的集聚特征，平谷区呈现出以人民公园为核心的集聚特征，昌平区呈现出以政府街附近的家属院和宿舍楼为核心的集聚特征，顺义区呈现出以京承线附近为核心的集聚特征。

10.4.3　郑州市消费设施的核密度

郑州市消费空间最大的区域集中在郑州市主城区内，即二七区、管城区和金水区的边界交界处，呈现出"单核心"的结构。这一区域是指郑州市人民公园、第二中医院、二七广场、郑州站和长途汽车站附近。该区域是人流量较大且密集的地方，是郑州市中心商业繁华区，周围百货商铺林立。其中，二七广场是郑州市最繁华的商业区，位于郑州市中心，广场四周有丹尼斯大卫城、商城大厦、百货大楼、沃尔玛等大型商场和数百家中小型商店、餐饮店，各种百货商场和购物中心云集，被称作"二七商圈"，是郑州市最具影响力的商圈。该区域是郑州市商业最为繁华的地带，这一分布现象与郑州市商业发展现状吻合。同时，以中原区、金水区、二七区、管城区和惠济区组成的中心城区内，各类设施的聚集性呈现出从中心向四周逐渐递减的特征。

此外，与北京市主城区周边区域消费空间分布情况类似，郑州市除中心城区外，其他7个区的消费空间也表现出一定的集聚现象，即呈现出低值"多核心"的分布特征。荥阳市呈现出以荥阳市人民政府为核心的集聚特征，上街区呈现出以丹尼斯为核心的集聚特征，新密市呈现出以金博大购物中心为核心的集聚特征，登封市呈现出以登封西站为核心的集聚特征，新郑市呈现出以新郑炎黄广场为核心的集聚特征。值得注意的是，郑州市购物服务设施的核密度值远大于其他类型的服务设施密度，尤其是在二七区、管城区和金水区的边界交界处，购物服务设施的核密度值达到最大。这是因为位于二七区火车站核心商圈的郑州国际小商品城，是中西部地区规模最大、产品辐射力最强的小商品批零基地，可以说是小商品的海洋，购物者的天堂。

10.5 郑州市与北京市消费空间聚集分析

本研究根据每类数据的平均最邻近距离来分析判断各类POI数据在研究区域的聚集程度。

10.5.1 平均最近邻距离分析

北京与郑州区域内的各类POI数据的集聚程度有所不同，即使是研究区域内同类型的POI数据之间的集聚程度也存在一定的差异。本研究主要对研究区域商务住宅类和公司企业类POI数据进行最近邻距离分析。如图10-9所示，北京和郑州区域内的商务住宅和公司企业两类POI数据的最近邻比率 R 值均小于1，且 P 值均为0，表明POI点数据在地图上为集聚状态，且结果显著。但是，北京市的 R 值比郑州市的 R 值小，所以北京市的商务住宅和公司企业的集聚性更强。

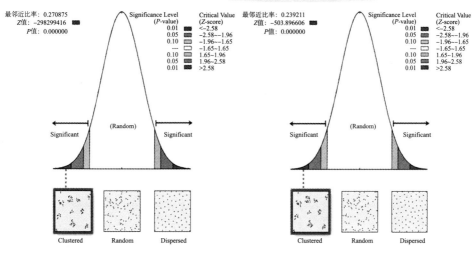

（a）北京市商务住宅平均最近邻距离　　　　（b）北京市公司企业平均最近邻距离

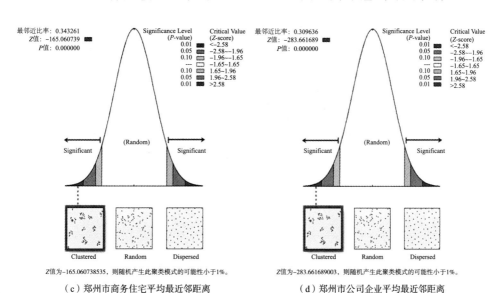

（c）郑州市商务住宅平均最近邻距离　　　　（d）郑州市公司企业平均最近邻距离

图 10 - 9　北京市与郑州市 POI 平均最近邻距离分析

10.5.2　平均最近邻距离变化

北京区域的各类 POI 数据均表现为聚集状态。如表 10 - 1 所示，北京区域各类 POI 数据的最近邻比率 R 值均小于 1。由于平均观测距离为 38.70 ~ 402.17 米，因此，各类 POI 数据在地图上的聚集程度仍有差别。除了体育休闲服务设施的聚集程度相对较低之外，其他服务设施的聚集程度都很高，比如餐饮服务类、购物服务类和生活服务类的 POI 数据平均观察距离分别为 47.72 米、38.70 米和 48.48 米，表现为强烈聚集状态，购物服务类的聚集程度最高。

表 10 - 1　　　　　　　　北京市各类 POI 数据集聚变化表

POI 数据类型	R 值	P 值	平均观测距离（米）	分布特征
餐饮服务	0.1439	0.00	47.72	强烈集聚
购物服务	0.1505	0.00	38.70	强烈集聚
生活服务	0.1738	0.00	48.48	强烈集聚
体育休闲	0.3003	0.00	186.31	比较集聚
医疗保健	0.2289	0.00	150.23	强烈集聚
住宿服务	0.2082	0.00	127.66	强烈集聚
风景名胜	0.3781	0.00	402.17	比较集聚
商务住宅	0.2709	0.00	127.62	比较集聚
政府机构	0.1553	0.00	69.48	强烈集聚
科教文化	0.2002	0.00	79.52	强烈集聚
交通设施	0.2726	0.00	102.33	比较集聚
公司企业	0.2392	0.00	69.40	比较集聚
公共设施	0.3316	0.00	234.90	比较集聚

郑州区域各类 POI 数据也呈现聚集状态。由表 10 - 2 可知，郑州区域内各类

表 10 - 2　　　　　　　　郑州市各类 POI 数据集聚变化表

POI 数据类型	R 值	P 值	平均观测距离（米）	分布特征
餐饮服务	0.1528	0.00	28.15	强烈集聚
购物服务	0.1536	0.00	20.21	强烈集聚
生活服务	0.1808	0.00	33.16	强烈集聚
体育休闲	0.3404	0.00	185.55	比较集聚
医疗保健	0.2551	0.00	91.49	比较集聚
住宿服务	0.1877	0.00	89.38	强烈集聚

续表

POI 数据类型	R 值	P 值	平均观测距离（米）	分布特征
风景名胜	0.5207	0.00	524.04	一般集聚
商务住宅	0.3433	0.00	124.97	比较集聚
政府机构	0.2196	0.00	77.27	强烈集聚
科教文化	0.2405	0.00	66.71	比较集聚
交通设施	0.2607	0.00	79.20	比较集聚
公司企业	0.3096	0.00	72.82	比较集聚
公共设施	0.3800	0.00	267.85	比较集聚

注：R 值小于 1 表示聚集，P 值小于 0.01 表示结果显著。

POI 数据的最近邻比率 R 值均小于 1。但是，郑州区域的风景名胜集聚程度低于其他各类服务设施的聚集程度，表明该地区的旅游资源不是特别的丰富。与北京区域相同，除了体育休闲服务设施的聚集程度相对较低之外，郑州市其他 4 类服务设施的聚集程度都很高，均表现为强烈聚集状态。对比发现，郑州区域内交通服务设施和住宿服务设施的聚集程度比北京略高，但在其他各类服务设施的聚集性方面，北京市要高于郑州市。

10.6　郑州市与北京市消费空间聚集因素分析

本研究利用地理探测器工具分析探究影响北京与郑州区域城市消费空间的关键驱动因素，剖析北京与郑州区域的消费空间特征。

10.6.1　地理探测器分析模型构建方法

地理探测器是探测空间分异性，揭示其背后驱动力的统计学方法，包括分异及因子探测、交互作用探测、风险区探测和生态探测 4 个探测器。其基本思想是：假设研究区分为若干子区域，如果子区域的方差之和小于区域总方差，则存在空间分异性；如果两变量的空间分布趋于一致，则两者存在统计关联性。地理

探测器 q 统计量，已经在自然和社会科学多领域应用。本研究将使用因子探测和交互作用探测，分析影响北京与郑州区域城市消费活力的驱动因素。

地理探测器的 q 统计量，可以用来度量空间分异性、探测解释因子、分析变量之间的交互关系[103]。q 统计量见式（10 - 1）。

$$q_{D,X} = 1 - \frac{1}{n\sigma_X^2} \sum_{i=1}^{m} n_{D,i}\sigma_{X_{D,i}}^2 \qquad (10 - 1)$$

其中，$q_{D,X}$ 表示用于判定某种因子对研究区域城市消费活力的空间分异性驱动作用程度的统计指标；n 表示研究区域的城市网格单元中所包含的网格总数量；m 表示变量或因子的分层，即分类或分区；$n_{D,i}$ 表示第 i 分类或分区的研究区域城市网格单元的网格总数量；σ_X^2 表示研究区域内城市消费活力的总方差；$\sigma_{X_{D,i}}^2$ 表示第 i 分类或分区的城市消费活力方差。$q_{D,X}$ 的值域为 $[0, 1]$，值越大说明北京与郑州区域的城市消费活力的空间分异性越明显，驱动因子 D 对研究区域城市消费活力的空间分异性的影响程度就越深[104]。

10.6.2　地理探测器因子探测分析

利用地理探测器因子探测工具，探究北京和郑州区域消费空间分异性的影响因素。根据区域的实际情况，本研究从宏观经济条件、交通服务能力和公共服务能力三个方面进行分析。这三个方面所包含的具体指标为：区域宏观经济条件，即人口密度、人均 GDP、人均社会消费品零售总额；区域交通服务能力，即道路路网密度、交通服务设施密度；区域公共服务能力，即科教文化服务设施密度、医疗保健服务设施密度、公共设施密度。将以上数据连接到北京与郑州区域 2 千米 × 2 千米的空间格网上，便可得到因子探测需要的各类变量密度值的离散分布。

由于使用地理探测器工具进行分析时，因子数据必须是离散型的类型量，所以通过自然断点法对各类数据进行重分类，然后结合创建渔网图时产生的网格点对重分类后的数据进行采样，可以获得满足分析要求的各类离散型因子数据。最终通过地理探测器模型，可以计算得到各因子对北京与郑州城市空间的作用程度 q，如表 10 - 3 所示。

表 10 - 3　　　　　　　　北京市和郑州市的区域地理探测器因子探测结果

影响因素类别	因子数据类型	影响因子作用程度值（q 值）	
宏观经济条件	人口密度	0.38	0.18
	人均 GDP	0.13	0.04
	人均社会消费品零售总额	0.25	0.08
交通服务能力	路网密度	0.62	0.59
	交通服务设施	0.76	0.81
公共服务能力	科教文化服务设施	0.80	0.82
	医疗保健服务设施	0.78	0.79
	公共设施	0.67	0.70

（1）从宏观经济条件的角度来看，三种驱动因子对北京区域消费空间分异性的驱动作用程度的排序如下：人口密度（0.38）＞人均社会消费品零售总额（0.25）＞人均 GDP（0.13）；三种驱动因子对郑州区域消费空间分异性的驱动作用程度如下：人口密度（0.18）＞人均社会消费品零售总额（0.08）＞人均 GDP（0.04）。可以看出，无论是北京市还是郑州市，人口密度的作用程度均排在第一位。

人口密度可以直接反映出研究区域的潜在消费者数量。由《北京统计年鉴 2018》和《郑州统计年鉴 2018》的统计数据可知，2017 年北京区域的常住人口密度（1 323 人/平方千米）略大于郑州区域的常住人口密度（1 316 人/平方千米），但人口密度对北京区域的作用程度（0.38）是郑州（0.18）的两倍多，这说明人口密度对城市消费空间分异性的驱动作用更强烈。在传统研究中，人们习惯使用社会消费品零售总额来刻画研究区域的消费特征，而人均社会消费品零售总额的作用程度虽然比人均 GDP 的作用程度高，但低于人口密度的作用程度。因此，使用人均社会消费品零售总额这一宏观层面的因素来刻画区域城市消费空间是可行的。

值得注意的是，人均 GDP 的作用程度不如人口密度和人均社会消费品零售总额的作用程度强。尤其对于郑州市而言，人均 GDP 的作用程度只有 0.04，说明郑州区域的人均 GDP 对该地区的城市消费活力的影响作用很小。统计数据显示，研究区域中，消费空间最大的通常是该市的行政区域，但是，行政区域的人

167

均 GDP 却不一定是最高的，如北京市的丰台区和通州区、郑州市的二七区和中原区。这表明，研究区域的人均 GDP 并不直接决定其城市消费能力。

（2）交通服务能力所具有的两种驱动因子，对北京区域消费活力作用程度分别为路网密度（0.62）、交通服务设施（0.76），对郑州区域消费活力作用程度分别为路网密度（0.59）、交通服务设施（0.81）。可以看出，北京与郑州区域内的路网密度对消费空间的作用程度要比交通服务设施对消费空间的作用程度弱一些，但依旧超过了 0.5，大于宏观经济条件的作用程度。

在北京与郑州区域消费活力值较高的地方，道路网络密度的差异不是很大。考虑到北京与郑州区域的道路网络已经较为完善，因此，其对区域消费空间的影响程度相对较小。同时，北京市路网密度对城市消费空间的作用程度要比郑州市略高，而北京区域交通服务设施作用程度却比郑州要小。

（3）从公共服务能力方面来看，三种驱动因子对北京区域消费空间作用程度从高到低依次为：科教文化设施（0.80）、医疗保健设施（0.78）、公共设施（0.67）。对郑州区域消费活力作用程度从高到低依次为：科教文化设施（0.82）、医疗保健设施（0.79）、公共设施（0.70）。北京市各个驱动因子对城市消费空间的作用程度都比较高，这说明北京市与郑州市的公共服务水平是影响其城市消费空间的重要因素。

10.6.3 地理探测器交互作用分析

利用地理探测器工具，能够进一步分析研究不同因子之间交互作用对研究区域消费活力的影响。如表 10 - 4 所示，分别采用地理探测器分析人口密度、人均 GDP、人均社会消费品零售总额等多个影响因子两两相互作用之后，对北京消费空间的作用程度。可以看出，各因子相互作用的结果，都是双因子增强。

表 10 - 5 显示出郑州市各因子相互作用之后对消费空间的影响。可以看出，除人均 GDP 与人均社会消费品零售总额的相互作用是非线性增强以外，其他因子之间的作用结果都是双因子增强。

表 10 – 4　　　　　　　　　　北京市各因子地理探测器结果

影响因素类别	交互因子	非线性减弱	单因子非线性减弱	双因子增强	独立	非线性增强
宏观经济条件	人口密度∩人均GDP			√		
	人口密度∩人均社会消费品零售总额			√		
	人均GDP∩人均社会消费品零售总额			√		
交通服务能力	路网密度∩交通服务设施			√		
公共服务能力	科教文化设施∩医疗保健设施			√		
	科教文化设施∩公共设施			√		
	医疗保健设施∩公共设施			√		

表 10 – 5　　　　　　　　　　郑州市各因子地理探测器结果

影响因素类别	交互因子	非线性减弱	单因子非线性减弱	双因子增强	独立	非线性增强
宏观经济条件	人口密度∩人均GDP			√		
	人口密度∩人均社会消费品零售总额			√		
	人均GDP∩人均社会消费品零售总额					√
交通服务能力	路网密度∩交通服务设施			√		
公共服务能力	科教文化设施∩医疗保健设施			√		
	科教文化设施∩公共设施			√		
	医疗保健设施∩公共设施			√		

总的来看，在宏观经济条件、交通服务能力和公共服务能力三个方面，任何两种驱动因子对研究区域城市消费活力的交互作用都要大于单独一个驱动因子的独自作用。例如，在宏观经济条件中，人均社会消费品零售总额对北京市消费空间的作用程度为 0.253，而人均社会消费品零售总额与人均 GDP 和人口密度交互作用的 q 值分别为 0.281、0.383。在公共服务能力方面，公共设施对郑州区域

消费活力的作用程度为 0.697，而公共设施和医疗保健设施交互作用的 q 值为 0.88，公共设施和科教文化设施交互作用的 q 值为 0.894，q 值几乎达到了 0.9。所以，两种因子共同作用能够更有效地影响北京市与郑州市的城市消费空间分异。此外，北京市两个因子之间的关系均为双因子增强；郑州市除了人均 GDP 和人均社会消费品零售总额之间的关系为非线性增强外，其余因子对消费活力两两交互作用的类型均为双因子增强，即各类因子之间的关系为两两协同作用或双协同增强作用。

10.7　结论与建议

为了探究北京与郑州的城市消费空间特征，综合运行核密度分析、平均最近邻距离分析和地理探测器分析方法，对区域 POI 进行空间数据研究，揭示了北京市和郑州市消费空间分异及其影响因素。研究发现，在北京市与郑州市中心城区存在较多的潜在消费人群；北京市空间呈现出"多核心"的分布结构，而郑州市则表现为"单核心"的格局；两座城市的消费空间均呈现出从中心城区向四周逐渐递减的现象。北京市与郑州市 POI 的最近邻比率 R 值均小于 1，且 P 值均为 0，表明各类 POI 点均表现为显著集聚状态。北京市与郑州市的宏观经济条件、交通服务能力、公共服务能力对城市消费空间分异的作用程度存在比较大的差异。其中，宏观经济条件的作用程度较小，交通服务能力和公共服务能力的作用程度较大；任意两种驱动因子对北京市与郑州市消费空间的交互作用都要大于单独一种驱动因子的影响。

北京的城市发展为郑州提供了借鉴的途径。第一，重视高校科研机构，发挥产学研联动效应。郑州作为省会城市，拥有河南最多的高校和众多智力资源支持。因此，要注重高校及高校科研机构的培育工作，加大政府财政投入力度，鼓励国家级科研院所和全国知名高校在郑州设立研发机构，充分调动大学、社会研究机构和企业的积极性，吸引、留住和用好人才，为产业发展提供支持。第二，加快现代农业发展，打造都市型生态农业。郑州市存在不少林场、牧场、蔬菜基地、渔场、水果基地、花卉苗圃基地、家禽养殖基地和农场等各类型的农林牧渔基地。要发挥这些资源优势，培育优质蔬菜产业、名优花卉产业、现代畜牧业以及农产品加工业，使都市型生态农业成为郑州发展的新着力点。第三，继续发挥交通枢纽优势，大力发展现代物流业。郑州是我国公路、铁路、航空等兼具的综合性交通枢纽，是"一带一路"重要节点城市。要继续发挥这一优势，加强与国内、外大型物流企业的合作，实现交通物流业的再升级。

第11章

郑州市与上海市的区域消费活力比较

消费可以刺激市场，提供就业机会，是城市经济发展的重要驱动力量。由于空间异质性，在区域规划、资源配置等复杂因素的影响下，城市消费活力也体现出空间上的复杂性和变异性[101]。本研究以郑州市和上海市各类POI数据为基础，通过地理探测器、辛普森指数对郑州市和上海市的消费活力进行分析，探究城市消费空间多样性及其影响因素。

11.1　上海市概况

上海市是中国四大直辖市之一，是国家中心城市。全市下辖16个区，总面积6 340.5平方千米，是沪宁杭工业区的中心城市，经济发达，人口稠密，对外贸易频繁，是中国的经济、科技、工业、金融、贸易、会展和航运中心。上海市不仅经济总量大，而且GDP增速靠前。

上海市是中国最大的经济中心城市，也是国际著名的港口城市。上海市在中国的经济发展中具有极其重要的地位。不论从绝对的GDP规模上还是从经济产业的布局上，上海市都是遥遥领先。因此，以上海市作为参考，分析其行业空间布局的优势，对刺激郑州市经济社会的发展具有重要意义。

11.2　数据来源与处理

本研究的数据主要是宏观统计数据和POI数据。其中，宏观统计数据主要来自于统计局公开资料，包括区域面积、人口总数、人均GDP以及人均消费支出等。

POI数据主要是通过爬虫抓取多个行业的地理信息。其包括餐饮服务数据、公共设施服务数据、购物服务数据、生活服务数据、医疗保健服务数据、住宿设施服务数据共211 520条，其中郑州市的数据145 875条，如表11-1所示。结合各类数据经纬度分布可以看出，大部分POI点分布在人群较密集的地方，如各区、县城的中心地带、各类旅游景点等。如登封县县城、中牟县县城等，这些人流量较大的区域各行业的分布密度也较大，同时也是商业较繁华的地段；诸如郑州市到中牟县的310国道，客流量较多的道路附近POI分布也较为密集。此外，郑州市核心区包括二七区、金水区、惠济区、中原区、管城区范围内的数据，其主要分布在CBD、大型商场、大学城、火车站、汽车站以及大型商业企业附近。例如，二七广场、龙子湖大学城校区、郑州站、郑州东站、新郑国际机场、郑州富士康园区等。

表11-1　　　　　　　　　　　　郑州市数据类型及数量

POI数据类型	POI数据内容	数量（条）	总计（条）
餐饮服务	美食、小吃、中餐、咖啡厅、快餐等	49 384	
公共设施服务	男洗手间、女洗手间、残障洗手间	5 055	
购物服务	便利店、专卖店、超级市场、综合市场	13 388	
生活服务	电信营业厅、事务所、邮局、信息咨询中心、洗浴推拿场所、美容美发店、其他生活服务场所	29 211	145 875
医疗保健服务	宠物医院、综合医院、医药市场、诊所、药店	10 259	
住宿设施服务	宾馆、酒店、旅馆、招待所、建筑、房产、其他住宿服务相关设施	38 578	

以郑州市核心区为例，其POI数据分布有如下特征：第一，以中原区、二七区、管城区、金水区交界处为核心向四周进行辐射。距离郑州市核心区越远，其POI数据的聚集程度越低，向外圈逐级递减。第二，各区域分布不均衡，郑州市核心区（中原区、二七区、管城区、金水区交界）的POI数据聚集程度要远远高于其他区级或县级区域。第三，郑州市核心区内部分布也存在明显的不均衡现象。首先，北部的惠济区各项POI数据聚集程度要远远低于南边的各区，与南边差异较大。其次，处于发展初期的郑东新区，由于起步较晚，各类服务POI数据的聚集程度相较于老城区仍然较低。

所抓取到的上海市POI数据171 290条，如表11-2所示。首先，结合各POI数据的地理位置信息，发现上海市的POI数据主要分布在静安区、长宁区、徐汇区、黄浦区、浦东新区的交界处，这里是上海的商业中心，同时也是上海市的中心地带。其次，在重点交通枢纽，如上海虹桥机场、上海南站等，由于客流量较大，也形成了局部聚集区。最后，在上海市中心向外发散，也分布着零星的聚集区，这主要是上海各种工业园区，如上海堡镇工业园区、上海徐泾工业园区、上海宝山科技园等，在其周围往往也存在小范围的聚集现象。进一步分析发现，POI数据主要分布在沿江两岸，如南京路步行街、淮海路、徐家汇、五角尝四川路、豫园、南京西路等主要的商业圈。这里水运便利、路网发达，同时也是观光旅游之地。此外，浦东与浦西地区的POI数据聚集也有明显差别，浦西的数据较浦东的数据分布更为密集。

表 11-2　　　　　　　　　　　上海数据类型及数量

POI 数据类型	POI 数据内容	数量（条）	总计（条）
餐饮服务	美食、小吃、中餐、咖啡厅、快餐等	43 930	
公共设施服务	男洗手间、女洗手间、残障洗手间	3 430	
购物服务	便利店、专卖店、超级市场、综合市场	8 658	
生活服务	电信营业厅、事务所、邮局、信息咨询中心、洗浴推拿场所、美容美发店、其他生活服务场所	41 002	171 290
医疗保健服务	宠物医院、综合医院、医药市场、诊所、药店等	7 122	
住宿设施服务	宾馆、酒店、旅馆、招待所、建筑、房产、其他住宿服务相关设施	74 270	

综上所述，作为消费型城市的上海，服务行业 POI 数据的分布要比郑州市的分布更为密集这些数据的分布往往与区域的人口规模和聚集程度相关。影响各类服务行业 POI 数据分布的主要因素是人口因素。由于交通网络、名胜古迹等其他因素对人流的吸引，间接地促进了各类服务设施的分布；区域规划以及相关政策的引导，对 POI 数据的分布也产生了不同的影响。

11.3 上海市和郑州市服务设施分布

本研究通过核密度分析法、地理探测器、辛普森指数对郑州市和上海市的 POI 数据进行密度、影响因子以及多样性分析。首先，通过核密度分析法对各类设施的聚集程度进行描述，探究其分布特征，分析当前郑州市和上海市的发展现状及两者之间的差异，包括医疗保健服务、娱乐设施服务、餐饮服务、公共设施服务。其次，对各类消费类型的服务密度进行加权平均，得到最终的城市消费活力分布。再次，使用辛普森指数对区域内各类行业设施的密度进行分析，从而探究地理区域服务业多样性的高低；最后利用地理探测器对各类服务设施消费活力影响力的大小进行分析，并探究不同影响因素交互对城市消费活力的作用程度。

11.3.1 郑州市各类设施的核密度

郑州市各类别的服务设施整体上是"单核心"的结构分布，呈现出一种从中心向四周发散的特征。POI 数据主要分布在郑州市的中心地带，即管城区、金水区、惠济区、中原区、二七区的交界地带。这里是郑州市最繁华的地带，也是郑州市的商业中心，涵盖郑州三环内的区域。同时，各 POI 数据由该中心向外扩散，聚集程度向四周递减，各类服务设施的聚集程度下降，凸显了中心城区的辐射效应。对于上街区、荥阳市、新郑市、巩义市、登封市、新密市和中牟县这些地区，服务类设施往往集中于县、区中心地带。虽然聚集程度不及市中心，但也表现出一定的聚集现象，即呈现出低值"多核心"的分布特征。

同时，郑州市周边地区也出现了小范围聚集，如以新郑国际机场为核心的聚集特征、郑州市城郊区以龙湖镇大学城为核心的聚集特征等。这些区域往往以发散状分布在郑州市中心区域的周边地区，且与中心区域有着相互联系、相互融合的关系。

郑州市中心区各类服务设施的分布差异较为明显。常见的消费型服务设施如餐饮、购物、住宿、生活服务等，其聚集程度较高的区域往往是消费水平较高的区域，而远离市中心的地带服务设施的聚集程度明显下降，这也从另一方面说明区域消费水平和区域的消费活力存在正相关的关系。休闲娱乐服务设施的聚集程度并不太高，但一些商业中心地带，如二七区、火车站附近，出现了小范围的聚集，而在郑州国际会展中心等区域，聚集程度明显降低；医疗保健设施服务数据主要聚集在人口较密集的地区，对于人口密度较低的边缘地带，其聚集程度明显下降。

11.3.2　上海市各类设施的核密度

上海市各类服务设施的分布在整体上呈现出一种"单核心"的状态。其主要表现为，以普陀区、闸北区、虹口区、杨浦区、静安区、黄浦区、徐汇区、长宁区为核心呈发散状向外辐射，覆盖了中环及以内的所有地区，主要以浦西老城区为主，呈现出从市中心向周边减弱的趋势。但是，距市中心较远的区域，如嘉定区、宝山区、举贤区、金山区、松江区、浦东新区、闵行区、青浦区、崇明区，由于交通便利，在其局部地区也呈现出小范围的聚集状态。同时，在这些地区之外，也有部分区域的聚集程度比周围的区域要高，这些区域也被称为"新城"，如青浦新城、奉贤新城、嘉定新城、松江新城、南汇新城。在这些区域内存在诸如大学城、旅游景点等能够吸引服务业聚集的因素。

上海市各类型服务设施的分布，其聚集程度与市中心的距离成反比，即越远离市中心，聚集程度越小。这主要受两方面的影响：一方面，上海市的核心地带商业密度较高、人口密度大、消费需求大，因此这一区域的餐饮、购物、生活类的服务设施程度较高。另一方面，受城市规划的影响，老城区的浦西的各类服务设施的聚集程度要远远高于浦东新城区。此外，对于距市中心较远的乡镇地带，服务设施也呈现小范围的聚集现象，一般是以当地政府为中心向四周发散。

11.3.3 郑州市与上海市消费活力的比较

POI 点能够准确地反映不同数据类型的分布状况。本研究用餐饮服务、购物服务、生活服务、休闲娱乐服务、住宿服务、医疗保健服务业的 POI 衡量城市消费服务设施的空间格局，通过各种消费类型的密度来研究城市总体消费活力。假设每一种消费类型的 POI 密度为 s_i，用其平均值来刻画整体的城市消费活力。

$$A = \frac{1}{6} \sum_{i=1}^{6} s_i \qquad (11-1)$$

其中，A 代表城市的消费活力，由这六类典型的城市消费服务设施的密度加权平均所得到，通过对这六类 POI 赋予相同的权重并进行统计分析，最终得到郑州市和上海市消费活力的空间格局。

郑州市和上海市消费活力的空间差异明显。一方面，上海市聚集程度明显比郑州市的聚集程度要高，呈现出一种"单核心"的分布，而郑州市呈现出"单核心"与区域低值"多核心"结合的分布。这主要是由于郑州市存在着明显的区域发展不平衡的现象，各 POI 在市中心强烈集中，在其他区域消费活力水平较低，在三环以内各类服务 POI 数据存在明显的聚集现象，各类服务 POI 数据的聚集程度呈递减趋势，这也突出了城市核心区域的辐射特征。

另一方面，郑州市 POI 数据分布的域内差异也较大。郑州市南部地区的 POI 数据聚集程度要显著高于北部地区。这主要是由于郑州市核心区南部的新郑国际机场是中国八大区域性枢纽机场之一，与郑州市核心区域之间有地铁线路连接。伴随着人口密度与各类服务设施聚集程度的提升，郑州市核心区与以新郑国际机场为中心的低值核心区域产生了粘连现象。此外，伴随着郑州市核心区域的扩张，核心区与其东部的中牟县聚集区和西部的荥阳聚集区产生了交互。

11.4 上海市和郑州市服务设施的辛普森指数

11.4.1 模型设计

辛普森多样性指数描述了从一个群落连续两次抽样所得到的个体属于同一种的概率。辛普森多样性指数经常被用作描述群落物种多样性。将其概念引入对城市消费活力研究的领域，利用辛普森指数来对城市服务业多样性进行计算和分析。

$$D = 1 - \sum_{i=1}^{S} P_i^2 \tag{11-2}$$

其中，D 为城市消费活力指数，范围在（0，1），S 为城市中服务设施的种类，P_i 代表第 i 类服务设施的数量占总服务设施数量的比例。若 D 值越大，代表该地区的消费服务设施的多样性越高；相反，该地区的服务设施的多样性越低。

11.4.2 服务设施多样性

以辛普森多样性指数为基础，结合所爬取到的 POI 数据，分别对郑州市和上海市进行分析，如表 11-3 所示。从整体上看，上海市的服务多样性指数（0.939）要高于郑州市的服务多样性指数（0.885）。这主要是由于上海市的各类服务设施的分布要比郑州市更加均匀，这也从另一方面证实了郑州市的各项生活服务配套设施相对于一线城市还存在一定的差距。此外，郑州市服务类行业的分布不均匀，往往造成区域内竞争加剧。对于同类型服务行业分布密度较高的区域，同行业之间会存在恶性竞争；对于同类型服务行业分布密度较低的区域，服务又不能普及到所有的消费者。因此，对于郑州市而言，各类服务设施应进行合理的布局，这样才能促进各行业的共同发展，既能满足消费者的多样化需求，又能提高各行业的竞争力。

表 11 - 3　　　　　　　　　　　**郑州市和上海市 POI 多样性**

POI 数据类型	郑州市数据（个）	郑州市辛普森指数	上海市数据（个）	上海市辛普森指数
餐饮服务	49 384		43 930	
公共设施服务	5 055		3 430	
购物服务	13 388	0.885393094	8 658	0.939371855
生活服务	29 211		41 002	
医疗保健服务	10 259		7 122	
住宿设施服务	38 578		74 270	

　　将郑州市与上海市的地图分割为 2.5 千米 × 2.5 千米的格网，并根据辛普森指数分析每个格网中服务类 POI 数据的多样性。结果发现：第一，郑州市和上海市的服务业 POI 数据的多样性指数随着距市区核心区的距离越远其数值越小。对比发现，其总体的分布特征与城市消费活力的分布接近。对于城市的核心区域，其消费服务多样性指数高达 0.8，各类服务设施分布均匀；对于远离市区的郊区，服务业 POI 数据的多样性指数减小，其消费服务多样性指数仅有 0.1。这主要是由于：一方面，受限于区域规划、区位等，城市服务设施的分布不均匀；另一方面，区域间消费水平的不同，消费需求千差万别，消费水平较低的区域服务设施的类型相对单一，消费水平较高的区域服务设施类型多。第二，对于距城市核心较远的地区，如郑州的新密市、上海市 "新城" 等，在局部范围内服务业 POI 数据的多样性指数也较高，其消费服务多样性指数在 0.5 左右波动，而这些区域往往分布在当地政府附近，各类服务设施较为健全，分布也相对均匀。第三，以国际机场、火车站、大学城、大型企业等远离城市核心的区域，由于具有较高的人流量，其消费服务多样性指数也达到了 0.5 以上，各类服务设施相对健全。

11.5　上海市和郑州市消费活力的驱动因素分析

11.5.1　地理探测器建模

　　本研究主要使用其因子探测和交互作用探测，因子探测用于测定研究区域影响城市消费活力空间异质性的潜在驱动因素对其的驱动作用程度[103]，交互作用探测用于识别不同驱动因素交互作用下对城市消费活力的作用程度。

$$q = 1 - \frac{\sum_{h=1}^{L} N_h \sigma_h^2}{N \sigma^2} \tag{11-3}$$

其中，q 是统计结果，表示某变量对研究对象消费活力的影响程度；N 表示研究对象空间范围内，区域网格化之后所得到的网格总数；L 表示变量或因子的所属的类别，σ_h^2 表示研究区域内城市消费活力的总方差，σ_h 表示研究对象第 i 个空间范围内消费活力的方差。q 的取值范围为 $[0, 1]$，其值越大，表明驱动因素对城市消费活力的驱动力越强。

本研究主要探究两类数据对城市消费活力的影响：①城市的宏观因素：人口密度、人均 GDP、人均消费支出；②公共服务能力：餐饮服务、公共设施服务、医疗保健服务、娱乐设施服务。

11.5.2 郑州市地理探测器分析

（1）宏观数据分析。

通过查阅有关郑州市的各种资料，得到关于郑州市的人口数（万人）、面积（平方千米）、人口密度（人/平方千米）、人均 GDP（万元/人）、人均消费总额（万元/人），通过自然断点法对数据进行离散化处理，并将数据投影到所研究的空间上，通过计算得到各驱动因子的影响力大小，如表 11-4 所示。可以看出，这三类宏观因素对消费活力的驱动程度，即 q 值，都没有超过 0.3，表明这三类宏观因素对消费活力的驱动作用整体较低。

表 11-4 　　　　　　　　　郑州市宏观因素驱动程度结果

驱动因素	驱动因素作用程度值（q 值）	影响程度
人口密度	0.293800631	较低
人均 GDP	0.160503176	较低
人均消费总额	0.208125655	较低

这三类宏观因素之间的相互作用关系如表 11 – 5 所示。可以看出，人口密度与人均 GDP 之间、人口密度与人居消费总额及人均 GDP 与人均消费总额之间存在两两相互促进的关系，对驱动消费活力的增长有积极的推进作用。但是，三者之间相互作用基本一致，整体上并不高。

表 11 – 5　　　　　　　　　　郑州市宏观因素探测结果交互性

驱动因素	人口密度	人均 GDP	人均消费总额
人口密度	0.29384		
人均 GDP	0.326727	0.160555	
人均消费总额	0.326951	0.327457	0.208176

经过对这三类宏观因素 q 值的分析和比较，发现人口密度（0.294）> 人均消费总额（0.208）> 人均 GDP（0.161）。其中，人口密度和人均消费总额对消费活力的驱动程度较为明显，即单位面积内人口数越多、消费额度越高，越有利于服务业的集聚，从而越有利于城市消费活力的形成和提升；相反，单位面积内人口越少、消费额度越低，越不利于城市消费活力的形成，这与当前城市发展的趋势一致[105]。对于人口较为集中的区域，如生活小区、超市、火车站、汽车站等，和消费力水平较高的区域，如大型企业、大型商城等，由于人流量较大，各种设施也较为完善。例如早期的郑州市，以二七广场、火车站为中心向外辐射式的发展。人均 GDP 虽然是区域经济发展水平的重要指标之一，但是对城市消费活力的驱动程度仅为 0.161，这与人们的认知似乎不一致，即经济发展水平高的区域，其消费活力不一定高。因此，城市消费活力是复杂因素综合影响的结果，并不完全取决于人均 GDP 等经济因素。其他方面，例如公共服务配套的完善性、交通通达性等对郑州市区的消费活力的影响可能更强。

（2）公共服务能力分析。

采用重分类法对数据进行离散化处理，通过自然间断法将 POI 数据分为 10 类，并将经过分类后的数据进行地图投影，计算得到公共服务设施对城市消费活力的驱动程度。如表 11 – 6 所示，各类服务设施的驱动因素作用值（q 值）都超过了 0.5，这就有力地证明了各类公共服务设施对城市消费活力存在显著的驱动作用。其中，餐饮设施（0.962）>医疗设施（0.908）>公共设施（0.864）>娱乐设施（0.682）。相比之下，餐饮设施对城市消费活力的驱动程度更高，这与核密度研究方法中得到的结论一致，也就是说，餐饮设施的分布与城市消费活力的分布最接近；各类公共设施及医疗设施的分布，如医院、药店等，对城市消费活力也存在很强的驱动作用，需要重点关注；娱乐设施对城市消费活力有较强的驱动作用，但是，由于娱乐设施的分布较少且不均匀，导致娱乐设施不如其他设施那样具有较高的驱动作用。

表 11-6   郑州市公共服务能力驱动程度结果

驱动因素	驱动因素作用程度值（q 值）	影响程度
餐饮设施	0.962042178	较高
公共设施	0.863930945	较高
医疗设施	0.907530259	较高
娱乐设施	0.681795379	一般

各类公共服务的相关性计算结果如表 11-7 所示。不同驱动因素之间表现为两两协同或双协同增强的作用，对驱动消费活力的增长有积极的促进作用。对比各类设施的分布发现，各类公共服务设施往往分布在人口密度较高、消费能力较强的区域，如购物中心、火车站、大学城等附近，而这些区域的消费活力相较于其他区域往往较高。因此，重要的医疗设施、公共设施的建设要与城市发展规划紧密结合，以增强城市区域的消费活力，从而推动城市经济的持续健康发展。

表 11-7   郑州市公共服务交互性探测结果

公共服务	餐饮	公共	医疗	娱乐
餐饮	0.962042178			
公共	0.96935626	0.863930945		
医疗	0.975896601	0.949923695	0.907530259	
娱乐	0.97053104	0.900245787	0.925312838	0.681795379

11.5.3　上海市地理探测器分析

（1）宏观数据分析。

通过自然断点法对上海市相关数据进行离散化处理，空间投影后计算得到各驱动因子的影响力。如表 11 – 8 所示，人口密度、人均 GDP、人均消费总额对上海市消费活力的影响能力整体较低，其中，人口密度（0.365）＞人均 GDP（0.128）＞人均消费总额（0.132）。

表 11 – 8　　　　　　　　　　上海市宏观因素驱动程度结果

驱动因素	驱动因素作用程度值（q 值）	影响程度
人口密度	0.36526	较低
人均 GDP	0.128202	较低
人均消费总额	0.13159	较低

各主要因素交互性探测的结果如表 11 – 9 所示。人口密度与人均 GDP、人口密度与人均消费总额，这两类 POI 两两之间的交互性探测值均大于 0.6，对城市消费活力的驱动存在正相关性，共同促进上海消费活力的增长。但是，人均 GDP 与人均消费总额两两之间的交互性探测值小于 0.2，相关性基本上可以忽略。

表 11 – 9　　　　　　　　　　上海市宏观因素探测结果交互性

驱动因素	人口密度	人均 GDP	人均消费总额
人口密度	0.66526		
人均 GDP	0.689285	0.128202	
人均消费总额	0.685358	0.454212	0.13159

通过比较这三类驱动因素对上海经济活力的作用，发现人口密度的驱动程度相较于其他两类要更加明显。结合上海市消费活力分布，对上海外滩附近、上海虹桥机场附近、上海"新城"等人口规模较大区域而言，其消费活力要远高于其他地区。因此，人口密度也可以视为驱动上海消费活力的重要因素。同时，因为各区之间经济差异的存在，各地人均 GDP 不具有较高的参考价值。例如，浦东新区的 GDP 较高，但其消费活力并没有比上海市老城区的一些区域的消费活力高。这同时也说明，上海市经济发展水平并不是决定城市消费活力的主要因素，其他方面的因素可能存在更强的决定作用。

（2）公共服务能力分析。

通过自然断点法对各类公共服务设施数据进行离散化处理，投影后计算得到其对上海市消费活力的驱动作用。如表 11 - 10 所示，餐饮设施、公共设施、医疗设施、娱乐设施对城市消费活力的驱动程度值都超过了 0.8，对城市消费活力的驱动程度都存在显著的驱动作用，其中餐饮设施（0.95）>医疗设施（0.91）>娱乐设施（0.88）>公共设施（0.82），餐饮的驱动程度最强。

表 11 - 10　　　　　　　　上海市公共服务能力驱动程度结果

驱动因素	驱动因素作用程度值（q 值）	影响程度
餐饮设施	0.954528668	较高
公共设施	0.823457579	较高
医疗设施	0.909082663	较高
娱乐设施	0.876137661	较高

各因素交互性探测结果如表 11 - 11 所示。可以看出，各类公共服务设施两两之间的交互性探测值均超过了 0.8，说明各类公共服务设施两两之间存在显著的正相关性，且存在双协同增强关系。这就表明，提高城市消费活力要着重考虑公共设施、医疗设施、娱乐设施等多种因素的复杂影响。上海市作为一个国际化的消费城市，其各项公共设施都较为健全，区域发展整体较为协调。

表 11-11　　　　　　　　上海市公共服务能力交互性探测结果

公共服务	餐饮	公共	医疗	娱乐
餐饮	0.954528668			
公共	0.962673979	0.823457579		
医疗	0.975812991	0.932077803	0.909082663	
娱乐	0.969071167	0.920858755	0.930441015	0.876137661

11.6　结论与建议

本章以从郑州和上海各类 POI 数据为基础，综合运用核密度分析、加权求和、辛普森指数、地理探测器等方法探寻郑州市与上海市城市消费活力的分布、区域的消费多样性以及影响城市消费活力的驱动因子。研究发现：郑州市消费活力呈现出一种"单核心"与低值"多核心"的分布特征，上海市则表现为显著的"单核心"分布。上海市比郑州市的服务业 POI 数据多样性指数高，各类消费服务设施的分布更齐全、更均匀。政府及大型企业对服务业 POI 数据多样性指数具有积极的促进作用，而人均 GDP、人均消费总额等宏观因素对城市消费活力的驱动作用不显著。此外，各类公共服务对于提升区域消费活力极为重要，各类公共服务设施两两之间存在显著的正相关性，且存在双协同增强关系，这表明要提升城市消费活力，必须考虑多种因素的综合影响。

上海为郑州的城市发展提供了有益的经验指导。在推进城市经济发展的同时，要突出郑州市作为八大古都之一的历史底蕴，充分挖掘、利用郑州市多样的文化资源，创造文化名城，推进文旅结合，打造属于郑州的文化品牌，增强文化软实力。此外，还要打造创新型城市。郑州市是国家大数据综合试验区，要以此为契机，通过政策引导和智力支持，大力推进物联网、云计算、人工智能和大数据产业发展，建设创新型城市，引领河南省经济健康高效发展。

下篇：河南省区域经济的空间尺度与人口关系分析

　　人口集聚是城市发展的基础，城市发展则可能进一步加剧人口集聚。随着中国城市规模的不断扩大，居民收入水平的逐渐提高，城市虹吸效应进一步凸显，城市人口逐渐向经济实力雄厚、区位优势明显、基础设施完善的核心城市集聚[106]。人口集聚给城市带来了技术进步、经济增长与城市繁荣的同时，也带来了交通拥挤、资源短缺和环境恶化，阻碍城市的进一步发展[107]。因此，深入研究区域经济发展与人口之间的空间分布及其关联，把时间演变与空间尺度变换相融合，挖掘在不同区域尺度上的空间关联和溢出效应，提取协同发展的耦合驱动因素，对于提升河南省经济社会发展水平具有重大意义。

　　本篇把人口发展与经济发展当成区域社会发展过程中的两个系统有机地联系起来，深入分析河南省人口与经济系统发展过程中的时空耦合协调性，揭示河南省人口与经济演化的非线性变化及其内在演化机理。一方面，运用主成分分析法构建人口经济压力指数，结合探索性空间统计分析，分析河南省人口分布与经济发展的空间格局关联特征，揭示解河南省人口经济压力全局空间、局部空间上的演变过程和演变规律。另一方面，以河南省区域协同发展为切入点，引入耦合协调度模型，构建"人口—经济"耦合系统，分析河南省"人口—经济"的地理集中度，并通过耦合指数以及探索性空间分析技术研究河南省人口与经济耦合的空间关联，定量刻画区域发展的耦合协调性，以此为依据探寻促进河南省人口与经济协调发展的有效措施。

第12章

河南省人口经济压力及其空间关联

人口经济压力是人口系统与经济、环境、社会等多个复杂系统之间的适应性，是人口规模与经济规模之间协调性的重要指标[108]。本研究构建人口经济压力指标体系，以河南省为例计算区域人口经济压力指数，综合运用多元统计和空间统计方法，从时间和空间两个维度深入分析河南省人口—经济系统的协同性及其内在关联的时空分布规律，为加速推进区域协同发展的国家战略提供决策参考。

12.1 研究设计

人口经济压力是衡量人口与经济是否协调的指标。人口经济压力小，表明人口规模与经济发展两者协调；反之，人口经济压力大，表明人口规模与经济发展两者不协调。本研究从人口与经济两个系统的关联出发，建立人口增长、生活水平、人口就业和人口素质4个维度共9个指标体系，采用主成分分析法确定人口经济压力，运用线性加权法计算2008～2016年河南省人口经济压力指数并进行区域分级，最终采用探索性空间分析法研究空间自相关性，全面揭示河南省区域发展在时间上的演化趋势和空间上聚集收敛的显著性。

12.2 指 标 体 系

人口经济压力能够有效衡量人口与经济系统之间的承载关系，是当前研究人口与经济系统协同运行的重要方向之一。人口经济压力是一个动态概念，不仅受人口数量与资源存量的影响，更取决于人口系统与其他系统的协调程度[109]。如表 12 – 1 所示，本研究在借鉴已有研究成果的基础上，根据河南省自身的特点，并考虑到数据的可获取性，分别从人民生活水平、区域就业以及人口素质 3 个维度共 9 个指标综合衡量区域人口经济压力。

表 12 – 1 　　　　　　　　　河南省人口经济压力指标体系

	目标层	指标层	指标性质
人口经济压力	人民生活水平	城镇居民可支配收入	负相关
		农民人均纯收入	负相关
		人口抚养系数	正相关
	区域就业	城镇登记失业率	正相关
		农村劳动力人口比例	正相关
		地区从业人员数	负相关
	人口素质	人口自然增长率	正相关
		老龄人口比例	正相关
		普通高等学校在校生数	负相关

（1）人民生活水平。选取城镇居民可支配收入、农民人均纯收入、人口抚养系数 3 个指标。其中，城镇居民可支配收入和农民人均纯收入越大，人民生活水平压力越小；人口抚养系数越大，人民生活水平压力越大。

（2）区域就业。选取城镇登记失业率、农村劳动力占总人口比例、地区从业人员数 3 个指标。其中，城镇登记失业率越高、农村劳动力占总人口比例越大，区域就业压力越大；地区从业人员数越大，区域就业压力越小。

（3）人口素质。选取人口自然增长率、老龄人口占总人口比例、普通高等学校在校学生 3 个指标。其中，人口自然增长率越高、老龄人口占总人口比例越大，人口素质压力越大；普通高等学校在校学生越多，人口素质压力越小。

12.3　研究方法与数据来源

12.3.1　数据来源

本研究以河南省 18 个地级市单元为研究对象，选定 2008～2016 年这 9 个年份为时间序列，来进行河南省人口经济压力及其空间关联的研究。研究数据包括：各市人口自然增长率、人均国内生产总值、农民人均纯收入、人口抚养系数、城镇登记失业率、农村劳动力占总人口比例、从业人员数、老龄人口占总人口比例和普通高等学校在校学生的数据。数据资料来源于 2008～2006 年河南省统计年鉴。

12.3.2　数据标准化

由于研究人口经济压力的 9 个影响因素的数据单位不同、数值大小悬殊，并且存在正相关和负相关两种相关性类型。所以，本研究采用两种不同的标准化方法，对影响因素的原始数据进行标准化处理，以消除原始数据的正负性以及大小差异性。标准化处理的方法为：

正相关数据的标准化处理的方法：

$$x_i^* = \frac{x_i - x_n}{x_m - x_n} \qquad (12-1)$$

负相关数据的标准化处理的方法：

$$x_i^* = 1 - \frac{x_i - x_n}{x_m - x_n} \qquad (12-2)$$

其中，$i = 1, 2, \cdots, n$ 为数据的编号；x_i 为原始数据；x_i^* 为经过标准化处理后的数据；x_m 为原始数据的最大值；x_n 为原始数据的最小值。经过标准化处理后的数据，如表 12-2 所示。

表 12-2　　　　　2008~2016 年河南省人口经济压力标准化处理数据

地区	年份	9 个影响因素标准化后的数据								
		1	2	3	4	5	6	7	8	9
郑州市	2008	0.20	0.59	0.73	0.14	0.74	0.27	0.45	0.29	0.36
	2009	0.23	0.54	0.70	0.15	0.26	0.27	0.39	0.34	0.31
	2010	0.33	0.49	0.62	0.01	0.52	0.19	0.37	0.11	0.28
	2011	0.34	0.37	0.50	0.16	0.22	0.19	0.34	0.23	0.25
	2012	0.39	0.30	0.40	0.24	0.22	0.18	0.31	0.32	0.23
	2013	0.43	0.22	0.30	0.27	0.30	0.18	0.27	0.37	0.16
	2014	0.52	0.15	0.20	0.28	0.00	0.16	0.27	0.35	0.12
	2015	0.43	0.09	0.09	0.31	0.07	0.16	0.24	0.40	0.07
	2016	0.73	0.00	0.00	0.39	0.19	0.16	0.19	0.52	0.00
开封市	2008	0.15	0.94	0.95	0.26	0.63	0.61	0.63	0.27	0.93
	2009	0.15	0.91	0.93	0.27	0.93	0.60	0.62	0.29	0.93
	2010	0.31	0.87	0.88	0.47	0.93	0.61	0.61	0.29	0.92
	2011	0.30	0.82	0.81	0.44	0.93	0.63	0.61	0.35	0.92
	2012	0.26	0.78	0.74	0.51	0.85	0.65	0.61	0.44	0.91
	2013	0.30	0.74	0.68	0.57	0.56	0.66	0.58	0.48	0.91
	2014	0.26	0.70	0.61	0.60	0.59	0.66	0.59	0.58	0.91
	2015	0.31	0.66	0.55	0.67	0.56	0.68	0.57	0.58	0.91
	2016	0.58	0.61	0.49	0.69	0.56	0.68	0.64	0.73	0.90
洛阳市	2008	0.28	0.73	0.93	0.31	0.96	0.53	0.49	0.29	0.92
	2009	0.19	0.71	0.91	0.30	0.67	0.55	0.48	0.31	0.92
	2010	0.50	0.65	0.86	0.35	0.70	0.53	0.46	0.26	0.91
	2011	0.39	0.58	0.78	0.39	0.78	0.53	0.45	0.35	0.91
	2012	0.31	0.52	0.72	0.37	0.89	0.53	0.43	0.39	0.91
	2013	0.39	0.49	0.65	0.35	0.89	0.50	0.44	0.42	0.90
	2014	0.45	0.47	0.59	0.40	0.93	0.50	0.42	0.50	0.90
	2015	0.49	0.44	0.52	0.46	0.93	0.48	0.40	0.58	0.89
	2016	0.71	0.37	0.47	0.45	0.96	0.48	0.39	0.69	0.88

续表

地区	年份	9 个影响因素标准化后的数据								
		1	2	3	4	5	6	7	8	9
平顶山市	2008	0.32	0.84	0.95	0.20	0.59	0.56	0.61	0.39	0.95
	2009	0.28	0.82	0.92	0.24	0.74	0.56	0.60	0.39	0.94
	2010	0.74	0.77	0.87	0.42	0.67	0.58	0.61	0.37	0.94
	2011	0.51	0.73	0.80	0.38	0.70	0.58	0.60	0.42	0.94
	2012	0.35	0.72	0.74	0.50	0.59	0.58	0.60	0.52	0.94
	2013	0.34	0.71	0.67	0.51	0.70	0.56	0.59	0.55	0.94
	2014	0.43	0.69	0.60	0.52	0.70	0.56	0.60	0.56	0.94
	2015	0.47	0.68	0.54	0.73	0.70	0.58	0.58	0.61	0.95
	2016	0.74	0.64	0.48	0.72	0.63	0.58	0.57	0.68	0.94
安阳市	2008	0.19	0.86	0.89	0.23	0.67	0.65	0.56	0.18	0.97
	2009	0.19	0.84	0.87	0.32	0.85	0.65	0.56	0.26	0.96
	2010	0.50	0.79	0.81	0.45	0.70	0.66	0.55	0.18	0.95
	2011	0.15	0.75	0.73	0.54	0.74	0.68	0.53	0.35	0.95
	2012	0.06	0.72	0.66	0.59	0.93	0.68	0.55	0.42	0.94
	2013	0.16	0.69	0.59	0.62	0.81	0.68	0.54	0.48	0.94
	2014	0.31	0.66	0.52	0.67	0.59	0.68	0.53	0.56	0.93
	2015	0.34	0.64	0.45	0.68	0.70	0.66	0.52	0.48	0.93
	2016	0.43	0.60	0.39	0.68	0.70	0.68	0.51	0.56	0.92
鹤壁市	2008	0.15	0.81	0.87	0.30	0.89	0.53	0.93	0.00	1.00
	2009	0.16	0.79	0.84	0.29	0.63	0.53	0.93	0.02	1.00
	2010	0.48	0.75	0.78	0.43	0.85	0.47	0.93	0.03	1.00
	2011	0.37	0.71	0.69	0.39	0.93	0.42	0.93	0.05	1.00
	2012	0.46	0.67	0.61	0.36	0.22	0.42	0.93	0.05	1.00
	2013	0.44	0.61	0.53	0.37	0.44	0.39	0.92	0.10	1.00
	2014	0.50	0.56	0.45	0.39	0.52	0.40	0.92	0.24	1.00
	2015	0.42	0.53	0.37	0.41	0.11	0.42	0.91	0.24	0.99
	2016	0.53	0.49	0.30	0.47	0.26	0.45	0.90	0.34	0.99

续表

地区	年份	9个影响因素标准化后的数据								
		1	2	3	4	5	6	7	8	9
新乡市	2008	0.27	0.90	0.90	0.22	0.74	0.48	0.62	0.16	0.90
	2009	0.24	0.89	0.88	0.24	0.81	0.48	0.60	0.24	0.89
	2010	0.40	0.85	0.82	0.40	0.93	0.48	0.59	0.21	0.88
	2011	0.40	0.78	0.74	0.43	0.93	0.48	0.59	0.29	0.87
	2012	0.33	0.75	0.66	0.45	0.89	0.50	0.58	0.35	0.85
	2013	0.32	0.71	0.59	0.51	0.89	0.47	0.56	0.44	0.86
	2014	0.37	0.68	0.52	0.62	0.96	0.47	0.55	0.56	0.86
	2015	0.34	0.67	0.45	0.62	0.96	0.48	0.54	0.50	0.85
	2016	0.69	0.62	0.39	0.65	0.89	0.50	0.52	0.55	0.84
焦作市	2008	0.26	0.72	0.83	0.20	0.70	0.44	0.76	0.19	0.95
	2009	0.22	0.71	0.80	0.19	0.89	0.45	0.75	0.19	0.94
	2010	0.50	0.65	0.74	0.22	0.93	0.44	0.75	0.16	0.93
	2011	0.20	0.58	0.64	0.21	0.96	0.44	0.73	0.24	0.93
	2012	0.19	0.54	0.56	0.23	0.96	0.45	0.71	0.29	0.92
	2013	0.26	0.48	0.48	0.22	1.00	0.47	0.72	0.27	0.91
	2014	0.30	0.43	0.40	0.24	1.00	0.47	0.72	0.35	0.90
	2015	0.48	0.40	0.32	0.30	0.96	0.47	0.70	0.50	0.90
	2016	0.68	0.34	0.24	0.33	0.93	0.47	0.69	0.66	0.92
濮阳市	2008	0.25	0.88	0.97	0.24	0.93	0.63	0.71	0.15	1.00
	2009	0.25	0.88	0.95	0.30	0.30	0.63	0.70	0.21	1.00
	2010	0.53	0.84	0.90	0.48	0.44	0.63	0.72	0.19	0.99
	2011	0.38	0.80	0.83	0.47	0.48	0.65	0.71	0.23	0.99
	2012	0.40	0.76	0.77	0.47	0.59	0.63	0.71	0.29	1.00
	2013	0.30	0.71	0.71	0.53	0.44	0.63	0.69	0.40	1.00
	2014	0.31	0.66	0.65	0.58	0.52	0.63	0.67	0.42	1.00
	2015	0.27	0.64	0.58	0.63	0.44	0.60	0.67	0.52	1.00
	2016	0.69	0.59	0.53	0.70	0.33	0.60	0.67	0.68	1.00

续表

地区	年份	9个影响因素标准化后的数据								
		1	2	3	4	5	6	7	8	9
许昌市	2008	0.08	0.80	0.85	0.28	0.59	0.61	0.65	0.35	0.98
	2009	0.06	0.78	0.82	0.29	0.70	0.56	0.65	0.37	0.97
	2010	0.60	0.72	0.76	0.38	0.70	0.58	0.67	0.39	0.97
	2011	0.27	0.64	0.66	0.43	0.67	0.55	0.67	0.47	0.97
	2012	0.16	0.60	0.58	0.48	0.59	0.53	0.60	0.52	0.97
	2013	0.16	0.54	0.50	0.51	0.59	0.53	0.62	0.58	0.97
	2014	0.16	0.48	0.42	0.59	0.52	0.52	0.61	0.71	0.97
	2015	0.27	0.46	0.34	0.64	0.56	0.50	0.66	0.71	0.97
	2016	0.61	0.40	0.27	0.72	0.59	0.53	0.63	0.84	0.96
漯河市	2008	0.19	0.83	0.89	0.24	0.59	0.58	0.83	0.48	0.98
	2009	0.13	0.81	0.86	0.23	0.81	0.61	0.83	0.47	0.98
	2010	0.18	0.77	0.81	0.29	0.41	0.60	0.82	0.47	0.98
	2011	0.25	0.74	0.72	0.25	0.48	0.60	0.82	0.45	0.98
	2012	0.28	0.71	0.65	0.32	0.44	0.60	0.82	0.60	0.98
	2013	0.31	0.68	0.58	0.34	0.44	0.60	0.81	0.69	0.98
	2014	0.42	0.64	0.51	0.33	0.19	0.60	0.81	0.71	0.98
	2015	0.43	0.62	0.43	0.39	0.22	0.58	0.80	0.73	0.98
	2016	0.58	0.58	0.37	0.49	0.41	0.58	0.79	0.87	0.97
三门峡市	2008	0.03	0.74	0.93	0.00	0.33	0.44	0.88	0.19	1.00
	2009	0.00	0.71	0.90	0.00	0.81	0.44	0.87	0.26	0.99
	2010	0.10	0.61	0.85	0.06	0.70	0.45	0.87	0.27	0.99
	2011	0.03	0.51	0.78	0.11	0.67	0.45	0.86	0.35	0.99
	2012	0.01	0.45	0.71	0.12	0.56	0.47	0.86	0.44	0.99
	2013	0.00	0.41	0.64	0.13	0.56	0.47	0.86	0.55	0.99
	2014	0.08	0.39	0.57	0.16	0.52	0.47	0.85	0.55	0.99
	2015	0.04	0.38	0.50	0.18	0.52	0.47	0.85	0.48	0.99
	2016	0.29	0.34	0.43	0.25	0.52	0.47	0.85	0.69	0.99

续表

地区	年份	9 个影响因素标准化后的数据								
		1	2	3	4	5	6	7	8	9
南阳市	2008	0.38	0.91	0.93	0.36	0.63	0.66	0.11	0.31	0.95
	2009	0.28	0.90	0.91	0.40	0.74	0.66	0.09	0.32	0.94
	2010	0.29	0.88	0.86	0.59	0.70	0.68	0.07	0.29	0.93
	2011	0.20	0.84	0.79	0.50	0.70	0.69	0.05	0.32	0.93
	2012	0.07	0.82	0.72	0.59	0.74	0.69	0.05	0.45	0.93
	2013	0.15	0.80	0.65	0.63	0.67	0.69	0.07	0.48	0.93
	2014	0.25	0.77	0.59	0.68	0.67	0.71	0.03	0.56	0.93
	2015	0.24	0.75	0.52	0.95	0.52	0.71	0.02	0.65	0.92
	2016	0.26	0.72	0.45	1.00	0.48	0.73	0.00	0.76	0.92
商丘市	2008	0.21	0.97	0.99	0.32	0.85	0.66	0.32	0.24	0.94
	2009	0.22	0.96	0.97	0.27	0.85	0.66	0.31	0.29	0.92
	2010	0.40	0.93	0.93	0.52	0.81	0.74	0.32	0.40	0.92
	2011	0.26	0.89	0.86	0.42	0.85	0.76	0.32	0.44	0.92
	2012	0.26	0.88	0.81	0.45	0.74	0.76	0.31	0.56	0.92
	2013	0.19	0.85	0.76	0.49	0.85	0.77	0.29	0.63	0.92
	2014	0.31	0.82	0.70	0.49	0.81	0.77	0.28	0.66	0.92
	2015	0.33	0.80	0.64	0.59	0.85	0.77	0.24	0.61	0.91
	2016	0.66	0.77	0.60	0.60	0.85	0.77	0.22	0.73	0.90
信阳市	2008	0.34	0.96	0.95	0.63	0.85	0.74	0.37	0.53	0.96
	2009	0.25	0.95	0.93	0.63	0.63	0.76	0.35	0.60	0.95
	2010	0.52	0.91	0.88	0.73	0.56	0.87	0.39	0.48	0.95
	2011	0.33	0.86	0.83	0.60	0.33	0.87	0.35	0.47	0.95
	2012	0.28	0.83	0.77	0.56	0.56	0.82	0.34	0.55	0.95
	2013	0.37	0.80	0.70	0.59	0.37	0.84	0.32	0.65	0.95
	2014	0.48	0.76	0.64	0.60	0.56	0.84	0.31	0.71	0.94
	2015	0.53	0.74	0.58	0.69	0.52	0.85	0.31	0.71	0.94
	2016	0.61	0.71	0.52	0.74	0.48	0.84	0.31	0.82	0.93

续表

地区	年份	9 个影响因素标准化后的数据								
		1	2	3	4	5	6	7	8	9
周口市	2008	0.10	1.00	1.00	0.62	0.56	0.71	0.09	0.27	0.98
	2009	0.01	0.99	0.98	0.57	0.93	0.71	0.08	0.27	0.97
	2010	0.15	0.96	0.94	0.69	0.96	0.84	0.06	0.35	0.96
	2011	0.14	0.92	0.88	0.62	0.96	0.84	0.06	0.40	0.96
	2012	0.11	0.89	0.82	0.58	0.96	0.85	0.05	0.50	0.97
	2013	0.14	0.86	0.77	0.52	0.96	0.84	0.05	0.58	0.97
	2014	0.22	0.83	0.72	0.56	0.96	0.77	0.04	0.68	0.97
	2015	0.24	0.81	0.66	0.74	0.56	0.79	0.05	0.68	0.96
	2016	0.60	0.79	0.62	0.75	0.85	0.81	0.05	0.82	0.96
驻马店市	2008	0.37	0.99	0.98	0.59	0.96	0.87	0.26	0.45	0.99
	2009	0.26	0.98	0.96	0.64	0.81	0.87	0.25	0.55	0.99
	2010	0.25	0.94	0.92	0.67	0.74	0.94	0.24	0.47	0.99
	2011	0.21	0.90	0.85	0.68	0.85	0.95	0.24	0.56	0.99
	2012	0.22	0.87	0.80	0.70	0.74	0.98	0.21	0.66	0.99
	2013	0.22	0.83	0.74	0.71	0.67	1.00	0.22	0.76	0.99
	2014	0.27	0.80	0.69	0.72	0.59	0.98	0.21	0.82	0.98
	2015	0.31	0.78	0.62	0.93	0.63	0.92	0.20	0.89	0.98
	2016	0.51	0.75	0.57	0.92	0.67	0.92	0.18	1.00	0.98
济源市	2008	0.26	0.56	0.83	0.04	0.81	0.40	1.00	0.13	1.00
	2009	0.26	0.57	0.79	0.04	0.67	0.40	1.00	0.10	1.00
	2010	0.49	0.45	0.72	0.06	0.70	0.00	1.00	0.02	1.00
	2011	0.51	0.39	0.61	0.12	0.78	0.42	0.99	0.06	1.00
	2012	0.45	0.29	0.52	0.13	0.52	0.40	0.99	0.13	1.00
	2013	0.51	0.26	0.44	0.16	0.52	0.40	0.99	0.18	1.00
	2014	0.56	0.23	0.35	0.19	0.56	0.42	0.99	0.34	1.00
	2015	0.73	0.22	0.27	0.24	0.56	0.40	0.99	0.31	1.00
	2016	1.00	0.14	0.19	0.31	0.56	0.40	0.99	0.63	1.00

12.3.3 主成分分析法

主成分分析（principal component analysis，PCA）是对非随机变量引入的一种统计学方法。主成分分析是通过降维技术，把多个变量化为少数几个主成分，这少数几个主成分能够反映原来指标大部分的信息，并且各个主成分之间保持独立，避免出现重叠信息。主成分分析试图在力保数据信息丢失最少的原则下，把多变量数据相互关联的复杂关系进行最佳综合简化，达到高维数据降维、简化数据结构的目的。

主成分分析的做法是：将原来指标进行线性组合，在所有的线性组合结果中，选取第一个线性组合 F_1，F_1 的方差越大，表示线性组合 F_1 包含的原来的信息就越多。由于选取的线性组合 F_1 的方差是最大的，故 F_1 为第一主成分。如果 F_1 不能有效地代表原来指标的信息，则考虑选取第二个线性组合 F_2。为了更全面地反映原来指标的信息，F_1 与 F_2 相互独立，各自包含的信息不重合、无交集，即 $Cov(F_1，F_2 = 0)$，则称 F_2 为第二主成分。依此类推，继续构造出第三、第四、…，第 P 个主成分。

主成分分析的步骤：

设 $X = (X_1，X_2，\cdots，X_P)$ 为 P 维随机向量，假定 X 的期望 $E(X) = \mu$，协方差 $Var(X) = \Sigma$，其均存在且已知，考虑如下线性变换：

$$F_i = q_i X = a_i X_i + a_i X_i + \cdots + a_n X_i \qquad (12-3)$$

其中，$Var(F_i) = a_i^T \sum a_i$，$Cov(F_i，F_j) = a_i^T \sum a_j$，$(i，j = 1，2，\cdots，p)$。

原来 P 个变量的线性组合 F_1，F_2，$\cdots$，F_P 构成了主成分，这些线性组合相互独立，且方差达到最大。通过计算得出的特征值，具有逐渐变小的性质，即 $\lambda_1 \geqslant \lambda_2 \geqslant \cdots \geqslant \lambda_p \geqslant 0$。计算出第 i 个主成分的方差贡献率，方差贡献率值越大，则表明第 i 个主成分代表原来指标的信息越多。即

$$\frac{\lambda_i}{\sum_{i=1}^{p} \lambda_i} \qquad (12-4)$$

在信息丢失不多的情况下，又保证主成分分析降维的目的，通常选取较小的

m，使得前 m 个主成分的累积方差贡献率不低于 85%，这样前 m 个主成分就基本涵盖了原始数据包含的全部信息。即

$$\frac{\sum_{i=1}^{m}\lambda_i}{\sum_{i=1}^{p}\lambda_i} \qquad\qquad (12-5)$$

12.4　人口经济压力分析

12.4.1　主成分计算结果

本研究对 2008 ~ 2016 年河南省人口经济压力标准化后 9 个影响因素的数据建立分析模型，进行主成分分析处理。

（1）主成分分析和巴特利特球形检验。

在进行主成分分析前，要进行 KMO（Kaiser – Meyer – Olkin）和巴特利特球形检验，以判断变量是否适合进行主成分分析。KMO 适合检验用于检查变量间的偏相关性；巴特利特球形检验用于检验相关阵是否为单位阵。2008 ~ 2016 年河南省人口经济压力数据得出的 KMO 和巴特利特球形检验结果（以 2013 年为例），如表 12 – 3 所示。其中，KMO 的值为 0.699，表明适合进行主成分分析；巴特利特球形检验显著性为 $P = 0.000 < 0.01$，说明 9 个变量呈现球形分布，各变量独立分布，可以进行进一步的因子分析。

表 12 – 3　　　　　　　　　　KMO 和巴特利特检验

KMO 取样适切性量数		0.699
巴特利特球形检验	近似卡方	108.716
	自由度	36
	显著性	0.000

（2）总方差解释。

对标准化后的原始数据进行主成分分析，得出 2008～2016 年河南省人口经济压力的总方差解释（以 2013 年为例），如表 12－4 所示。2013 年河南省人口经济压力前四个主成分的累计贡献率为 90.653%。由于 90.653% > 85%，表明在研究 2013 年河南省人口经济压力时，前四个主成分因子能够代表原始变量中超过 85% 的信息，因此，选取前四个主成分因子作为河南省人口经济压力的评价指标。

表 12－4　　　　　　　　　2013 年河南省人口经济压力总方差解释

成分	初始特征值			提取载荷平方和			旋转载荷平方和
	总计	方差百分比	累积%	总计	方差百分比	累积%	总计
1	4.818	53.534	53.534	4.818	53.534	53.534	3.869
2	1.463	16.252	69.786	1.463	16.252	69.786	1.634
3	1.062	11.796	81.582	1.062	11.796	81.582	1.449
4	0.816	9.071	90.653	0.816	9.071	90.653	1.207
5	0.329	3.653	94.306				
6	0.234	2.595	96.901				
7	0.159	1.763	98.665				
8	0.071	0.792	99.457				
9	0.049	0.543	100.000				

（3）碎石图。

2008～2016 年河南省人口经济压力的碎石图（以 2013 年为例），如图 12－1 所示。可以看出，随着成分数的增加，特征值越来越低。第一个主成分的特征值为 4.818，第二个主成分的特征值为 1.463，第三个主成分的特征值为 1.062，第四个主成分的特征值为 0.816。在本研究中，若用特征值大于 1 进行主成分提取，则前三个主成分符合要求。但前三个主成分的特征值累积方差贡献率达到 81.582% < 85%。考虑到第四个主成分的特征值为 0.816，特征值接近于

1，则提取前四个主成分因子作为评价指标，此时，特征值的累积方差贡献率达到90.653%。

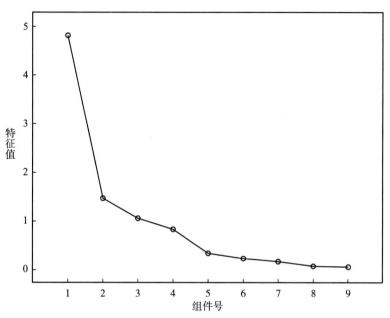

图 12 - 1   2013 年河南省人口经济压力碎石图

（4）成分得分系数矩阵。

对标准化后的原始数据进行处理，得出 2008～2016 年河南省人口经济压力的成分得分系数矩阵（以 2013 年为例），如表 12 - 5 所示。

表 12 - 5 　　　　　　　2013 年河南省人口经济压力成分得分系数矩阵

指标	成分			
	1	2	3	4
各市人口自然增长率	0.275	-0.759	-0.023	-0.096
各市人均国内生产总值	0.294	-0.175	0.068	0.031
各市农民人均纯收入	0.182	0.014	0.183	0.020
各市人口抚养系数	0.351	-0.256	-0.127	-0.057

续表

指标	成分			
	1	2	3	4
各市城镇登记失业率	−0.080	−0.100	−0.061	0.889
各市农村劳动力占总人口比例	0.223	0.026	0.083	−0.075
各市从业人员数	−0.160	0.020	0.524	−0.210
各市老龄人口占总人口比例	0.006	0.537	−0.093	−0.341
各市普通高等学校在校学生	0.058	−0.036	0.601	0.037

由表可以看出，主成分 F_1、F_2、F_3 与 F_4 的表达式为：

F_1 = 各市人口自然增长率(0.275) + 各市人均国内生产总值(0.294) + 各市农民人均纯收入(0.182) + 各市人口抚养系数(0.351) − 各市城镇登记失业率(0.08) + 各市农村劳动力占总人口比例(0.223) − 各市从业人员数(0.16) + 各市老龄人口占总人口比例(0.006) + 各市普通高等学校在校学生(0.058)

F_2 = 各市人口自然增长率(−0.759) − 各市人均国内生产总值(0.175) + 各市农民人均纯收入(0.014) − 各市人口抚养系数(0.256) − 各市城镇登记失业率(0.1) + 各市农村劳动力占总人口比例(0.026) + 各市从业人员数(0.02) + 各市老龄人口占总人口比例(0.537) − 各市普通高等学校在校学生(0.036)

F_3 = 各市人口自然增长率(−0.023) + 各市人均国内生产总值(0.068) + 各市农民人均纯收入(0.183) − 各市人口抚养系数(0.127) − 各市城镇登记失业率(0.061) + 各市农村劳动力占总人口比例(0.083) + 各市从业人员数(0.524) − 各市老龄人口占总人口比例(0.093) + 各市普通高等学校在校学生(0.601)

F_4 = 各市人口自然增长率(−0.096) + 各市人均国内生产总值(0.031) + 各市农民人均纯收入(0.02) − 各市人口抚养系数(0.057) + 各市城镇登记失业率(0.889) − 各市农村劳动力占总人口比例(0.075) − 各市从业人员数(0.21) − 各市老龄人口占总人口比例(0.341) + 各市普通高等学校在校学生(0.037)

（5）成分得分矩阵。

进一步计算得出 2008～2016 年河南省人口经济压力的 4 个成分得分矩阵（以 2013 年为例），如表 12－6 所示。

表 12 - 6　　　　　　2013 年河南省人口经济压力成分得分矩阵

城市	FAC1_1	FAC2_1	FAC3_1	FAC4_1
郑州市	- 1. 535	- 0. 424	- 3. 358	- 1. 221
开封市	0. 661	- 0. 357	0. 203	- 0. 495
洛阳市	- 0. 258	- 0. 688	- 0. 203	1. 159
平顶山市	0. 388	- 0. 333	0. 213	0. 017
安阳市	0. 206	0. 318	- 0. 019	0. 687
鹤壁市	- 0. 342	- 1. 922	1. 093	- 0. 402
新乡市	0. 038	- 0. 659	- 0. 250	1. 063
焦作市	- 1. 320	- 0. 234	0. 254	1. 824
濮阳市	0. 537	- 0. 471	0. 801	- 0. 831
许昌市	- 0. 510	1. 017	0. 092	- 0. 432
漯河市	- 0. 160	0. 660	0. 740	- 1. 464
三门峡市	- 1. 792	2. 545	1. 069	- 0. 424
南阳市	0. 790	0. 338	- 0. 725	0. 445
商丘市	0. 712	0. 668	- 0. 177	0. 774
信阳市	1. 416	- 0. 263	- 0. 102	- 1. 494
周口市	0. 915	0. 647	- 0. 444	1. 527
驻马店市	1. 592	0. 641	- 0. 243	- 0. 375
济源市	- 1. 339	- 1. 483	1. 055	- 0. 358

（6）主成分加权求和得到人口经济压力指数。

将各个主成分的方差贡献率作为权重，对各个评价的主成分进行线性加权求和，所得结果即最终评价结果（Y）人口经济压力指数（population-economic pressure index，PePI）。

$$Y = \sum_{i=1}^{n} Y_i a_i , \quad k \leqslant p \qquad (12 - 6)$$

其中，k 表示提取的主成分因子个数；p 表示原始数据中指标的个数；Y_i 表示某地区第 i 个主成分因子的得分；a_i 表示某地区第 i 个主成分的方差贡献率。

12.4.2 河南省人口经济压力指数

计算得到 2008～2016 河南省各地市的人口经济压力指数。如表 12 - 7 所示，2008～2016 年河南省各地区 PePI 差异较大，整体上分布于 [-2，2]，PePI 均值（population-economic pressure index mean，PePIM）分布于 [-0.02，0.02]，接近于 0，表明河南省人口经济压力较小，人口与经济发展整体上比较协调。此外，PePI 最大值（population-economic pressure index max，PePIMax）出现在 2016 年的驻马店市，PePI 最小值（population-economic pressure index min，PePIMin）出现在 2011 年的郑州市，PePI 极差（population-economic pressure index range，PePIR）在 [2.15，2.46] 之间波动，表明河南省各地市之间人口经济压力在持续发生动态变化。

表 12 - 7　　　　　　　　2008～2016 年河南省人口经济压力指数

城市	2008 年	2009 年	2010 年	2011 年	2012 年	2013 年	2014 年	2015 年	2016 年
郑州市	-0.92	-0.90	-1.52	-1.65	-1.33	-1.40	-1.64	-1.22	-1.54
开封市	0.10	0.05	0.23	0.25	0.23	0.27	0.24	0.15	0.26
洛阳市	0.05	-0.03	-0.04	0.03	-0.18	-0.17	-0.11	-0.02	-0.30
平顶山市	-0.08	0.10	0.33	0.43	0.25	0.18	0.19	0.35	0.15
安阳市	0.00	0.06	0.14	0.00	0.13	0.22	0.20	0.08	-0.04
鹤壁市	-0.19	-0.21	-0.04	-0.04	-0.39	-0.40	-0.34	-0.51	-0.45
新乡市	-0.08	-0.02	0.06	0.10	-0.11	-0.02	0.06	-0.12	-0.29
焦作市	-0.50	-0.48	-0.28	-0.62	-0.64	-0.55	-0.53	-0.40	-0.50
濮阳市	0.19	0.40	0.20	0.48	0.21	0.23	0.20	-0.02	0.29
许昌市	-0.22	-0.40	0.04	-0.12	-0.11	-0.14	-0.13	-0.20	0.09
漯河市	-0.25	-0.33	-0.37	-0.07	0.06	-0.02	0.01	0.07	0.27
三门峡市	-0.71	-0.80	-0.63	-0.71	-0.47	-0.46	-0.41	-1.00	-0.20
南阳市	0.44	0.60	0.30	0.12	0.41	0.43	0.37	0.48	0.46
商丘市	0.52	0.47	0.53	0.38	0.56	0.54	0.51	0.44	0.29
信阳市	0.72	0.73	0.65	0.65	0.64	0.57	0.59	0.84	0.57
周口市	0.79	0.59	0.67	0.46	0.72	0.68	0.61	0.56	0.53
驻马店市	0.99	0.94	0.64	0.71	0.98	0.89	0.85	0.97	0.93
济源市	-0.85	-0.77	-0.92	-0.38	-0.96	-0.87	-0.68	-0.43	-0.54

河南省人口经济压力的区域极化趋势明显。极化指的是区域经济社会发展呈现一种"中间阶层消失"或者向"两极周围聚集"的现象[110,111]。如图 12 – 2所示，为深入分析河南省人口经济压力的演化趋势，以历年 PePI 衡量各地市人口经济压力水平（population-economic pressure index level，PePIL），通过带状图直观显示 PePI 的分布情况。蓝色线条表示 PePIL 低于平均水平，人口经济压力较小；黄色线条表示 PePI 高于平均水平，人口经济压力较大。可以看出，郑州、济源、焦作、鹤壁和三门峡的 PePI 一直小于 0，人口经济压力低于全省平均水平。信阳、驻马店、南阳、周口、平顶山、商丘等地市的人口经济压力一直大于 0，人口经济压力高于全省平均水平。此外，许昌、安阳、漯河、洛阳等地市的人口经济压力变化较为频繁。从 PePIL 的分布来看，低 PePIL 主要集中在 ［-1.6，-0.2］，高 PePIL 主要集中在 ［0.2，1.2］，而在 PePIM 分布区间 ［-0.02，0.02］，PePIL 的线条仅出现 3 次。这表明，2008～2016 年，河南省人口经济压力呈现出极化趋势，只有极少城市在个别年份的人口经济压力处于全省平均水平，即人口经济压力适中，区域承载能力有提升空间。但是，这种状态往往意味着人口与经济的低水平协调，需要深度激发区域增长潜力。大部分城市在多数时

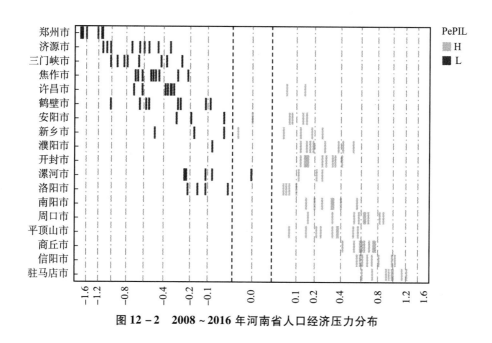

图 12 – 2　2008～2016 年河南省人口经济压力分布

间内都处于低 PePIL 或高 PePIL 的状态。当处于低 PePIL 状态时，该城市城乡居民收入水平较高，就业压力较小，人口与经济系统协调性好。例如，郑州市历年 PePI 最小，人口与经济发展较协调，经济优势明显，就业机会多，人民收入水平和人口素质相对较高，区域承载能力较强。相反，处于高 PePIL 状态的城市，如驻马店、信阳等城市，人口与经济发展的协调性较差，必须改变经济增长方式，减少失业率，改善人民生活水平，使城市经济发展满足人口动态增长的需要。

12.4.3 河南省人口经济压力分级

赵军曾多次研究甘肃省的人口经济压力，并把人口经济压力分为四个等级，从第一级到第四级人口经济压力逐渐增大[9]。张红、邓宏兵在研究我国人口经济压力时，也把我国人口经济压力分为四个等级[64]。笔者在借鉴已有人口经济压力等级划分研究的基础上，根据河南省自身的特点，对河南省人口经济压力指数进行了四个等级的划分。

河南省人口经济压力的极化具有明显的南北空间差异。为进一步探寻人口经济压力的演化特征，通过 GeoDa 软件对 2008～2016 年河南省各地市的人口经济压力指数进行分级。如图 12 - 3 所示，2008～2016 年河南省人口经济压力等级（population-economic pressure index grade，PePIG）可以划分为 4 个层次，1 级压力和 4 级压力是河南省人口经济压力的两极，所对应的城市较为稳定。其中，郑州、济源、三门峡和焦作四座城市一直以来都处于 1 级压力，表明该区域 PePI 较小，区域承载能力较强，经济发展具有比较优势；南阳、周口、平顶山、商丘、信阳和驻马店六座城市 PePI 较高，人口与经济协调性较差。从空间分布来看，大部分豫北城市，如郑州、济源、焦作、鹤壁等 PePIG 普遍在 1、2 等级；豫西南和豫东南大部分城市，如南阳、信阳、商丘、周口、驻马店等的 PePIG 一直都在 3、4 等级。这表明，河南省人口经济压力南北差异较大，整体呈现出"北低南高"的空间极化特征。

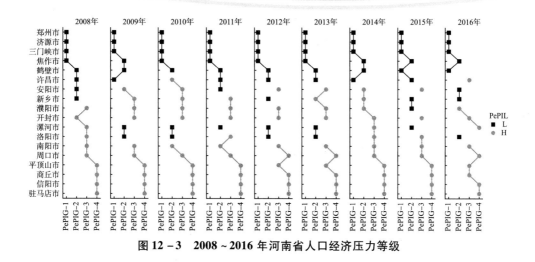

图 12 – 3　2008 ~ 2016 年河南省人口经济压力等级

12.5　人口经济压力的空间分析

本研究通过运用 Moran's I 指数，探究河南省人口经济压力的空间关联关系，对河南省人口经济压力进行全局空间、局部空间的相关性研究，分析河南省区域间的空间结构特征。

12.5.1　全局相关性

采用 Moran's I 对 2008 ~ 2016 年河南省人口经济压力指数进行全局自相关分析。通常，P 值、Z 值会一起出现，也就是说 P 值与 Z 值是有相关性的。从分布趋势上看，数据高度集聚和高度离散都是小概率事件。若计算出来的 P 值和 Z 值被分布在了两端，表明数据出现随机模式的概率非常低。如图 12 – 4 所示，2013 年河南省人口经济压力全局 Moran's I 是 0.301614，Z 得分是 1.87564，P 值是 0.060705。Moran's I 是正数，而且大于 0.3，表明该年份的数据具有空间正相关性，人口经济压力值与空间集聚度成正比。Z 值大于 1.8，表明出现了明显的聚集特征。

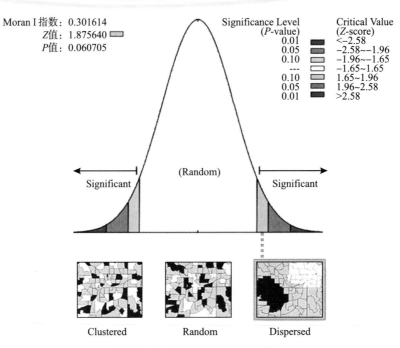

图 12 − 4　2013 年全局自相关性

2008 ～ 2016 年河南省人口经济压力全局 Moran's I 结果及统计量 Z 值，如表 12 − 8 所示。

表 12 − 8　　　　　　　2008 ～ 2016 年河南省人口经济压力全局 Moran's I

年份	Moran's I 指数	Z 值	P 值
2008	0.330177	1.968232	0.049041
2009	0.284075	1.719507	0.085522
2010	0.197251	1.367459	0.171482
2011	0.192969	1.397623	0.162226
2012	0.362501	2.167534	0.030187
2013	0.301614	1.87564	0.060705
2014	0.260929	1.753001	0.079602
2015	0.226204	1.464788	0.142979
2016	0.334404	2.130797	0.033106

人口经济压力的空间分布特征能够通过计算 PePI 的区域差异进行整体描述。这种整体差异主要考察两个方面：一方面，采用变异系数（coefficient of variation，CV）对区域 PePI 的相对差异进行测度。CV 是一个大于 0 的数，其值越大，表示区域人口经济压力差异越大。另一方面，CV 仅反映数据的离散程度，不考虑空间关系。因此，采用全局 Moran's I 统计量进一步分析地理空间对人口经济压力分布的影响。结果显示，2008 ~ 2016 年，河南省全局 Moran's I 均大于 0.19，统计量 Z 均大于 1.35，全部通过显著性检验，表明河南省人口经济压力具有空间集聚性特征，且表现出显著的正相关性。如图 12 - 5 所示，在不考虑空间关系的情况下，河南省区域人口经济压力 9 年来变化并不剧烈。历年 CV 值小于 0.05，变化幅度微弱。但是，全局 Moran's I 曲线变化趋势表明，在考虑空间关系影响后，河南省区域人口经济压力差异被放大。2008 ~ 2016 年，河南省人口经济压力呈现"W"形波动，在 2008 年、2012 年、2016 年出现极大值，其中，2012 年出现峰值 0.362501，表明 2012 年河南省人口经济压力的全局空间正相关性最强。

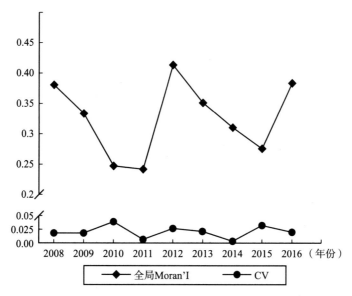

图 12 - 5 2008 ~ 2016 年河南省全局 Moran'I 和 CV 变化趋势

河南省人口经济压力的区域差异深受全球经济形势的影响。河南省全局 Moran's I 分别出现了 2009 ~ 2011 年、2013 ~ 2015 年两个阶段各 3 年的下降周期。在这期间，全局空间正相关性降低，空间关联减弱，区域空间集聚减小，河南省人口经济压力差异变大。结合近年来全球经济形势，发现这两个下降周期的起始时间与两次全球金融危机爆发的时间相契合，表明河南省深受 2008 年"次贷危机"和 2012 年"欧债危机"[112]的影响。由于外部经济环境的恶化，河南省人口与经济发展协调性下降，人口经济压力的区域差异在这两个周期内迅速扩大，不均衡性加剧，不同城市的差距逐渐拉大。

12.5.2 局部相关性

局部空间相关性能够测量目标区域与周边地区的空间关联和空间差异程度，结合局部 Moran's I 散点图，可以直观显示这种差异的空间结构。2008 ~ 2016 年河南省人口经济压力的局部 Moran's I 如表 12 - 9 所示。总的来看，河南省各地市人口经济压力的局部 Moran's I 值的变化趋势与全局 Moran's I 值的变化趋势一致。2008 ~ 2016 年的局部 Moran's I 值呈现为"W"形变化趋势，在 2008 年、2012 年、2016 年出现极大值，在 2016 年出现峰值。2008 ~ 2016 年的局部 Moran's I 值均为正值，且均大于 1.15，表明河南省各地市人口经济压力具有局部空间正相关性，且局部 Moran's I 值越大，局部空间正相关性越明显。

表 12 - 9　　　　　　　2008 ~ 2016 年河南省人口经济压力局部 Moran's I

年份	Moran's I
2008	0.299697
2009	0.267397
2010	0.151285
2011	0.149459
2012	0.335504
2013	0.300414
2014	0.288952
2015	0.237809
2016	0.488024

具体来看，局部 Moran's I 指数的变化出现阶段性变化特点。

第一，2008～2011年，局部 Moran's I 的值的变化趋势为：逐渐递减。这表明河南省人口经济压力的局部空间相关性有所弱化，相邻区域间的经济差距逐渐拉大，区域的空间关联集聚在减小。而2011年局部 Moran's I 的值相对于2010年来说，只有0.002的减小，表明这两年河南省人口经济压力的局部空间相关性基本相同，相邻城市之间的经济差距基本没有变化。

第二，2012～2015年的局部 Moran's I 的值与2008～2011年相比，变化趋势相似，但相对应年份的 Moran's I 值略大。这表明2012～2015年和2008～2011年一样，河南省人口经济压力的局部空间相关性有所弱化，相邻区域间的经济差距逐渐拉大，区域的空间关联集聚在减小。但相对于2008～2011年来说，2012～2015年河南省人口经济压力的局部空间正相关性更强一些，相邻区域间的经济差距更小一些，区域的空间关联集聚更大一些。

第三，2008～2016年这9个年份的时间序列中，2011年和2012年的局部 Moran's I 值相差很大，且2012年的局部 Moran's I 值是2011年的2.33倍。

进一步地，通过 Moran'I 散点图分析河南省人口经济压力变化。选取2008年和2016年两个时间节点，如图12-6所示，不同象限分别表示目标城市和周边地市人口经济压力之间的关系。其中，第一、第三象限分别为"高高"区和"低低"区，表现为正的空间自相关性，即均质性突出；第二、第四象限分别

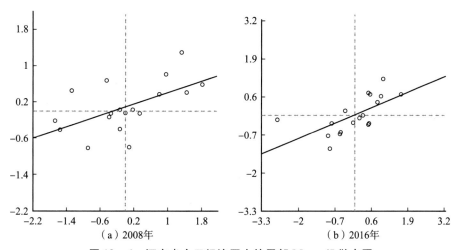

（a）2008年　　　　　　（b）2016年

图12-6　河南省人口经济压力的局部 Moran'I 散点图

为"低高"区和"高低"区,表现为负的空间自相关性,即异质性突出[8]。总的来看,河南省大部分城市落在第一、第三象限,表现出正的空间相关关系。"高高""低低"集聚明显,表明 PePI 相似的地区在空间上呈聚集分布的态势,区域人口经济压力的同质性明显。处于这两个象限的城市,深受溢出效应的影响,能够在空间扩散效应的作用下实现区域协同。同时,从分布结构来看,位于"高高"和"低低"区域内的城市比例,2008 年合计为 66.7%,2016 年合计为 72.2%,空间正相关趋势得到增强,表明河南省人口经济压力的空间二元结构特征越来越明显。

12.5.3 时空关联

回归分析能够确定两种及以上变量间的依赖关系。本研究以全局 Moran'I 和局部 Moran'I 为自变量,分别以 PePIM 和 PePIR 为因变量,通过线性回归分析河南省人口经济压力与空间聚集性的内在关联。如图 12 – 7 所示,空间聚集性与人口经济压力表现出明显的相关关系。PePIM 随全局 Moran'I 或局部 Moran'I 的增加而降低,表明空间聚集性或者相邻城市之间关联程度的增强,都能从整体上有效缓解河南省人口经济压力。PePIR 随着全局 Moran'I 或局部 Moran'I 的增加而升高,表明不同城市之间的人口经济压力差异随着空间聚集性的增强而不断扩大,即"高高"聚集的城市与"低低"聚集的城市之间的差异越来越大。这表明,受人口经济压力二元结构的影响,城市间关联性的增强客观上扩大了河南省人口经济压力的内部差异,解决区域失衡问题仍然需要长期努力,河南省人口与经济的区域协同发展依然任重道远。

深度释放河南省人口经济压力面临着复杂的困境。如图 12 – 8 所示,显示出河南省人口经济压力的演化趋势。其中,子图中的虚线分别表示各个指标的平均值。可以看出,PePIM 自 2010 年开始大幅度下降,除 2014 年外都小于零,反映出河南省人口经济压力总体上较小,具有整体协同发展优势。但是,均值无法反映系统的离散程度,这种整体优势掩盖了省内人口经济压力二元结构的严峻形势和"南北差异"巨大的现实。郑州、济源、三门峡、焦作、鹤壁等豫北城市长期以来人口经济压力较小,而南阳、周口、平顶山、商丘、信阳、驻马店等豫南

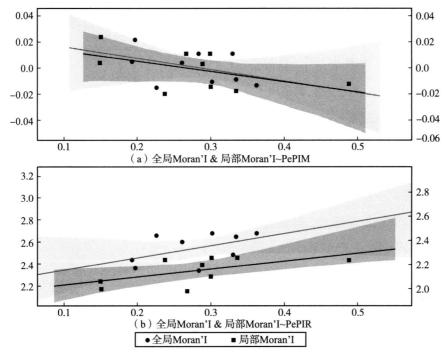

（a）全局Moran'I & 局部Moran'I~PePIM

（b）全局Moran'I & 局部Moran'I~PePIR

● 全局Moran'I　■ 局部Moran'I

图 12 - 7　河南省人口经济压力与空间聚集的相关性

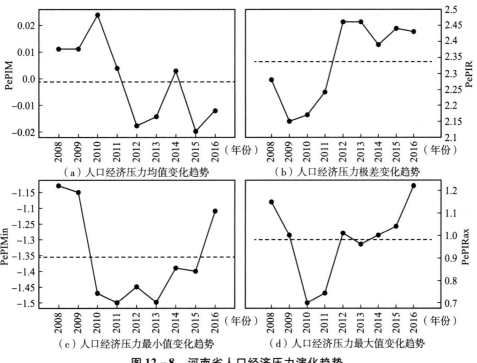

（a）人口经济压力均值变化趋势

（b）人口经济压力极差变化趋势

（c）人口经济压力最小值变化趋势

（d）人口经济压力最大值变化趋势

图 12 - 8　河南省人口经济压力演化趋势

地市的人口经济压力一直较大。PePIR 曲线的走势直观地反映出这种差异不断扩大。例如，2012 年 PePIM 最小，但 PePIR 值最大，同时，PePIR 值自 2012 年以来基本上维持在 2.4 以上。这清楚地表明河南省人口经济压力自 2012 年以来出现了区域"鸿沟"，省内人口经济压力的地区差距长期未能好转。此外，河南省人口经济压力虽然总体上较低，但是近年来上升趋势已非常明显。从 PePIMin 和 PePIMax 曲线变化趋势可以看出，2013 年以来，河南省人口经济压力的极值在不断增加，区域人口经济压力上涨态势明显，政府决策部门必须做好顶层设计，不仅要大力提高城乡居民收入，持续提升人民生活水平，还要采取有力的措施促进就业，减轻人口就业压力，同时保障教育投入，不断提高人口素质，从而疏解区域人口经济压力。

12.6　结论与建议

本研究以河南省为例，综合采用主成分分析法和空间数据分析技术，深入分析了区域人口经济压力及其时空分布的演化特征。研究表明，河南省人口经济压力整体较小，区域承载力较强，经济发展具有优势。但是，各地市人口经济的协调性差异较大，区域协同发展依然任重道远。

从空间分布特征来看，河南省人口经济压力南北差异较大，存在着"北低南高"的区域极化趋势，郑州以及多数豫北城市人口与经济发展具有相对优势，驻马店、南阳、信阳等豫南城市人口经济协调性较差，长期面临较高的人口经济压力。

从空间相关性趋势来看，河南省人口经济压力空间集聚性明显。全局自相关性演化趋势表明，河南省深受 2008 年"次贷危机"和 2012 年"欧债危机"的影响，人口经济压力呈现"W"形波动；局部自相关性结果显示，河南省人口经济压力表现为"高－高""低－低"集聚，区域人口经济压力的空间二元结构特征越来越突出。

从时空关联规律来看，空间聚集性或者相邻城市之间关联程度的增强，能从整体上有效缓解河南省人口经济压力。但是，这种增强客观上扩大了河南省人口经济压力的内部差异，导致"高－高"聚集城市与"低－低"聚集城市之间的差距越来越大。

　　河南省人口经济压力近年来上升趋势已非常明显，必须优化制度设计，满足人口动态变化与经济快速发展的需要。首先，要以改善和提高民生水平为目标进行制度的顶层设计，同时根据各地市的特点因地制宜地出台具体政策，实现产业结构、经济结构和收入分配结构的优化，切实推动区域高质量发展。其次，要把解决就业问题放在经济社会发展的突出位置，充分挖掘区域人力资源潜力，通过创业和就业服务推动区域发展。例如，郑州和济源、焦作、鹤壁等豫北强市要积极发挥政府职能，增大创业金融支持，培育良好的创业就业环境；驻马店、南阳、信阳等豫南城市要深入挖掘区域特色产业，努力解决特色资源丰富和创业开发不足的矛盾，避免出现人力资源过剩和就业岗位匮乏的现象。最后，要坚持科技兴国，继续加强高等教育建设，发挥人才集约作用；要加快转型升级，培育和壮大老龄产业，从人口结构变化中探寻区域发展的新契机。

第13章

河南省人口与经济的协同发展

　　深度挖掘人口与经济发展的时空关联规律，是解决区域协调发展问题的重要突破口。尤其是广大中西部地区，人口众多，农业比重高，制造业转型升级压力大，产业结构矛盾突出。在我国率先开放东部沿海、政策顶托西部大开发的宏观经济格局中，中西部地区的经济社会发展相对滞后。在这种情况下，更需要深入挖掘区域人口与经济发展之间的关系，切实掌握人口与经济的协同规律。系统耦合的发展理念，就是把人口发展与经济发展当成区域社会发展过程中的两个系统有机地联系起来。这不仅需要准确把握、全面理解人口与经济发展的关系，还需要把时间演变与空间尺度变换相融合，提取协同发展的耦合驱动因素，以提升区域经济社会发展的异质耦合能力。

　　本研究以河南省为例，综合采用主成分分析与空间统计分析方法，研究区域人口经济压力及其时空分布的内在关联特征，为加速推进我国人口与社会经济协同发展提供科学的决策依据。

13.1　河南省人口分布特征

13.1.1　人口特征

　　2007～2016年，河南省人口自然增长率总体呈上升趋势。2009年之前，河南省人口自然增长率低于全国平均人口自然增长率；但2009～2016年，河南省人口自然增长率则高于全国平均人口自然增长率。

在人口总量方面，河南省人口数量总体呈平稳趋势，人口出生率呈缓慢上升趋势，人口死亡率虽偶有不稳定，但同样缓慢上升。总的来看，河南省人口自然增长处于缓慢上升状态。在年龄结构方面，河南省人口年龄结构属于成年型，但河南省人口老龄化进程加快，根据国家老龄化标准，河南省已逐步步入老龄化社会。在人口城乡结构方面，2007年河南省城镇化率仅为34.34%，城镇化水平较低，乡村人口比重为65.67%，大部分人口还居住在农村。随着经济水平与人口城镇化的发展，乡村人口大量居住进城镇，城镇人口数量逐年增加，比重逐年上升，河南省城镇化率大大提高，城镇化水平快速发展，到2016年，河南省人口城镇化率达48.5%，2017年河南省常住人口城镇化率突破50%，从而实现向城镇化型社会转变。在人口素质及文化水平方面，河南省具有大专及以上学历的人口数量大幅度增长。在人口密度方面，2016年河南省16.7万平方千米的土地上有10 788万人，平均人口密度达到646人/平方千米。而最低人口密度为三门峡市219人/平方千米，最高人口密度为漯河市1 074人/平方千米，人口空间格局差异十分明显。

13.1.2　人口空间格局

河南省平均人口密度约为591人/平方千米，分布并不均匀。人口密度最低的是三门峡市，为212.4人/平方千米；人口密度最高的是漯河市，为977人/平方千米。全省18个市中，人口密度比省平均密度低的只有7个市。若以焦作经郑州至周口进行划分，河南省东北部的市区人口密度都超过了省内平均人口密度，西南部人口密度则相对较低。尽管两者的面积相差不大，但人口分布却不相同。东北部的土地面积比西南部少，但人口数量却比西南部多了1 533万人。这种人口格局上的差异有自然条件的限制，但是更多的是受社会经济发展水平的影响。

河南省人口密度可以细分为四个等级。其中，三门峡、济源等市的人口密度较小，为361～428人/平方千米；平顶山、驻马店、新乡等市的人口密度为

428～683人/平方千米；安阳、开封、商丘等市的人口密度为683～770人/平方千米；而人口密度最高的是焦作、郑州、许昌等市，高达770～911人/平方千米。到2016年，河南省多数市区人口密度水平仍保持原有地位，但是也有少数市区发生变化。2006～2017年，焦作市、周口市、濮阳市人口密度水平下降，由最高水准下降到第二梯队；而安阳市则由原有的第二梯队上升到第一梯队。

13.2 河南省经济差异分析

河南省国内生产总值和国民人均生产总值均呈上升趋势。由于地区经济发展水平不一致，导致地区差异逐渐加大，各地区人口与经济发展水平不一致。因此，政府需要着力对各地区人口与经济发展进行协调。

总体上看，河南省经济发展水平具有很强的空间辐射特征，河南省发达的地区当属郑州及洛阳、南阳、许昌，以及焦作等市。以郑州为中心向外延伸，随着距离的增加，区域经济发展水平逐渐降低。从人均GDP增长速度来看，洛阳市、商丘市、三门峡市、开封市、郑州市、新乡市、濮阳市7个城市的GDP增速超过8%，其中洛阳市和商丘市增速最高，均为8.7%。目前仅安阳市、信阳市、南阳市还未超过平均水平，南阳市的GDP增速最低，仅为6.5%，经济发展水平略低。

13.2.1 经济发展区域差异动态变化特征

为了能更加全面、客观地衡量地区经济差异，本研究以河南省18个市作为研究的基本地区，选取各市2007～2016年的人均GDP数据为样本，用差异分析法（包括绝对差异与相对差异）分析河南省区域经济的变化特征。

用绝对差异法分析各市的经济差异时，通过标准差反映各市人均GDP相对全省平均GDP的离散程度，标准差计算公式如下：

$$S = \sqrt{\frac{\sum_{i=1}^{n}(X_i - \overline{X})^2}{n-1}} \tag{13-1}$$

其中，S 为研究对象人均 GDP 的标准差；n 为研究区域的个数；X_i 为第 i 个地区的人均 GDP；$\overline{X}$ 为每年河南省总人均 GDP 的值。标准差值与经济差异成正比关系，标准差越大，表明经济的绝对差异越大。

用相对差异法分析各市经济发展时，采用极差 R（每年人均 GDP 最大值与最小值的差值）和极差率 R（每年人均 GDP 最大值与最小值的比率）进行评估。如图 13 - 1 所示，每年人均 GDP 标准差虽偶有浮动但总体呈缓慢上升趋势，河南省人均 GDP 的标准差从 2007 年的 7 956.3 元扩大到 2016 年的 16 294 元，扩大了 2.05 倍。这说明各地区的经济发展水平的绝对差距扩大，区域分化趋于严重。同时，均值极差 R 从 2007 年的 26 018 元扩大到 2016 年的 56 781 元，扩大了 2.18 倍。均值极差率 R 从 2007 年的 4.23 缩小到 2016 年的 3.08，下降趋势明显。此外，均值极差率在波动中呈下降趋势，这说明相对差异方面，各市经济水平在提高，而相对差异在缓慢减小。各市经济发展水平仍有很大差距，区域的协调发展任重道远。

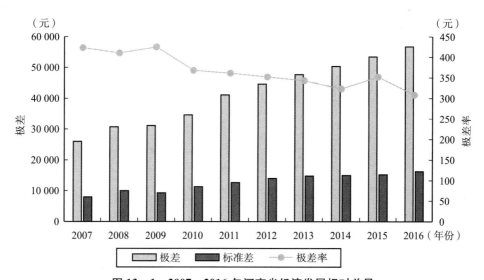

图 13 - 1　2007～2016 年河南省经济发展相对差异

13.2.2 经济发展水平的空间特征

人均 GDP 分布状况可以初步反映经济空间分布状况。统计结果显示，郑州市、济源市以及郑州市西北的部分地区，是河南省经济较为发达的市区，其中人均 GDP 最高的市是郑州市，为 84 113 元，其次是济源市，人均 GDP 为 73 722 元，其他人均 GDP 为 40 000～60 000 元的市区有 7 个，即三门峡市（58 894 元）、焦作市（59 183 元）、洛阳市（56 410 元）等地区；人均 GDP 为 20 000～40 000 元的市区有 8 个。

由于地区规模差异，通过区位熵来研究经济发展的空间分布情况，从而分析区域在河南省的地位和作用。其计算公式如下：

$$Q_i = \frac{S_i}{P_i} \tag{13-2}$$

其中，Q_i 为区域经济区位熵，S_i 为分析地区 i 的 GDP 占全省 GDP 的比重；P_i 为所分析地区 i 的区域人口数占全省人口总数的比重。Q_i 值与区域经济发展水平成正比关系。

经济区位熵的计算结果如表 13-1 所示。由表可以看出，2016 年郑州市的熵值最大，达到 2.7886，远高于其他市区，反映出郑州市在全省经济发展中的优势地位。熵值大于 1 的市区还有洛阳市（1.442）、三门峡市（1.54）、许昌市（1.287）、焦作市（1.49）、漯河市（1.03）以及济源市（2.046），它们的经济水平在全省处于相对领先地位，其余的 11 个市，均在 1 以下。2007 年仍是以郑州市的区位熵值最大，为 2.46，其次是济源市（2.1449），熵值大于 1 的市区分别是洛阳市（1.4649）、三门峡市（1.5221）、平顶山市（1.077）、许昌市（1.2326）、焦作市（1.6229）、漯河市（1.1197），其余市区的熵值均小于 1。与 2017 年相比，熵值大于 1 的市区个数减少了，说明一些市区的经济发展水平下降了。

2016 年区位熵分布中，南阳、信阳等地区位熵值在 0.48～0.84 之中；平顶山、漯河等地区位熵值在 0.85～1.23；三门峡、洛阳等地区位熵值在 1.24～1.61 的范围内；郑州和济源两地区位熵则大于 1.61，说明其经济发展水平在河南省内优势明显。

表 13 – 1　　　　　　　　　　　2007～2016 年河南省区位熵

城市	07QI	8QI	9QI	10QI	11QI	12QI	13QI	14QI	15QI	16QI
郑州市	2.46	2.44	2.30	2.10	2.62	2.65	2.70	2.69	2.73	2.79
开封市	0.75	0.77	0.73	0.89	0.82	0.84	0.87	0.88	0.89	0.90
洛阳市	1.61	1.58	1.41	1.59	1.53	1.53	1.48	1.42	1.43	1.44
平顶山市	1.08	1.15	1.06	1.20	1.08	0.99	0.95	0.91	0.89	0.89
安阳市	0.98	2.99	0.98	1.14	1.01	0.97	0.96	0.93	0.93	0.92
鹤壁市	0.7	1.27	1.14	1.23	1.22	1.21	1.26	1.27	1.26	0.73
新乡市	0.92	0.91	0.82	0.94	0.97	0.96	0.96	0.96	0.94	0.95
焦作市	1.62	1.60	1.45	1.58	1.53	1.50	1.52	1.51	1.49	1.50
濮阳市	0.93	0.97	0.88	0.97	0.90	0.91	0.95	0.97	0.97	0.98
许昌市	1.23	1.25	1.14	1.37	1.28	1.26	1.28	1.29	1.27	1.29
漯河市	1.12	1.15	1.07	1.20	1.07	1.03	1.02	1.03	1.02	1.03
三门峡市	1.52	1.58	1.47	1.76	1.77	1.76	1.74	1.64	1.57	1.54
南阳市	0.83	0.81	0.74	0.85	0.73	0.71	0.70	0.69	0.70	0.70
商丘市	0.61	0.61	0.55	0.70	0.57	0.55	0.56	0.57	0.57	0.58
信阳市	0.57	0.58	0.53	0.80	0.57	0.58	0.60	0.61	0.62	0.62
周口市	0.48	0.49	0.44	0.62	0.49	0.49	0.52	0.53	0.53	0.52
驻马店市	0.52	0.52	0.48	0.66	0.54	0.54	0.56	0.57	0.57	0.55
济源市	2.14	2.28	2.04	2.28	2.12	2.24	2.18	2.10	2.02	2.05

13.3　研究方法与数据来源

　　区域人口与经济相互耦合、相互影响，本研究将其定义为"人口—经济"耦合系统。构建合理的人口与经济的评价指标体系，是人口—经济系统耦合协调研究的基础。本研究以指标选取的客观性、合理性原则为基础构建人口系统指标体系和经济系统指标体系。如表 13 – 2 所示，人口综合发展系统主要涉及人口数量、人口结构、人口质量和人口分布四大方面，包括人口总量、人口死亡率、人

口出生率、第一产业就业人口比重、第二产业就业人口比重、第三产业就业人口
比重、65 岁及以上人口比重、万人医生数、万人科学技术人员数、万人高等学
历数、人口密度、城镇化率。经济综合发展系统主要涉及经济结构和经济水平两
大方面，包括第一产业产值占 GDP 比重、第二产业产值占 GDP 比重、第三产业
产值占 GDP 比重、区域 GDP 总量、人均 GDP、地区财政收入、社会固定资产总
额、在岗职工人均工资、社会消费品零售总额。

表 13 - 2　　　　　　　　　　　**人口与经济发展综合评价指标体系**

耦合系统	一级指标	二级指标	单位
人口综合发展系统	人口数量	人口总量	万人
		人口死亡率	‰
		人口出生率	‰
	人口结构	第一产业就业人口比重	%
		第二产业就业人口比重	%
		第三产业就业人口比重	%
		65 岁及以上人口比重	%
	人口质量	万人医生数	人
		万人科学技术人员数	人
		万人高等学历数	人
	人口分布	人口密度	人/平方千米
		城镇化率	%
经济综合发展系统	经济结构	第一产业产值占 GDP 比重	%
		第二产业产值占 GDP 比重	%
		第三产业产值占 GDP 比重	%
	经济水平	区域 GDP 总量	亿元
		人均 GDP	元
		地区财政收入	亿元
		社会固定资产总额	亿元
		在岗职工人均工资	元
		社会消费品零售总额	亿元

　　本研究采用主成分分析法,根据各指标所占子系统的比重分析,确定系统的主成分,再利用不同成分的得分情况计算出主成分的综合得分,进而对各子系统进行分析。所有数据均来自《河南省统计年鉴》。

13.4　人口与经济的空间分布

　　河南省人口地理集中度总体上呈现出"东北高,西南低"的分布特点,主要集中在河南省省会——郑州市,以及紧挨着郑州市的外围城市圈及河南省北部市区。

　　宏观上看,河南省人口地理集中度和经济地理集中度部分地区相同,大体都是集中状态。但二者的集中区域和集中程度还是有所不同,有一定的偏差性和关联性。省会—郑州市以及平顶山、漯河、开封、许昌、焦作、鹤壁、安阳、濮阳等外围城市的人口地理集中度和经济地理集中度都处于较高水平。而三门峡、南阳、驻马店、信阳的人口地理集中度和经济地理集中度都处于较低水平。2007~2016 年,随着社会经济水平的发展,河南省人口与经济地理集中度差异都有所减小。但总体上来说,经济地理集中度差异还是远远大于人口地理集中度差异。从河南省各市区的指标来看,人口与经济地理集中度的关联存在差异,人口与经济的空间分布明显不一致。

13.4.1　地理集中度

　　分别计算人口与经济两个子系统的地理集中度,河南省人口地理集中度如表 13-3 所示。由表可以看出,2016 河南省人口地理集中度主要分为四部分,人口地理集中度值为 0.33~0.59 的有三门峡、信阳、南阳等市;值为 0.69~0.72 的有驻马店、洛阳等市;值为 0.72~1.42 的有许昌、平顶山等市,值为 1.42~2.01 的有郑州和漯河两市。随着人口地理集中度的值增大,地理集中度提高。相比 2007 年人口地理集中度,2016 年人口地理集中度略有降低,鹤壁市、许昌市和周口市由较高水平集中度下降,而新乡市的人口地理集中度则增加了，表明新乡的人口聚集程度相比 2007 年更加明显。其他城市的人口地理集中度则没有很大变化，保持着原来水平。

表 13-3 河南省人口地理集中度

城市	2007 年人口地理集中度	2016 年人口地理集中度
南阳市	0.69	0.59
信阳市	0.75	0.55
洛阳市	0.72	0.69
驻马店	0.95	0.72
周口市	1.54	1.14
商丘市	1.3	1.06
三门峡市	0.36	0.33
新乡市	1.1	1.09
平顶山市	0.95	0.99
郑州市	1.51	2.01
安阳市	1.23	1.42
开封市	1.27	1.12
许昌市	1.54	1.35
濮阳市	1.45	1.34
焦作市	1.42	1.34
漯河市	1.67	1.57
鹤壁市	1.98	1.14
济源市	0.61	0.57

通过经济地理集中度可以反映出河南省各市经济集聚情况。如表 13-4 所示，2007~2016 年，河南省各市的经济水平仍保持着原有的状态，各市经济聚集基本没有发生大的变动。省会郑州经济发展水平仍然高居首位；焦作、许昌和漯河低于郑州；郑州以西的城市群以及河南北部地区的发展水平相对更低；三门峡、南阳、驻马店等市排名最靠后，说明这些城市的经济发展在河南省处于下游，需要进一步加强。

表 13-4　　　　　　　　　河南省经济地理集中度

城市	2007 年经济地理集中度	2016 年经济地理集中度
南阳市	0.57	0.483
信阳市	0.43	0.47
洛阳市	1.16	1.02
驻马店市	0.49	0.67
周口市	0.74	0.778
商丘市	0.79	0.76
三门峡市	0.55	0.531
新乡市	1	1.077
平顶山市	1.02	0.96
郑州市	3.72	4.43
安阳市	1.21	1.496
开封市	0.96	1.14
许昌市	1.9	2.32
濮阳市	1.39	1.424
焦作市	2.31	2.108
漯河市	1.86	1.717
鹤壁市	1.38	1.46
济源市	1.24	1.1

13.4.2　空间分布

要分析河南省人口经济协同水平的空间分布，首先需要计算各地区的耦合指数，再根据耦合指数制定评价标准。通常，耦合指数的取值范围一般设定在（0.25，0.5]、（0.5，0.8]、（0.8，1.5] 和（1.5，+∞）四个等级。因此，在计算河南省各市区的耦合指数后，依据这四个等级，把相关地市经济发展情况划分为经济落后型（四类地区）、经济发展型（三类地区）、经济协调型（二类地区）、经济超前型（一类地区）四种类型。

2007 年，河南省人口与经济耦合类型空间分布差异较为突出，西北部地区耦合类型集聚程度均较高。2016 年，人口与经济发展耦合类型的城市分布仅有局部改变。2007~2016 年，许昌由经济协调型转为经济超前型地区，信阳、驻马店、开封、鹤壁则由经济发展型转为经济协调型地区，周口也由经济落后型转为经济发展型地区。郑州作为河南省最发达的城市，便捷的交通给周边几个城市带来了很大的便利，带动了周边城市经济的快速发展。经济的迅速发展，又带动了人口流动。安阳、开封等地作为有名的古都，旅游经济特色鲜明，旅游业的快速兴起，促进了城市经济的高速发展。作为与郑州相邻的许昌，以及同一条高速公路相连的漯河，同样受到郑州的影响，经济发展不断加速，经济集聚高于人口集聚；焦作的经济发展基础较好，与焦作相邻的济源、三门峡两个地区，经济集聚也高于人口集聚。值得注意的是，洛阳由一类地区转为二类地区。尽管洛阳的工业基础雄厚，旅游业底蕴深厚，但是，由于地理位置等的影响，其经济发展还是会受到限制。郑州、许昌、焦作、漯河作为经济发展较好的城市，整体实力较强，但是辐射范围有限，对河南南部地区经济发展的带动能力不足。南部地区人口数量较多，地理位置较为偏僻，交通路网不发达，经济发展较为缓慢。

总体来说，河南省的经济超前型城市数量保持不变，经济协调型城市增多，经济发展型城市减少，经济落后型城市已完全消失。这表明，河南省的经济综合实力增强，两极分化现象减弱，但是高水平发展区域仍然偏少，河南省人口与经济空间协调力度仍有待提高。

13.5　人口与经济的耦合指数

13.5.1　耦合指数分析

2007~2016 年，河南省人口与经济的耦合指数分布如表 13–5 所示。耦合指数整体处于较高状态，2007 年河南省耦合指数最低的是周口市，在 2016 年虽然仍排名末尾，但耦合指数已上升至 0.68。2016 年河南省人口与经济耦合经济类型已变为三大类型，经济落后型已经消失。其中，耦合指数为（0.5，0.8］（经济发展型）的有周口与商丘；耦合指数为（0.8，1.5］（经济协调型）的有南阳、信阳等地；耦合指数为（1.5，＋∞）（经济超前型）的有三门峡、洛阳、郑州等地增多。与 2007 年相比，经济超前型地区的数量增多，经济协调型地区的数量也大幅增多，这说明经济发展与 2007 年相比已经取得了非常明显的进步。例如，信阳、驻马店等地 2016 年的耦合指数与 2007 年相比明显提高，人口与经济类型也明显上升。虽然，南阳市耦合指数与 2016 年相比有所下降，但是总的来看，经过 10 年的发展，河南省大部分地区人口与经济耦合水平已得到了提高。

表 13 - 5 河南省人口与经济耦合指数

城市	2007 年耦合指数	2016 年耦合指数
南阳市	0.83	0.81
信阳市	0.57	0.85
洛阳市	1.61	1.48
驻马店市	0.52	0.93
周口市	0.48	0.68
商丘市	0.61	0.72
三门峡市	1.53	1.6
新乡市	0.91	0.99
平顶山市	1.07	0.97
郑州市	2.46	2.2
安阳市	0.98	1.06
开封市	0.76	1.02
许昌市	1.23	1.72
濮阳市	0.96	1.06
焦作市	1.63	1.57
漯河市	1.11	1.09
鹤壁市	0.7	1.28
济源市	2.03	1.93

13.5.2 空间相关性分析

2007 年和 2016 年人口与经济空间分布耦合指数的全局自相关系数 Moran's I 分

别是 0.4175 和 0.2767（其结果通过 Z 检验分别为 $Z=2.487948$，$P=0.012848$；$Z=1.7164$，$P=0.086$）。全局自相关系数 Moran's I 始终大于零，说明河南省人口与经济发展具有空间自相关性，人口与经济发展耦合指数相似的地区在空间上出现了聚集现象。全局自相关系数 Moran's I 由 2007 年的 0.4175 下降为 2016 年的 0.2767，说明河南省人口与经济耦合指数两极分化的地区在空间上的集聚程度不断减弱，空间逐渐趋于分散，进一步反映出河南省人口与经济空间分布的差异性逐步减小，人口与经济发展的空间分布趋于平缓。

由图 13 - 2 可知，$|Z|>2.58$，P 值 <0.01，耦合指数的空间相关性显著。2007 年和 2016 年的 Moran's I 值均大于 0.27，Z 值均大于 1.7，通过显著性检验，表明河南省市区经济发展综合水平有较强的空间依赖性，且是正相关。Moran's I 值增大，说明区域之间的经济差异减小，空间上的集聚性有所增加；反之亦然。

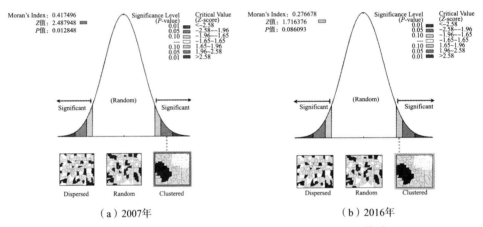

（a）2007年　　　　　　　　　　　（b）2016年

图 13 - 2　河南省人口经济耦合指数全局 Moran's I 检验

进一步分析 2007 年和 2016 年的耦合指数分级情况可以发现，2007 ~ 2016 年，郑州市、焦作市、洛阳市、三门峡市、许昌市、漯河市等地，人口与经济在 10 年里一直处于高耦合状态。河南东南地区的信阳市，耦合指数逐渐增加，人口与经济的集聚程度也在逐渐加大。

进一步地研究发现，2007 年高集聚的市区主要分布在临近郑州市的焦作市与洛阳市，这两座城市具有良好的发展基础，且受到郑州市的经济辐射作用，在良好的地理优势和便利的交通条件共同影响下，迅速形成明显的经济集聚效应，同时也吸引了人口的集聚，因此，这两地耦合指数相对较高。低－低集聚型的区县主要分布在东南地区，这些地区经济水平发展相对滞后，境内人口规模较小。信阳市、驻马店市等地经济发展虽处于中等状况，但人口数量多、规模大，人口集聚程度较高，由于经济集聚程度较低，经济的发展不能有效地满足人口发展的需求，造成人口与经济空间分布耦合指数较低。此外，河南省市区的集聚状态，多呈现高－高集聚与低－低集聚，且空间相关联地市的经济发展与人口耦合度基本上处于相同水平。这表明，这些地市的经济发展受到地理空间的影响，高集聚相互促进发展，低集聚相互抑制发展。

随着经济的发展，河南省人口与经济耦合分布发生了一些变化，由于主城区的经济辐射带动作用增强，高－高集聚的市区相互促进、相互影响，始终保持协调发展状态。但是低－低集聚的市区，在 2011 年峰值之后开始缓慢的降低，低－低集聚的市区数量开始逐渐减少，人口与经济发展的耦合关系逐渐增强。河南西南地区各地市的耦合指数逐年增长，人口与经济发展的耦合关系趋于好转。

13.6　河南省人口与经济发展耦合分析

13.6.1　耦合度分析

根据人口与经济发展的耦合协调度的评价标准，对河南省人口与经济耦合协调度的类型进行划分，结果如表 13－6 所示。河南省人口与经济耦合协调度的类型如下：2007 年，拮抗阶段，以濒临失调型为主，前期主要分布在焦作市、漯河市、平顶山市和商丘市等地，这几个地区经济发展水平略低、人口发展水平相对落后、农业比重过大、人口压力较大、人口与经济的发展处于较失调状态；磨合阶段，分布范围较大，主要分布在省内其他市区，这些地区经济发展稍强，但人口数量庞大限制了当地经济的发展，急需改善人口发展水平来满足经济发展的需求，使人口发展与经济发展同步进行。到 2016 年，拮抗阶段处于相对落后状态的地区慢慢向河南南部移动，市区数量也在增多，相对于其他市区，南阳、信阳、驻马店等地人口与经济的耦合协调水平发展过慢，处于相对落后的状态；磨合阶段，人口与经济发展较为协调的地区主要分布在郑州中心城市圈，这些地区的经济发展水平在本省超前，城市人口持续发展并呈现出与经济发展相互促进。

表 13 - 6　　　　　　　　河南省人口与经济耦合度分类

耦合协调阶段	2007 年	2016 年
拮抗阶段	焦作市　平顶山市　漯河市　商丘市	南阳市　新乡市　焦作市　商丘市　许昌市　平顶山市　驻马店市　周口市　信阳市
磨合阶段	洛阳市　郑州市　南阳市　周口市　信阳市　开封市　济源市　驻马店市　濮阳市　许昌市　三门峡市	开封市　郑州市　鹤壁市　洛阳市　安阳市　濮阳市　济源市　三门峡市　漯河市

13.6.2　耦合协调度分析

2007～2016 年河南省人口与经济的协调发展程度呈现"W"形波动。如图 13 - 3 所示，2008 年和 2011 年处于发展的高峰期，2011 年之后开始出现下降趋势，2014 年达到最低状态，之后又缓慢上升，2015～2016 年上升速度加快，人口与经济系统的耦合协调性也在回升。

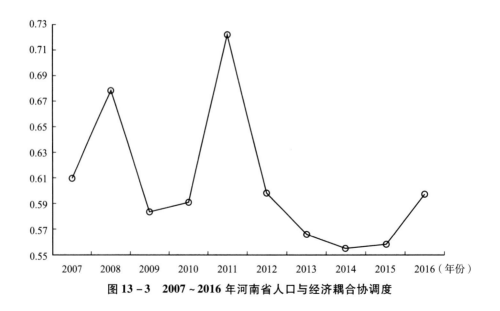

图 13 - 3　2007～2016 年河南省人口与经济耦合协调度

结合耦合协调度的 2 次峰值，本研究以 2007 年、2008 年、2011 年和 2016 年 4 个时间节点分析河南省人口与经济系统耦合性。

2007 年，河南省人口与经济耦合协调度整体较低。如表 13 - 7 所示，人口水平指数、人口与经济耦合度相对稳定，各地基本上都处于 0.5 以上，说明河南省大部分地区的人口与经济的发展处于初级耦合协调状态。9 个地市达到了中级协调的水平，郑州市、济源市在河南省位于较高的协调层次。

表 13 - 7　　　　　　　　2007 年河南省人口经济耦合协调度

城市	经济水平指数	人口水平指数	耦合度	耦合协调
郑州市	1.0863	0.9366	0.4986	0.7102
开封市	0.5723	0.7531	0.4953	0.5729
洛阳市	0.6803	0.5959	0.4989	0.5642
平顶山市	0.8459	0.5128	0.4847	0.5739
安阳市	0.8063	0.6882	0.4984	0.6103
鹤壁市	0.9667	0.8349	0.4987	0.6702
新乡市	0.5279	0.6447	0.4975	0.5401
焦作市	0.8884	0.6141	0.4916	0.6077
濮阳市	0.9290	0.7488	0.4971	0.6458
许昌市	0.8686	0.6742	0.4960	0.6186
漯河市	0.9458	0.6926	0.4940	0.6362
三门峡市	0.8748	0.8307	0.4998	0.6529
南阳市	0.5971	0.7175	0.4979	0.5721
商丘市	0.5559	0.7812	0.4929	0.5740
信阳市	0.6367	0.6734	0.4998	0.5722
周口市	0.5995	0.7738	0.4960	0.5836
驻马店市	0.6009	0.6762	0.4991	0.5645
济源市	1.0950	0.8840	0.4971	0.7014

2008 年，河南省各地人口经济的耦合协调度出现较大差异。如表 13 - 8 所示，各市人口水平指数、经济水平指数以及耦合协调度的差异明显。不同地区的人口与经济发展水平开始拉开差距，各城市之间的耦合协调性出现了明显的不

同。其中，郑州市耦合协调度超过 0.8，达到了高级协调水平，达到中级协调水平的市区有 14 个，耦合协调度普遍得到提升，这说明河南省人口与经济发展的耦合协调度总体良好。

表 13-8　　　　　　　2008 年河南省人口经济耦合协调度

城市	经济水平指数	人口水平指数	耦合度	耦合协调度
郑州市	0.704419	0.681386	0.499931	0.832350
开封市	0.658159	0.594959	0.499364	0.791051
洛阳市	0.439256	0.364836	0.497854	0.632709
平顶山市	0.329455	0.527413	0.486474	0.645635
安阳市	0.260249	0.525944	0.470582	0.608250
鹤壁市	0.563992	0.231386	0.454184	0.601039
新乡市	0.551984	0.511545	0.499638	0.728958
焦作市	0.336319	0.238348	0.492680	0.532097
濮阳市	0.518357	0.681386	0.495362	0.770913
许昌市	0.254419	0.252727	0.499997	0.503559
漯河市	0.580337	0.516866	0.499163	0.740056
三门峡市	0.320537	0.637669	0.471822	0.672386
南阳市	0.542497	0.236465	0.459796	0.598468
商丘市	0.660058	0.611874	0.499641	0.797188
信阳市	0.655501	0.249988	0.447057	0.636243
周口市	0.704419	0.563796	0.496917	0.793850
驻马店市	0.703686	0.523326	0.494569	0.779001
济源市	0.315742	0.269529	0.498439	0.540113

2011 年，河南省人口与经济耦合协调度最高。如表 13-9 所示，2011 年的经济水平指数较为突出，人口水平指数较为稳定，耦合协调度水平较高，达到高级协调的市区有 5 个，中级协调的市区有 10 个，这表明河南省人口与经济发展的耦合度已经步入了新的阶段。

表 13－9　　　　　　　　　　2011 年河南省人口经济耦合协调度

城市	经济水平指数	人口水平指数	耦合度	耦合协调度
郑州市	1.191764	0.499999	0.456289	0.878598
开封市	1.091039	0.394672	0.441676	0.810064
洛阳市	0.717264	0.253353	0.439192	0.652907
平顶山市	0.550854	0.202997	0.443586	0.578271
安阳市	0.863380	0.205947	0.394338	0.649366
鹤壁市	0.890961	0.369194	0.455127	0.757318
新乡市	0.907181	0.239942	0.406715	0.683046
焦作市	0.533552	0.218987	0.454222	0.584654
濮阳市	0.889052	0.203545	0.389344	0.652224
许昌市	0.481156	0.216969	0.462816	0.568422
漯河市	0.952343	0.407596	0.458134	0.789325
三门峡市	0.551100	0.499999	0.499409	0.724519
南阳市	0.913691	0.362674	0.451007	0.758715
商丘市	1.095029	0.371853	0.435014	0.798820
信阳市	1.118412	0.372821	0.433018	0.803573
周口市	1.132655	0.369912	0.430788	0.804542
驻马店市	1.191764	0.398699	0.433405	0.830250
济源市	0.486148	0.373922	0.495725	0.652961

　　河南省人口与经济发展的耦合协调度在 2016 年开始出现了明显的回升。如表 13－10 所示，经济水平指数、人口水平指数、耦合度以及耦合协调度相比前几年都有所回升，有 10 个城市处于中级协调状态。郑州的耦合协调度仍然最高，各项指数仍然高于河南省其他地市。

表 13－10　　　　　　　　　2016 年河南省人口经济耦合协调度

城市	经济水平指数	人口水平指数	耦合度	耦合协调度
郑州市	0.5000	0.5000	0.5000	0.7071
开封市	0.4562	0.3544	0.4960	0.6341
洛阳市	0.2386	0.2623	0.4994	0.5002

续表

城市	经济水平指数	人口水平指数	耦合度	耦合协调度
平顶山市	0.4467	0.2122	0.4673	0.5548
安阳市	0.4453	0.3690	0.4978	0.6367
鹤壁市	0.5000	0.5000	0.5000	0.7071
新乡市	0.4489	0.2373	0.4756	0.5713
焦作市	0.1363	0.4095	0.4328	0.4860
濮阳市	0.4716	0.3770	0.4969	0.6493
许昌市	0.1465	0.2213	0.4895	0.4243
漯河市	0.4805	0.4602	0.4999	0.6857
三门峡市	0.4421	0.4524	0.5000	0.6687
南阳市	0.1321	0.3061	0.4589	0.4484
商丘市	0.4771	0.2799	0.4827	0.6045
信阳市	0.4889	0.2176	0.4616	0.5711
周口市	0.4876	0.3009	0.4858	0.6189
驻马店市	0.4989	0.2579	0.4740	0.5989
济源市	0.4345	0.4655	0.4997	0.6706

13.7　结论与建议

本研究以河南省人口与经济系统协同发展为切入点，引入耦合协调度模型，构建"人口—经济"耦合系统，分析河南省"人口—经济"的地理集中度，并通过耦合指数以及探索性空间分析技术研究河南省人口与经济耦合的空间关联，定量刻画区域发展的耦合协调性，揭示河南省人口与经济演化的非线性变化及其内在演化机理。研究发现：

（1）河南省人口与经济集聚存在着明显异性，限制了区域协调发展。总的来看，河南省人口集中度和经济集中度格局相似，均是东北部高、西南部低，但两者空间分布并不一致。2007～2016年，经济超前型城市保持不变，经济协调型城市数量增多，经济落后型城市已经完全消失，河南省综合实力得到增强。

（2）河南省总体人口与经济协调发展水平较高，二者间的协调程度也较高，

2007 年河南省人口与经济耦合分布类型中，经济落后型与经济发展型市区占总数的 33.3%。到了 2016 年，经济落后型和经济发展型市区占总数的 11.1%，数量上大大减少，总体经济水平得到了提升，协调程度也逐渐增强。

（3）河南省人口与经济的耦合协调水平存在空间差异。中、高级协调发展的城市主要集中在以郑州为核心的城市群，以及河南省东北部地区；河南西南部地区人口与经济发展水平低于中心区和东北区，耦合协调水平较低。

针对不同耦合类型的城市，要采用不同的发展策略。对于人口与经济协调度处于初级的城市，如信阳、驻马店、周口、商丘等，要努力发展特色经济。信阳市可结合当地特色产品，如信阳毛尖，对接市场需求，大力发展绿色农业以及绿色食品产业；加快本地传统装备制造改造升级；采取多种方式，积极培育并形成战略性新兴产业优势；周口和商丘等地可以充分利用地理区位优势，大力发展对外贸易和金融商贸业务，同时充分发挥产业优势，重视产业价值链，拓展延伸和既有资源精深加工，并增强金融对于本地特色产业培育的支持作用，协调三产业结构布局，使各产业协同发展共同促进经济增长。对于信阳、商丘和周口等地，要注重转变经济增长方式，发展特色种养及生态旅游业，促进经济更好增长的同时，进一步提升人口与经济集聚水平，实现人口与经济进一步互动协调；而驻马店地区，应大力发展农业经济，以改变人口与经济发展的协调状态，快速实现人口与经济的协调发展。

对于处于中级协调，但是耦合协调度不高的地区，要着力提升经济水平。例如，加强与郑州市等地的金融交流与合作，积极接受郑州以及周边地市在金融、人力资源以及工业发展等方面的辐射作用，为地区经济集聚发展提供政策支持和良好环境。特别是要推动产业项目建设，引导金融业与工农业发展相结合。南阳市要继续强化人口对经济发展的支持作用，要结合农业产业优势，大力发展农业金融，加强现代化大农业和现代农业产业体系建设，实现人才智力支持下的农业发展与农业金融相结合，快速提升经济实力。

经济实力较高，协调性较高的郑州、洛阳、许昌等地市，要持续改善人口结构，提高人口质量，为区域发展提供充裕的人力资本。同时，要鼓励创新，增强政府支持力度，充分发挥对产业资金融通、资源整合和价值增值等支持作用，尽快实现产业发展的转型升级，形成人口与经济良性循环。

参 考 文 献

［1］ Kelley A C，Schmidt R M. Aggregate Population and Economic Growth Correlations：The Role of the Components of Demographic Change ［J］. Demography，1995，32（4）：543－555.

［2］ Bloom D，Canning D，Sevilla J P. The Effect of Health on Economic Growth：A Production Function Approach ［J］. World Development，2004，32（1）：1－13.

［3］ Adam S. The wealth of nations ［M］. New York：Bantam Classics，2003.

［4］ 尚正永，陆慧缘. 江苏省人口与经济增长的时空格局演变研究 ［J］. 南京师大学报（自然科学版），2021，44（3）：70－76.

［5］ 张善余，陈暄. 20 世纪：世界人口与经济发展回眸 ［J］. 世界地理研究，2001（4）：1－7.

［6］ 王广州，刘旭阳. 中国人口机会窗口与人口红利变化历程研究 ［J］. 中国特色社会主义研究，2022（2）：64－78.

［7］ 王辉，延军平，宋永永. 县域人口老龄化经济压力测算与空间格局变动——以成渝地区为例 ［J］. 地理与地理信息科学，2021，37（1）：66－73.

［8］ 杨强，李丽，王运动，等. 1935～2010 年中国人口分布空间格局及其演变特征 ［J］. 地理研究，2016，35（8）：1547－1560.

［9］ 赵军，田英，管信龙. 1990～2005 年甘肃省人口经济压力空间格局及变化分析 ［J］. 西北师范大学学报（自然科学版），2008（3）：88－94.

［10］ 赵军，田英，张艳伟. 甘肃省人口压力评估指标及定量评估研究 ［J］. 西北人口，2009，30（5）：111－113.

［11］ 秦雪旖，钱勇生，曾俊伟，等. 基于修正引力模型的陇南市区域经济联系研究 ［J］. 公路，2022，67（3）：232－239.

［12］吕雁琴，朱磊. 新疆天山北坡经济带七城市人口经济压力分析［J］. 干旱区资源与环境，2010，24（12）：1 - 6.

［13］Barro R J. Economic Growth in a Cross Section of Countries ［J］. The Quarterly Journal of Economics，1991，106（2）：407 - 443.

［14］V K O. Analyzing the Differentiation of Socio - Economic Development of Regions in EU Member States ［J］. Problemi Ekonomiki, PH *INZHEK*, 2016, 1：14 - 23.

［15］Puczkowski B. Economic differentiation of Poland and the United Kingdom measured with the Knowledge Economy Index（KEI）in comparison to the G7 countries ［J］. Master of Business Administration, 2009, 17（2）：45 - 61.

［16］Wang S H, Muhammad K, Lv Y, et. al. Identification of Alcoholism Based on Wavelet Renyi Entropy and Three - Segment Encoded Jaya Algorithm ［J］. Complexity, Hindawi, 2018, 2018：e3198184.

［17］Ezcurra R, Pascual P, Rapún M. Regional polarization in the European Union ［J］. European Planning Studies, Taylor & Francis Journals, 2004, 14（4）：459 - 484.

［18］Knight J, Song L. The Spatial Contribution to Income Inequality in Rural China ［J］. Cambridge Journal of Economics, Oxford University Press, 1993, 17（2）：195 - 213.

［19］Scott R. Rural Industrialization and Increasing Inequality：Emerging Patterns in China's Reforming Economy ［J］. Journal of Comparative Economics, Elsevier, 1994, 19（3）：362 - 391.

［20］Hussain A, Lanjouw P, Stern N. Income inequalities in China：Evidence from household survey data ［J］. World Development, 1994, 22（12）：1947 - 1957.

［21］江孝君，杨青山，张郁，等. 中国经济社会协调发展水平空间分异特征［J］. 经济地理，2017，37（8）：17 - 26.

［22］张震，徐佳慧，高琦，等. 黄河流域经济高质量发展水平差异分析［J］. 科学管理研究，2022，40（1）：100 - 109.

［23］潘桔，郑红玲. 区域经济高质量发展差异的时空演变特征［J］. 统计与决策，2021，37（24）：88 - 92.

[24] 胡舜.环长株潭城市群县域经济差异的时空格局及其影响机制 [J].湖南财政经济学院学报,2021,37(6):38-48.

[25] 洪杨杨.成渝地区双城经济圈县域经济差异时空演变研究 [J].建设管理研究,2021(1):59-74.

[26] 薛明月,王成新,赵金丽,等.黄河流域旅游经济空间分异格局及影响因素 [J].经济地理,2020,40(4):19-27.

[27] 尹娟,董少华,陈红.2004~2013年滇中城市群城市空间联系强度时空演变 [J].地域研究与开发,2015,34(1):65-70.

[28] 刘龙飞.基于引力模型的成渝经济圈及其毗邻地区经济联系度比较研究 [J].经济研究导刊,2021(29):37-42.

[29] 王凯,余芳芳,胡奕,等.中国旅游业碳减排潜力的空间关联网络结构及其影响因素 [J].地理科学,2022,42(6):1034-1043.

[30] 范玉凤,马文秀.基于经济关联性的京津冀城市群空间网络结构分析 [J].商业经济研究,2022(13):162-165.

[31] 薛冰,许耀天,赵冰玉.地理学视角下POI大数据的应用研究及反思 [J].贵州师范大学学报(自然科学版),2022,40(4):1-6,14,128.

[32] 李钢,陈未雨,杨兰,等.武汉市快递自提点的空间格局与集聚模式研究 [J].地理科学进展,2019,38(3):407-416.

[33] 魏娟,钟永德,朱安妮.旅游要素POI对夜间灯光指数的贡献及其空间特征分析 [J].生态经济,2021,37(5):139-147.

[34] 梁立锋,谭本华,马咏珊,等.基于多源地理大数据的城市空间结构研究 [J].遥感技术与应用,2021,36(6):1446-1456.

[35] 张波,赵彦云,周芳.小区"15分钟社区生活圈"空间聚类研究——基于POI数据 [J].调研世界,2019(1):49-56.

[36] 韩非,陶德凯.日常生活圈视角下的南京中心城区居民生活便利度评价研究 [J].规划师,2020,36(16):5-12.

[37] 黎欣怡.基于POI的武汉市武昌区"15分钟社区生活圈"覆盖率研究 [J].城市建筑,2020,17(10):65-68.

[38] 王爱,胡晓敏,雷欢,等.基于POI数据的合肥市办公空间格局研究

［J］．河南城建学院学报，2020，29（5）：49－54.

［39］苟爱萍，张振，王江波．基于 POI 视角的上海城市功能区演化特征及驱动因素［J］．资源开发与市场，2022，38（9）：1－20.

［40］黄丽，周佳．上海城市咖啡馆的空间布局特征和影响因素研究［J］．现代城市研究，2019（3）：42－49.

［41］李阳，陈晓红．哈尔滨市商业中心时空演变与空间集聚特征研究［J］．地理研究，2017，36（7）：1377－1385.

［42］梁静．基于 POI 数据的地铁站点周边商业分布特征及形成机制研究——以天津地铁 5 号线为例［J］．现代城市轨道交通，2022（7）：97－102.

［43］魏玺，席广亮，甄峰．商业体系与实际服务人口流动性耦合关系研究——以南京都市圈为例［J］．经济地理，2022，42（6）：55－63，82.

［44］王光生，郑国强，石磊．基于 POI 的济南市超市空间格局及影响因素分析［J］．科技创新与应用，2022，12（19）：40－46.

［45］黄钦，杨波，徐新创，等．基于多源空间数据和随机森林模型的长沙市茶颜悦色门店选址与预测研究［J］．地球信息科学学报，2022，24（4）：723－737.

［46］郑敏睿，郑新奇，李天乐，等．京津冀城市群城市功能互动格局与治理策略［J］．地理学报，2022，77（6）：1374－1390.

［47］陈翠芳，陈晓丽．基于 POI 数据的武汉市产业空间格局分析［J］．资源与产业，2022，24（1）：86－95.

［48］严朝霞，季民河，宋太新．上海城市道路对消费活力的影响：基于 POI 密度与多样性分析［J］．苏州科技大学学报（自然科学版），2017，34（2）：73－80.

［49］李强，王春月，张家其．湖南省靖港古镇消费空间生产研究［J］．黑龙江农业科学，2021（2）：112－114.

［50］王伟志．基于 POI 数据的西北城市消费活力空间格局分析［J］．财富时代，2022（2）：157－160.

［51］Canning D E B J S D. The Demographic Dividend：A New Perspective on the Economic Consequences of Population Change［M］．Santa Monica：RAND Corporation，2003.

［52］Kamarudin M K A，Wahab N A，Mohamad M，et. al. Population Growth and Economic Development in Developing and Developed Countries ［J］. International Journal of Engineering & Technology，2018，7（4. 34）：123 – 127.

［53］Kalemli – Ozcan S，Ryder H E，Weil D N. Mortality decline，human capital investment，and economic growth ［J］. Journal of Development Economics，2000，62（1）：1 – 23.

［54］Abdullah M A，Rusdarti R. The Impact of Government Expenditure on Economic Growth in Indonesia，Malaysia and Singapore ［J］. Journal of Economic Education，2017，6（1）：11 – 18.

［55］Cohen B. Urbanization in developing countries：Current Trends，Future Projections，and Key Challenges for Sustainability ［J］. Technology in Society，2006，28（1）：63 – 80.

［56］Zhdanov V，Pliukhin M. Additional Transaction Costs to the Economy and the Population of the Kaliningrad Region of Russia ［J］. Economic Policy，2017，2：180 – 207.

［57］Piketty T. About Capital in the Twenty – First Century ［J］. American Economic Review，2015，105（5）：48 – 53.

［58］A de Haan，B Rogaly. Labour Mobility and Rural Society ［M］. London：Routledge，2002.

［59］Baker D，Delong J B，Krugman P. Asset Returns and Economic Growth ［J］. Brookings Papers on Economic Activity，2005，36（1）：289 – 330.

［60］Obere A，Thuku G K，Gachanja P. The Impact of Population Change on Economic Growth in Kenya ［J］. 2013，2（6）：43 – 60.

［61］Peterson E W F. The Role of Population in Economic Growth ［J］. Sage Open，2017，7（4）：2158244017736094.

［62］Solarz M W，Wojtaszczyk M. Population Pressures and the North – South Divide between the first century and 2100 ［J］. Third World Quarterly，2015，36（4）：802 – 816.

［63］沈辰，王吟．安徽省人口经济压力统计分析［J］．合肥师范学院学报，2015，33（3）：16-18.

［64］张红，邓宏兵，李小帆，等．我国人口经济压力定量测度与空间差异研究［J］．西北人口，2014，35（4）：48-52，58.

［65］王婷，贺芃斐．中国城市人口压力系数测度及其影响因素［J］．人口与经济，2017（6）：20-31.

［66］孙晓芳，韩佳宾．太原都市圈人口与产业空间集聚演化与匹配性研究［J］．山西高等学校社会科学学报，2020，32（5）：7-15.

［67］谷娇，曹凡，刘敏，等．太原市人口分布与经济发展相关性分析［J］．太原师范学院学报（自然科学版），2020，19（4）：72-81，96.

［68］郝寿义，安虎森主．区域经济学［M］．北京：经济科学出版社，2004.

［69］陈秀山，石碧华．区域经济均衡与非均衡发展理论［J］．教学与研究，2000（10）：12-18.

［70］Karst K L. Regional Development Policy：A Case Study of Venezuela［J］. Hispanic American Historical Review，1969，49（2）：368-369.

［71］刘志强，王明全，金剑．国内外地域分异理论研究现状及展望［J］．土壤与作物，2017，6（1）：45-48.

［72］覃成林．区域经济空间组织原理［M］．武汉：湖北教育出版社，1996.

［73］杨松，弗朗西斯卡·B. 凯勒，郑路．社会网络分析：方法与应用［M］．曹立坤，曾丰又，译．社会科学文献出版社，2019.

［74］Tobler W R. A Computer Movie Simulating Urban Growth in the Detroit Region［J］. Economic Geography，1970，46（2）.

［75］Anselin L. Spatial Econometrics：methods and models［M］. Springer，1988.

［76］李美芳，欧金沛，黎夏．基于地理信息系统的2009~2013年甲型H1N1流感的时空分析［J］．地理研究，2016，35（11）：2139-2152.

［77］陆林，余凤龙．中国旅游经济差异的空间特征分析［J］．经济地理，2005（3）：406-410.

［78］孟祥林 . 中原城市群："单中心"向"多中心"的发展对策分析［J］. 城市，2015（11）：3 - 9.

［79］乔旭宁，张婷，安春华，等 . 河南省区域发展协调度评价［J］. 地域研究与开发，2014，33（3）：33 - 38.

［80］唐朝生，李娟，许哲 . 基于引力模型的中原城市群圈层关联研究［J］. 经贸实践，2017（18）：285，287.

［81］许露元，李红 . 城市空间经济联系变化的网络特征及机理——以珠三角及北部湾地区为例［J］. 城市问题，2015（5）：20 - 26.

［82］唐朝生，毋东，陈文涵，等 . 基于社会网络分析的中原城市群区域多核心研究［J］. 环球市场，2018（19）：4 - 5.

［83］陈肖飞，张落成，姚士谋 . 基于新经济地理学的长三角城市群空间格局及发展因素［J］. 地理科学进展，2015，34（2）：229 - 236.

［84］罗文斌，吴次芳，冯科 . 城市土地经济密度的时空差异及其影响机理——基于湖南省城市面板数据的实证分析［J］. 城市发展研究，2010，17（6）：68 - 74.

［85］Cutter S L，Ash K D，Emrich C T. The Geographies of Community Disaster Resilience［J］. Global Environmental Change，2014，29：65 - 77.

［86］Simmie J，Martin R. The Economic Resilience of Regions：Towards an Evolutionary Approach［J］. Cambridge Journal of Regions，Economy and Society，2010，3（1）：27 - 43.

［87］罗巍，黄志华，程遂营，等 . 黄河流域城市韧性与经济发展水平协调性研究［J］. 人民黄河，2022，44（7）：8 - 13.

［88］廖小罕 . 大数据时代的中国地理学［J］. 全球变化数据学报（中英文），2019，3（4）：311 - 316，418 - 423.

［89］陈发虎，吴绍洪，刘鸿雁，等 . 自然地理学学科体系与发展战略要点［J］. 地理学报，2021，76（9）：2074 - 2082.

［90］陈发虎，李新，吴绍洪，等 . 中国地理科学学科体系浅析［J］. 地理学报，2021，76（9）：2069 - 2073.

［91］薛冰，赵冰玉，李京忠 . 地理学视角下城市复杂性研究综述——基于

近 20 年文献回顾 [J]. 地理科学进展, 2022, 41 (1): 157 - 172.

[92] 李新, 袁林旺, 裴韬, 等. 信息地理学学科体系与发展战略要点 [J]. 地理学报, 2021, 76 (9): 2094 - 2103.

[93] 张巍, 高新院, 李瑞姗. 空间位置信息的多源 POI 数据融合 [J]. 中国海洋大学学报 (自然科学版), 2014, 44 (7): 111 - 116.

[94] 禹文豪, 艾廷华. 核密度估计法支持下的网络空间 POI 点可视化与分析 [J]. 测绘学报, 2015, 44 (1): 82 - 90.

[95] 马惠娣. 21 世纪与休闲经济、休闲产业、休闲文化 [J]. 自然辩证法研究, 2001 (1): 48 - 52.

[96] 王结臣, 卢敏, 苑振宇, 等. 基于 Ripley's K 函数的南京市 ATM 网点空间分布模式研究 [J]. 地理科学, 2016, 36 (12): 1843 - 1849.

[97] 高凯, 周志翔, 杨玉萍, 等. 基于 Ripley K 函数的武汉市景观格局特征及其变化 [J]. 应用生态学报, 2010, 21 (10): 2621 - 2626.

[98] 李洋, 张语彤, 王慧. 宁波优化消费空间布局的思路与对策建议 [J]. 宁波经济 (三江论坛), 2022 (2): 30 - 33.

[99] 翁双羽. 互联网环境下苏州市区消费空间演变与发展趋势分析 [J]. 城市住宅, 2021, 28 (12): 40 - 42.

[100] 张悦群. 都市消费空间的 "体验转向" 及其文化生产逻辑——以 SKP - S 商业综合体为例 [J]. 中国图书评论, 2022 (5): 27 - 39.

[101] 舒天衡, 任一田, 申立银, 等. 大型城市消费活力的空间异质性及其驱动因素研究——以成都市为例 [J]. 城市发展研究, 2020, 27 (1): 16 - 21.

[102] 刘锐, 胡伟平, 王红亮, 等. 基于核密度估计的广佛都市区路网演变分析 [J]. 地理科学, 2011, 31 (1): 81 - 86.

[103] 王劲峰, 徐成东. 地理探测器: 原理与展望 [J]. 地理学报, 2017, 72 (1): 116 - 134.

[104] 刘彦随, 杨忍. 中国县域城镇化的空间特征与形成机理 [J]. 地理学报, 2012, 67 (8): 1011 - 1020.

[105] 崔真真, 黄晓春, 何莲娜, 等. 基于 POI 数据的城市生活便利度指数研究 [J]. 地理信息世界, 2016, 23 (3): 27 - 33.

［106］张伟丽，晏晶晶，聂桂博．中国城市人口流动格局演变及影响因素分析［J］．中国人口科学，2021（2）：76－87，127－128．

［107］叶文显，曾绍龙．特大以上城市人口集聚和经济增长的变动趋势与脱钩分析［J］．资源开发与市场，2023，38（9）：1－13．

［108］陈楠，王钦敏，林宗坚．中国人口经济压力与人口迁移的定量分析［J］．中国人口科学，2005（6）：30－37，95．

［109］侯雪，张文新，胡志丁，等．基于GIS的宁夏人口经济压力空间分布研究［J］．西北人口，2012，33（3）：116－120．

［110］Esteban J，Ray D. On the Measurement of Polarization［J］. Econometrica，1994，62（4）：819－851．

［111］赵映慧，修春亮，姜博，等．1990年代以来空间极化研究综述［J］．经济地理，2010，30（3）：383－387．

［112］孙训爽．2008年与2012年国际金融危机对我国外贸影响对比研究［J］．长沙铁道学院学报（社会科学版），2014，15（4）：5－6．

后　　记

　　研究不同时空尺度下河南省人口经济的协同发展是一个宏大的主题。对于该问题的深入分析，有利于推进区域产业的区域转移，打造生态跨区域层次化治理，从而在政策的可延续性、治理主体多层次性、合作范围的跨区域性等方面塑造"区域共性的追寻"。我对这个问题的研究还远远不够深入。所幸，在探索的道路上，得到了领导和同事的鼓励、支持和帮助，对此，我心存感激！

　　本书是河南省软科学研究计划项目（192400410150）、河南省政府决策研究招标课题（2017B180）和河南省教育厅项目（2016-QN-023）的系列成果，也是对区域经济与管理相关问题的思考和阶段性总结，其中参考了大量专家学者的研究成果，在此表示感谢。

　　本书能够顺利成稿，离不开我的学生的帮助，他们在数据搜集、整理、计算与分析等方面都付出了巨大的努力。他们是：康雯雯、许哲、李丹琳、王浩羽、张君蕊、郭盼盼、李秀琛、张馨丹、张永杰、刘磊、倪珍等，这里不再一一致谢。

　　由于成书匆忙，对河南省区域经济与人口协同发展的研究还不够深入，在架构安排、研究深度以及文字表述等方面难免存在疏漏，敬请读者批评指正！

唐朝生

2023 年 11 月